本书为海南省社会科学 2014 年专项重点课题"海南省地方史研究"（20卷本）子项目"琼中史"【项目编号：HNSK（ZD）D20】、教育部中西部综合能力提升计划海南文化传承与区域问题研究基地项目、海南大学历史文化研究基地重大项目成果

海南地方史研究丛书

琼中史

刘冬梅 ◎ 编著

社会科学文献出版社
SOCIAL SCIENCES ACADEMIC PRESS (CHINA)

编写说明

　　由于地理环境和历史移民的原因，海南岛内有沿海平原地区和中部丘陵山区，有经济先发地区和后发地区，有汉族聚居地区和少数民族聚居地区，是一个宏观上多元文化共存而微观上文化个性相当鲜明的祖国宝岛。在构建面向 21 世纪的"海上丝绸之路"的今天，在开发建设海南国际旅游岛、打造有国际竞争力的旅游胜地的今天，加强对海南地域文化的研究，继承海南传统，弘扬海南精神，具有相当重要的价值。唯其如此，在顺利完成国家"211 工程"项目"海南历史文化与黎族研究"之后，海南省历史文化研究基地暨海南大学海南历史文化研究基地，邀请海南大学和海南省博物馆 20 位长期从事海南历史文化研究的学术同人成立编委会，启动了"海南地方史研究丛书"项目。

　　值得庆幸的是，在项目进展过程中，我们得到了海南大学的关怀和支持，学校为项目提供了工作经费和出版经费；也得到了海南省社会科学界联合会的鼓励和支持，批准该项目为"2014 年海南省社会科学专项重点课题"；还得到了著名学者周伟民教授的理解和支持，周教授以其20 多年来在海南历史文化方面的学术功力，于百忙之中拨冗为《海南地方史研究丛书》写下了精辟的序言。

　　凡此种种支持，一并致谢！

《海南地方史研究丛书》编委会

序

周伟民

苏轼初贬海南时写诗，结句说："他年谁作舆地志，海南万里真吾乡。"① 所谓舆地志，是指古代以记载一个区域内的范围、户口、特产、风俗等为内容的描述著作。

这里贡献给读者的 20 卷本的《海南地方史研究丛书》，就其辖地范围、治理措施、经济发展、文化教育、移民与族群分布、社会风俗、宗教信仰等七大类别内容来看，的确带有舆地志的某些性质。但本丛书是研究性著作，在研究旨趣、写作体例、叙述方法、学术规范、观念运用以及对历史文献和考古资料的处理等许多方面，又与古代的舆地志完全不同。

海南岛的历史，是以大陆移民为主体，结合黎、苗、回族和明清以后东南亚乃至欧美新嵌入的异族因素，彼此交融、相互渗透而形成的。在整个历史进程中，地理环境对于形塑海南历史的特殊性，起着至关重要的作用。

海南岛孤悬海外，远离中原的政治中心。长期以来，中原地区的战乱都没有波及海南岛，加上封建统治者对海南的管辖时紧时松，松动的时期比较长，使得海南长时间政治稳定，而且有相对的独立性。宋代苏

---

① 《吾谪海南，子由雷州，被命即行，了不相知，至梧乃闻其尚在藤也，旦夕当追及，作此诗示之》，《苏轼诗集》第 7 册，中华书局，1982，第 2243 页。

轼和明代丘濬，都论述过中原因战乱而大批汉族移民自北向南而到海南岛来居住的移民潮。因为海南的社会相对安定，移民在此发展，有些成为海南岛的大家族并形成不同地域的不同风貌。

独特的地理环境，民族的迁徙，贬官的到来以及南洋的影响，使海南逐渐形成了以热带、海洋为主要特色的文化风格，其中，以黎族文化、海洋文化、华侨文化、贬官和中原移民文化为主体，建构出海南多元文化，在中国文化多元一体的格局中独具特色。

第一是黎族文化。

黎族族群是最早迁徙到海南的族群，而与岭南地区的骆越族在文化上有许多共同的特征。例如在黎族的聚居地，最大的社会组织是"峒"，峒由若干村落组成，每一个村落都有自己的标识，村落内的黎民住宅都是干栏式的茅草屋。他们密集而居、相依相助，形成非常牢固的生存体系以及社会组织——"合亩制"。在村落都有村规民约，全峒则有峒规民约。现代法学称之为"习惯法"，是全村、全峒的行为准则；每个村落内部的事情，一般由各户的家长聚集在一起共同商议处理。而在众多家长中会有几名年长者，他们经验丰富、明晓事理且行事公正，很受人们尊重。人们称之为"长老"。长老对外还可以代表村落处理公务。峒的事务则由代表各村落的长老组成长老会来处理。

第二是海洋文化。

海南岛在南海中。明太祖将海南岛称为"南溟奇甸"；丘濬读明太祖的"敕"文后写出《南溟奇甸赋》。但作为土生土长的海南大知识分子，却感叹"而甸之所以为奇也，容有所不能详！"为什么呢？

海南岛儋耳等地的居民，以在南海捞取珠玑、玳瑁等海产品谋生，并将产品集中运到广州出售。南海上光怪陆离的宝藏，都是陆上所没有的。这些居民以辛勤的劳作，创造了极其灿烂的海洋物质文明。

汉代，张骞出使西域，开通了中国和西亚之间一条横贯亚洲内陆的交通线。这条陆路交通线，史称"陆上丝绸之路"。但由于西方对中国的丝绸、瓷器和香料等商品需求量日增，而陆路运输运量少、速度慢，途中还有各种政治的、经济的麻烦；由于当时造船和航海技术的提高，于是出现运量大、速度快，也相对安全的海上航线。这条航线由广东徐闻出发（后来，广州取代徐闻，福建泉州超越广州），途经海南岛直到阿拉伯国家、北非乃至欧洲，史称"海上丝绸之路"。

对于海南岛来说，海上丝绸之路有两条航路（海道），古老的一条是秦汉时期经过多次航海试验以后在《汉书·地理志》中总结的，唐代贾耽《皇华四达记》中所记载的"广州通海夷道"，这条航路自徐闻开航后即穿过海南岛北部的琼州海峡，到今天的北部湾，航行到越南占城，然后再沿海岸线往南航行。对海南来说，这是西航线。

因为古代海航，由于船只及航海知识的限制，大多都避开了南海的西沙群岛。这是不得已的航路。这条西航线是传统的航线。向达甚至认为其一直延续使用到明代。①

与西航线相对应的是东航线。因为中国经济中心逐渐南移，到了唐代"开元盛世"的中期，特别是宋代，陶瓷、丝绸等关系到政府财用的经济资源，逐渐集中到江苏、浙江、江西和福建等地。产品要外销，通往南海的远洋贸易货船，比原先的吨位大得多。这样一来，西航线实在不划算。再加上宋代航海的罗盘、水密隔舱、链式铰接舵等航海新技术的推广，南海中的西沙群岛的险阻是可以克服的。于是西航线式微是必然的！

不论是古老的西航线还是宋代的东航线，海南岛在海上丝绸之路中的地位十分重要，是海路上的桥头堡、中转站及补给站，对海上丝路的发展和演变都发挥了相当大的作用。同时，海上丝路对海南岛的发展也有很大的贡献。它促进了海南的海路航行，同时也让海南的造船业、船舶修理业发展壮大；在促进海南商贸发展的同时，也带来海南诸多城镇的骑楼建筑，改变城市的面貌，促进海南农业的发展；向海南移民而产生移民文化，向海外移民产生融通中外的华侨文化。

海南之于海上丝绸之路的重要性及其海洋文化，在海南渔民独创的"更路簿"文化中可见一斑。

---

① 向达校注《两种海道针·序》，中华书局，2000，第9～10页。

"更路簿"是在海南岛由渔民创造的、形成于郑和七下西洋之前的明代初年，盛行于明清民国时期，是渔民到南海捕捞时必备的航海手册，有的老船长不用本子而是用脑子熟记。机动船代替风帆船、卫星导航及海图普及以后，它进入了历史博物馆。

"更路簿"的内容，包括南海海区的划分、渔船开航的起点和到达的目的地、航向（针路）、航线、航程、风浪、海底状况、岛礁名称及方位、海岸地形地貌等。每条更路在一般情况下所用的针路和更数大体一致，而在不同风向、风速及海况不同的时候，使用不同的针路等都有具体文字记录。可以说，"更路簿"是渔民在南海航行时的经典和指南书，是渔民世代在南海航行时用血汗甚至生命换来的集体智慧的结晶，是几百年来渔民在南海捕捞的实践经验总结，又反过来用于指导南海捕捞活动的实践。

明清及民国时期，风帆时代的渔船在南海航行时依靠"更路簿"指引，结合船长、火长、大工等的航海经验，战风斗浪，创造了许多可歌可泣的纪录！而从政治及文化层面看，"更路簿"的意义和价值，更加重要。

"更路簿"所展现的这种海洋文化，实实在在地批驳了黑格尔在《历史哲学》中的错误。黑格尔说，中国靠近海洋，但却"无法分享到海洋带给人们的文明"，海洋"对他们的文化没有带来什么影响"。又说，在中国，海洋只是陆地的"中断"与"天限"。黑格尔这些论述，起码是不知道中国自明初以来，即拥有600多年历史的风帆时代的船长和渔民群体所体现的海洋文化；深一层来说，他的立论出发点是认定中国只有农耕的"黄色文明"，即只有农耕文化而没有海洋文化！这是黑格尔偏见的悲哀！①

第三是移民文化。

海南岛是移民岛。移民文化涵盖两个内容：一是从大陆向海南岛迁移的多民族移民文化；二是海南人向国际迁移而构成的融汇中外的华侨

---

① 参看周伟民、唐玲玲《南海天书——海南渔民"更路簿"文化诠释》，昆仑出版社，2015，第5页。

文化。

黎族是最早迁移到海南岛的族群。黎族在海南岛对于土地的利用和作物的栽培方式，构成了黎族早期的基本文化景观。黎族在相当长的历史时期内，是以"采集"、"种山栏稻"和"牛踩田种水稻"三种方式并辅以狩猎和捕捞获得生活资料的。黎族长期保留了以独木器具，制陶，纺、染、织、绣技艺，茅草房和文身等为代表的生活文化和崇尚自然的饮食习俗，并因此享誉民族之林。

苗族迁移到海南岛，大约是在明代万历年间，他们从广西作为士兵被朝廷征调到海南后落籍。他们的语言被称为"苗话"，属汉藏语系苗瑶语族一种，像黎族一样，没有本民族的文字。苗族文化以色彩庄重、做工精致的服饰，富有民族特色的饮食以及蜡染、刺绣手艺等著称。

回族是唐宋元时期穆斯林在海南的后裔，包括以波斯及阿拉伯人为主体的蕃人和信奉伊斯兰教的越南古占城区域的居民，主要聚居于三亚凤凰镇的回辉和回新两个村，人口大约8000人，操回辉话。他们以别具一格的民族服饰、古朴典雅具有伊斯兰风格的居所、恪守伊斯兰教规的饮食习俗、具有悠久历史的典型的民族风情，绽放于天涯海角。

"临高语族"在春秋战国时期继黎族先民迁徙到海南岛。

"临高语族"是指散落在海南岛北部，东起南渡江，西迄临高县的新盈港，南以琼山县的遵潭、澄迈县的白莲和儋州的南丰为界，包括临高全县和儋州、澄迈、琼山及海口市郊的一部分地区——这个地区在地域上连成一片，使用汉藏语系侗泰语族壮泰语支的一种语言——临高语的族群。从语言、社会、风俗习惯等方面来看，他们显然是海南岛上的一个少数民族，人口约50万。

"仡隆语族"是指在昌化江下游南北两岸约400平方千米区域里的约10万讲仡隆语的居民。

汉族移民，大抵是两部分人，一部分像苏轼说的"自汉末至五代，中原避乱之人多家于此，今衣冠礼乐，盖班班然矣"。① 除避乱人家以

① 《伏波将军庙碑》，《苏轼文集》第2册，第505页。

外，也还有受委派到海南任职、戍边或经商、旅游而落籍的。另一部分则是贬官，著名者如唐代因"二王八司马"事件而贬至海南的宰相韦执谊，唐文宗、武宗两朝宰相李德裕，北宋开国宰相卢多逊等。许多贬官的后裔落籍海南，子孙繁衍、支派绵长。

汉族移民文化的特点显著，诸如各宗祖的祠庙文化、家谱文化、碑刻的牌坊文化、兴办书院学校的教育文化以及丰富多彩的方言文化等，富有地方特色和民族特色。

因此可以说，岛内多民族的移民文化，是黎、苗、回、汉等多个民族世代积累和交流融汇的历史结晶。

第四是华侨文化。

华侨是指定居外国的中国公民。"华侨"一词源于1883年郑观应上李鸿章的呈文有"南洋各埠有华侨"的说法。此后，华侨一词被广泛使用。

作为一种文化类型，与其他文化的品格不一样。它是由某种地方文化人为移植到另一个地方，与当地文化嫁接起来，成为一种有本根文化基因，又吸收当地异质文化而形成的一种融通中外的跨文化、跨地域的新的文化系统。

以海南华侨文化在马来西亚为例，它的载体是海南在大马的华侨和马来西亚海南会馆联合会及其下属的分会等会馆组织。海南华侨在马来西亚谋生、发展，但他们的根又在海南。他们都保留海南话，在会馆和海南人群体里的交流语言是海南话，有与本土海南一样的习俗、伦理道德和价值取向。但同时，他们又深受马来西亚文化的浸润、感染，并接受马来西亚的文化，吸收其中异质文化因子，转换成自身的文化因素。如咖啡，马来人的喜爱甚于海南人。大马的海南人学习马来人咖啡的做法，加以改良，成为有海南味的咖啡。这样看来，海南的华侨文化，具有海南和国外两个源头，处于两种文化的边缘，故有特殊性。同时，对海南来说，又是海南文化系统在海外的延续和空间占用。如在马来西亚，有海南人群体和海南人居住的地域，即是海南文化的一部分。

在海南岛华侨集中的地方，在许多方面都具有明显的中外文化融合的品格。显著的如聚落建筑，海口、文昌、琼海、万宁等四个侨乡市，许多街道具有南洋建筑风格，是华侨文化的象征；还有中西合璧的华侨豪宅，是东方艺术精华和西洋建筑样式的巧妙融合。这些让海南城乡建筑大放异彩的景观，是海南宝贵的文化遗产。就海口来说，2007 年 3 月，荣膺中国"国家历史文化名城"称号，一个重要因素就是拥有这片南洋风格的骑楼建筑群。

海南的侨乡，不仅是建筑，其他如语言文字、习俗、服饰乃至行为方式、思维理念等方面，都深刻地烙上了外来文化的印记。

最后，还要简明地说说这套丛书的基本目标。

海南岛解放以后，实行新的行政建制，在比较长的时期内，全岛一般可分为汉区、少数民族聚居区和农垦区三大块。对各个行政建制区域的历史和社会风貌，除了地方志和一般性的文字介绍外，一直缺乏全面叙述。现在，20 卷本《海南地方史研究丛书》的出版，可以看作对 20 个叙述单位所做的一次社会经济文化的全面普查，将各个叙述单位的历史进程、特点、亮点及其形成的原因等做出分析和概括，目的是让读者清晰地看到这 20 个叙述单位的特征并自觉地保护这些地域特征的多样性，借以促进海南省更好更快地整体发展。

这套丛书是研究性著作，编委会经过认真的研究、讨论，确立撰写规范时，即以学术性、现实性、可读性三者的统一定为目标。

希望能在"现代大国的文化解释力"命题的统领下，让这套丛书以现代性意识和创新方法激活海南岛长久以来内蕴的活力，使它能够生动活泼地感动读者，让海南省人民在接受中国中原文化的凝聚力、辐射力影响的同时，极大地释放出我们边远海岛的"边缘活力"。

2015 年国庆节于
海南大学图书馆三楼工作室

目　录

| 第二编 |

近现代的琼中地区 （1840～1949 年）

| 第三编 |

当代琼中黎族苗族自治县 （1950 年至今）

概述（代前言）

　　海南岛上的琼中地区，自新石器时代就有人类生息。历经风雨甘苦，琼中黎族苗族自治县——往日经济贫穷、文化落后的"蛮荒"之地，如今正成为海南宝岛上一颗熠熠生辉的明珠。本县自然资源丰富，是一处天然氧吧，被誉为"海南之肺"；由于少数民族居民较多，又被称为琼岛"黎苗之乡"。

一　地理位置及境域变迁[①]

　　琼中的名称，顾名思义，源于其在海南岛中部偏东的地理位置。本县地处北纬 18°14′~19°25′，东经 109°31′~110°09′，就在鼎鼎有名的五指山之北麓。东连琼海、万宁，西接白沙、五指山市和儋州，南与保亭、陵水和五指山市毗邻，北和屯昌、澄迈交界。境内多山地丘陵，海拔最高为五指山 1867 米，最低为白马岭采伐场旧址 25 米，平均海拔416 米。

　　从 1948 年到 1995 年底，琼中黎族苗族自治县经历了多次变迁。1948年，县境东西宽 42 千米，南北长 57 千米，总面积为 1805.6 平方千米。其四至（自当时县府驻地中村起）：东至乐会县界 27 千米，以万泉河中流为界；西至白沙县界 33 千米，以五指山、铁耳岭、奇人岭、托我岭、金屏岭、厚刀岭、横岭、尖岭为界；南至保亭县界 9 千米，以灯火岭、红

---

① 　境域变迁数据，参见琼中黎族苗族自治县地方志办公室编（梁定鼎主编）《琼中县志》，海南摄影美术出版社，1995，第 66~67 页。

面石岭、三角岭、龟岭、白水岭、香蕉岭为界；北至新民县（今屯昌县）界 30 千米，从坡心（今中建农场）经双顶岭、鸡嘴岭、二青蛇岭、双响炮岭、黎母岭至黎木岭分界。1948 年底至 1949 年初，境域稍有变动。1956 年后，本县境域有过几次较大的变动。直到 1995 年底，琼中县全境东西宽 66.7 千米，南北长 76.75 千米，总面积 2693.1 平方千米，占海南岛总面积的 8.33%。

琼中的境域在地理位置上所发生的一系列重大变化，受到当时海南以及本地区政治因素、军事因素、社会经济因素、文化因素以及民族因素的影响，也与琼中境域内行政建置的变化息息相关。

二　行政区划

古代的琼中地区，秦朝时为象郡外徼，两汉时属珠崖郡地。三国吴赤乌五年（242 年）为朱卢县地，属朱崖郡。晋太康元年（280 年）为玳瑁县地，属合浦郡。隋大业三年（607 年）为颜卢县地，属珠崖郡。唐贞观元年（627 年）为琼山县地，属岭南道，贞观五年（631 年）改属琼州，部分境域属万安县（今万宁市）；显庆五年（660 年）置乐会县，境域析属乐会；咸通五年（864 年），琼山西南黎峒置忠州，遂为忠州地，七年后，忠州废，仍循旧属。宋时沿唐制。元至元二十八年（1291 年），阔里吉思率兵讨伐诸黎峒，割琼山南境置定安县，本县境域分属琼山、定安、乐会三县和万安军（明更名万宁县）；天历二年（1329 年）升定安县为南建州，原属定安境域改为州地。明洪武二年（1369 年），南建州废，境属循旧。清循明制。自明至清，琼中地区分属琼山、定安、乐会、万宁四县，实行都图黎峒制。都图上隶乡，下辖峒、村。境内设有 1 都 3 图 12 峒，辖 336 村，详见表 0 - 1。

民国二十四年（1935 年），白沙、保亭、乐安（后改为乐东）建县，琼中地区境域改属琼山、定安、白沙、保亭四县，隶属广东省第九区行政督察专员公署。1935 年民国政府改琼中地区的都图为区乡，下设保甲，本县境计 4 个区，21 个乡，82 个保，571 个甲。

琼中地区开始设县，是在 1948 年二三月间，由中共琼崖特委设置，琼中县隶属琼崖东区民主政府。地委管辖，辖 2 个区，12 个乡，67 个保，423

个甲，522 个村。同年 12 月 30 日，本县划归琼崖少数民族自治区。乌坡、东鲁、北海、枫木、岭门等 5 个乡划入定西特区（今屯昌县）。

表 0 - 1 明清时期本县境域分属各县都图黎峒

琼山县		定安县							乐会县			万宁县
仁政乡		南乡										
西黎都（明末改林湾都，清袭之）		光螺图	思河图	归化图								
居禄峒				南蛇峒	加钗峒	十万峒	喃唠峒	红毛峒	水满峒	北峒	南峒	太平峒
居林峒	辖58村，其中26村今属屯昌县	沙湾峒 辖78村	辖24村	辖19村	辖26村	辖21村	辖17村	上峒辖15村 / 下峒辖23村，其中7村今属五指山市	辖22村，今属五指山市	辖6村，其中1村今属琼海市	上峒辖7村 / 中峒辖3村 / 下峒辖5村	辖12村，其中2村今属陵水县

资料来源：参照琼中黎族苗族自治县地方志办公室编（梁定鼎主编）《琼中县志》（海南摄影美术出版社，1995）第 69 页数据而制。

1949 年 1 月，原属保亭县第三区的南平、南和、西安 3 个乡和万宁县的乐民乡划归本县。全县辖 3 个区 12 个乡，乡下改保甲为里村。1949 年 3 月并入琼崖少数民族自治区行政委员会。

1950 年 5 月 1 日，海南全岛解放。6 月，撤销本县建制，境地分别划入新民（今屯昌县）、万宁、保亭、白沙四县。

1952 年 5 月，复置琼中。7 月，琼中县归属海南黎族苗族自治区（1955 年 10 月，自治区更名为自治州）人民政府管辖。1953 年，全县有 3 个区，22

个乡，57 个里，613 个自然村。1953 年 4 月，第三区划出南平乡（不含贝湾里，该里划入长沙乡）、加朝乡、加槽乡、大发乡，第二区划出会林乡，组建第四区，区府驻三更罗。全县变为 4 个区 22 个乡。翌年分为 52 个小乡。

1958 年 11 月撤州，琼中县隶属海南行政区公署。

1961 年 11 月，复置自治州，琼中仍隶属海南黎族苗族自治州。

1987 年 9 月 26 日，再次撤州，琼中改属海南行政区。

1987 年 11 月 20 日，经国务院批准，撤销琼中县，设立琼中黎族苗族自治县，划归海南行政区管辖，县委、县政府驻地设在营根镇。营根镇，北距海口市 136 千米，南距三亚市 165 千米，东离万城镇 90 千米，西离那大镇 84 千米，是海南岛陆地交通公路的咽喉。

1988 年 4 月海南省成立，琼中黎族苗族自治县属海南省直辖。

1989 年 6 月村民委员会改称管理区，村民小组改称村民委员会。1990 年辖 8 个镇 5 个乡，计 100 个管理区（黎族 92 个、苗族 7 个、汉族 1 个），557 个自然村（黎族村 458 个、苗族村 36 个、汉族村 63 个）。1996 年底，琼中黎族苗族自治县辖 8 个镇 5 个乡：营根镇、湾岭镇、乌石镇、黎母山镇、和平镇、红毛镇、长征镇、中平镇、吊罗山乡、红岛乡、长安乡、什运乡、松涛乡。共有 103 个村（居）委会、624 个村民小组。境内有 15 个国有农、林、茶、牧场。1997 年底，辖 8 个镇、6 个乡，104 个村（居）委会，624 个村民小组，境内有 11 个国有农场。1998 年底，辖 8 个镇、6 个乡（上安乡、红岛乡、松涛乡、什运乡、吊罗山乡、长兴乡），共有 104 个村（居）委会，613 个村民小组，境内有 11 个国有农场。县城在营根镇。1999 年底，辖 8 个镇、6 个乡，104 个村（居）委会，613 个村民小组，境内有 11 个国有农场。2000 年底，辖 8 个镇、6 个乡，105 个村（居）委会，614 个村民小组，境内有 14 个国有农（林、牧、茶）场。2001 年底，辖 8 个镇、6 个乡，105 个村（居）委会，623 个村民小组，境内有 11 个国有农场。2002 年，红岛乡、营根镇、长征镇的大郎村合并，设立营根镇；松涛乡、黎母山镇合并，设立黎母山镇；乌石镇、湾岭镇合并，设立湾岭镇；和平镇、长兴乡长兴、长沙、新村合并，设立和平镇；吊罗山乡、长兴乡的六十千村、响土村合并，设立吊罗山乡；长征镇的大朗村划出后，行政区划不变。2002 年底，辖 7 个镇、3 个乡（营根镇、湾岭镇、红毛镇、黎母山镇、长征镇、中平镇、和平镇、什运乡、上安乡、吊罗山乡），105 个村

（居）委会，624 个村民小组，境内有 11 个国有农场。2003 年底，辖 10 个乡镇，105 个村（居）委会，624 个村民小组，境内有 11 个国有农场。县政府驻营根镇。2004 年底，辖 10 个乡镇，105 个村（居）委会，624 个村民小组，境内有 11 个国有农场。①

从以上陈述可见，从古代至当代，琼中地区的行政区划经历了一系列变迁。结合制度史、社会史和文化史，全面考察琼中地区历代的变迁可知，行政制度的变迁才是导致行政区划变迁的深层次原因。纵向梳理琼中地区行政区划的变迁状况，廓清辖区变迁与高层政区变迁的关系，考证所辖制下属政区及其数量，有助于发掘琼中地区行政制度的变迁规律。历史上琼中地区行政区划的多次变动及其得失，对政区改革及中央与地方权力的协调具有借鉴意义。

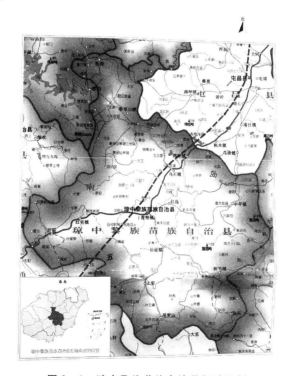

图 0－1　琼中黎族苗族自治县行政区划

图片来源：该书编写组：《琼中黎族苗族自治县概况》，民族出版社，2008，彩页。

① 数据来源：行政区划网 http://www.xzqh.org/html 及琼中黎族苗族自治县地方志办公室编（梁定鼎主编）《琼中县志》（海南摄影美术出版社，1995）相关章节。

　　行政区是为实现国家的行政管理与建设，对领土进行分级而划分的区域，有鲜明的政治色彩。行政建置这种有意识的国家行为对区域社会往往会产生很大的影响。随政权的变更，行政区划的范围和数量等也将发生相应的变化。行政级别会对社会的进步、经济的发展产生重大影响。孤悬海外的海南岛自西汉时成为封建集权制国家行政区的组成部分后，在政治、经济、文化等方面发生了诸多变化，并具体反映到各州县中。但海南琼中地区在民国立县之前的漫长历史岁月中，其行政区划至明朝始有文字记载。而立县之前的琼中地区，其遗物遗存又乏善可陈，因此，本书只能在海南岛大的历史变迁中根据其境域的大致变迁大概地推断其相应的历史发展状况，以对其之前的历史获得一个粗略了解。当然，琼中地区的发展演变史，在某种程度上也可以折射出海南不同时期的发展脉络及特点。

　　众所周知，海南岛与我国内陆相比，发展较为缓慢，而琼中地区的历史文化较海南其他地区发展更为迟缓，且缺乏自身演变、发展的连续性和继承性，表现出历史文化的渐变明显滞后的特点。琼中地区的黎族作为海岛腹地的民族，在其历史发展进程中，除了与周边的汉族或人数不多的海南苗族有交流之外，几乎没有与外来文化接触的机会。秦汉以后，随着中国内陆的汉族及其政治势力进入海南岛，琼中地区的部分黎族社会开始在外来文化的冲击下，面临不断的考验，在大的历史境遇下处于不平衡的发展变化中。到唐宋时期，海南岛除四周沿海地区有了一定程度的开发外，岛内大部分区域的农业生产工具和技术仍十分落后，还处在农业开发的初级阶段——刀耕火种阶段。甚至到 20 世纪 50 年代海南解放初期，琼中的部分地区，即海南岛腹地的五指山、黎母山等一些黎族聚居区，其社会形态仍处于原始社会阶段。

　　民国时期，随着国内形势和国际形势的变化，出现了开发海南的热潮，琼中地区黎族边缘区社会形态的整体变化也出现在这一全国整体近代化的进程中，主要是吸收汉族文化的趋势进一步发展，并渐变为一种自主行为。20 世纪 30 年代陈汉光的"抚黎"，抗战时期的 1939 年 2 月国民政府机构及军队内迁五指山等黎族中心区，以及解放战争时期中国共产党领导的琼崖纵队进入黎区，建立以五指山为中心的根据地，都加剧了以黎族为主的琼中地区社会政治、经济文化形态的改变。尤其是民国三十七年（1948 年）3 月琼中地区的立县，即琼中地域政治地位的确认，为其经济文化的持续发展奠定了必要的政治基础。琼中县初属琼崖东区民主政府，1948 年 3 月建县，辖 2 个区，12 个乡，67 个保，423 甲，522 村。1949 年 3 月，改属琼崖少数民族自治区。虽然新中国成立后，也有反复确认，但直到今天，琼中这一地区终于具备了相对连续的发展链条，得以持续开发的潜质，蒸蒸日上。

三 自然资源①

本县境内自然资源，无论气候资源、水产资源、土地资源、矿产资源、动植物资源、农作物资源，都十分丰富。

本县境位于热带海洋季风区北缘，温和湿润，有独特的山区气候特征——昼热夜凉，年平均气温 22.5℃，1 月份平均气温 16℃。年平均日照时间 1600～2000 小时，年平均相对湿度为 80%～85%。夏无酷暑，冬无严寒，既是避寒胜地又是避暑胜地。雨水充沛，是全岛降雨量最大的地方，每年 5～6 月和 8～10 月为相对集中的降雨期，旱涝明显，常成灾害。

本县水产资源丰富，主要河流有乘坡河、大边河、什运河和腰子河，境内还有 20 多条山涧河溪。本县是海南省三大河流南渡江、万泉河、昌化江的发源地，被称为"三江之源"，支流密如蛛网，呈放射状向四周奔流。境内土地资源丰富，宜植地（不含农垦）194.7 万亩，其中宜农地 21 万亩，宜林地 91.9 万亩，宜牧地 53 万亩，宜热作地 28.8 万亩。本县农作物主要有水稻、旱粮（玉米、山兰稻、坡稻）、番薯等粮食作物，橡胶、槟榔、南药、椰子等热带作物，绿橙、香蕉、珍珠石榴、波罗蜜、荔枝、龙眼、杨桃、甘蔗和油料作物等经济作物。绿橙是琼中的特色水果，至 2008 年全县种植 4.3 万亩，挂果面积超过 2.2 万亩。本县既有橡胶、水果、林业、南药等传统支柱产业，又有琼中绿橙、桑蚕、琼中灵芝、琼中蜂蜜等新兴特色产业。森林资源丰富，拥有五指山林区、鹦哥岭林区、冲向岭林区、崩岭林区、飞水岭林区、加器岭林区、白马岭林区和百花岭林区八大重点区域林区，以及县境内的省管黎母山、吊罗山林业局的林区和一些集体林地等。境内海拔 1000 米以上的山峰有 52 座，全县森林覆盖率达 84.37%，居全省

---

① 数据来源：琼中黎族苗族自治县人民政府网 www.qiongzhong.gov.cn 及琼中黎族苗族自治县地方志办公室编（梁定鼎主编）《琼中县志》海南摄影美术出版社，1995。

之首，这里负氧离子含量居全国前列，是名副其实的天然"大氧吧"。作为海南生态核心区、宝岛的"绿钻"、海南首个无毒县，本县素被誉为"海南之肺"。目前已发现的黑色金属、有色金属、非金属矿产等矿产资源亦丰富。此外，这片土地上动植物资源丰富。野生脊椎动物500多种，珍贵的有黑冠长臂猿、金黄色小猴、猕猴、穿山甲、黑熊、云豹、红颊猿、水獭、水鹿、箭猪、孔雀雉、斑鸠、金钱豹、金钱龟、山鹿、穿山甲、蟒蛇、毛鸡、原鸡、鹦鹉等。其中金钱龟是食用滋补品，产量为全省之首。鸟类有300多种。鱼类、两栖动物、爬行动物、软体动物等不胜枚举。植物3100多种，可入药的就有2000多种，其中粗榧、沉香、灵芝、琥珀、七叶一枝花等均为珍贵药材。

虽然在2012年国务院扶贫开发领导小组办公室在其官方网站发布的《国家扶贫开发工作重点县名单》中，琼中黎族苗族自治县的名字赫然在目（全国592个贫困县），但本县得天独厚的丰富自然资源使我们有理由相信，本县的名字会很快在这个名单中消失。

四　人文资源

地域文化的形成受到自然因素、经济因素、历史因素的影响，也受到行政区划的影响。在特有的自然地理环境及政治、经济、历史因素影响下，本县创造了具有自身地域特征的特有的人文、社会文化，可谓一方水土一方人、一方文化。

本县对文化的重视程度在逐渐提高，也颇有蕴藏深厚史料价值与艺术价值的文物胜迹，以及独具特色的黎、苗风情。1984年9月，县文化部门组织人员收集文物，至1990年共收藏93件。文物主要包括：新石器时代的石锛（俗称雷公斧）、石凿、砺石（俗称雷公印）等石器；汉代的波纹4耳罐，唐代的青釉碗，明代的绿釉6角壶、黄褐釉扁壶、绿釉圆罐、黄褐釉4耳单柄壶等陶瓷器；民国时期的黎族、苗族生活所用的木犁、木耙、滚耙、竹磨、弓箭、镞、木铃、木铲、木臼、角质捻稻镰、果子汤匙、树皮被、葵叶被、筒裙、头巾、长糖等器具；太平峒苏维埃政府印盒，冯白驹用过的铁床及木椅，王国兴用过的眼镜、子弹、皮带、粉枪、牛角号，白沙起义时用过的尖刀、弓箭、麻被，周恩来赠给王国兴的水烟筒、冯白驹送给王文聪的短刀、琼崖纵队兵工厂制造的手榴弹壳等革命文物。对实物收藏及其文字等资料的记录与保护，能够使人们对名人之所以出现的自然环境和人文环境的了解得以加深，也为培育地方特色文化创造了条件。而对不同类型文物及遗址的发掘、研究与调查，可以揭示琼中地区不同时期社会、经济、文化诸方面的状况。

图 0 - 2　汉代波纹四耳陶
图片来源：琼中黎族苗族自治县地方志办公室编（梁定鼎主编）《琼中县志》，海南摄影美术出版社，1995，第 663 页。

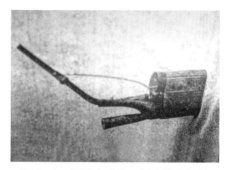

图 0 - 3　周恩来赠给王国兴的水烟筒
图片来源：琼中黎族苗族自治县地方志办公室编（梁定鼎主编）《琼中县志》，海南摄影美术出版社，1995，第 664 页。

图 0 - 4　冯白驹用过的木椅
图片来源：琼中黎族苗族自治县地方志办公室编（梁定鼎主编）《琼中县志》，海南摄影美术出版社，1995，第 663 页。

本县几处比较有名的集书法、文学、历史于一体的摩崖石刻、碑刻等，即便年代较晚，依旧珍贵（详见后文）。本县值得一提的胜迹还有黎母山水上市的水会所城遗迹、百花瀑布、建于清乾隆年间的湾岭镇岭门老圩的石蛇路、位于松涛圩的松涛实业开发公司遗址。此外还有距今较近的白沙起义纪念园、琼崖党的"五大"旧址及琼崖纵队"一大"旧址等各处红色旅游景点。

各纪念园、博物馆、民俗馆、各种形式的主题场馆的兴建，既是对物质形态及文化的保护、展示，也是宣扬爱家乡、爱国、爱民族精神的有效载体。

由于多民族聚居，尤其黎族、苗族人数较多，因此，黎、苗风情可谓本县有代表性的文化符号，这是由本地自然地理环境和既有的物质文化条件决定的，是本县文化的源流、载体与支撑。

体现黎苗文化的如黎族打柴舞、黎苗婚礼、蜡染、"三月三"节庆等乡土民情风俗，以及黎族织锦、苗族蜡染、绣头巾、雕刻、剪纸等民间工艺，内容丰富，几乎随时随处可见，因此本县素有"黎苗之乡"的美称。如每年的农历三月初三，是黎族及苗族传统节日，黎族及苗族的男男女女都要盛装打扮，成群结队赶往活动地点，欢庆传统节日，纪念祖先，赞美生活。对年轻的黎族、苗族男女来说，"三月三"则是他们寻找意中人的节日。

每年农历三月十五为黎母诞辰日，黎族同胞和各地民众会自发成群结队来到黎母山上进行黎母祭拜活动，祈求风调雨顺、后代昌盛。2016年4月20～21日，黎母山国家森林公园迎来一年一度的民间传统的黎母诞辰庆典活动，包括祭典、黎苗歌舞表演、武林大会表演赛及河谷雨林徒步探险等内容。

民族艺术家及广大民族群众在劳动和生活中，根据自娱、祈福、达情所需而创造的具有本民族特色、体现本民族民间风格的各种艺术形式，一直在本族人民群众中直接传承着。比如黎族民歌和苗族民歌即在本县广泛流传，在黎族歌腔和苗族歌腔中又尤以黎族歌腔流传最广。其主要腔调有甜美、流畅的"啰呢调"和"四亲调"，多用于男女间表情达意，可独唱、对唱、联唱、合唱，也可一领众和。本县民间乐器主要有铜锣、钹、鼓、铃、叮咚、击杆、木臼、碗、碟、汤匙、掠皮鼓等打击乐器，鼻箫、洞箫、竹笛、喇叭、口弓、唢呐、树叶等吹奏乐器，秦琴、二胡等弦乐器。为了充分发挥民歌的宣传及娱乐作用，1953 年，本县成立了文化馆，重点抓民歌工作。据 1959 年统计，全县有知名歌手 35 人，包括什运王妚大，那柏王玉梅，五指山王玉尾、王玉梅、王桂安和苗族歌手梁明贵（烟园村人）等，其中王妚大被誉为黎族"歌仙"，1984 年被中国民间文艺研究会吸收为会员，并编唱新歌 4000 多首。

男女间故事、人物故事、山水传说、地方掌故、动植物神话等民间故事一直在本县广泛流传。1962 年，县文化馆开始组织人员下乡搜集整理。至 1965 年，共收集整理了《孤寒仔》《五指山与七指岭》《千世不闷》《桔姑娘》等 17 篇油印成册，但"文化大革命"期间，民间故事被诬为封建糟粕，全部遭到焚毁。1980～1990 年，县文化部门又派员搜集整理了 25 篇油印成小册子，使资源损毁与遗失的态势得到遏制。利用本县自身的个性风格与特殊内容，对相关文化典籍、遗存进行的搜集、整理、保护、展示以及对濒危文化的抢救等工作的开展，对传承发展地域文化起到了良好的促进作用。

为便于从人类学、语言学、民俗学、文学、宗教等角度探讨琼中地域文化的起源、发展、完善等过程，还需要从本县的物质文化、行为文化、制度文化、精神文化等不同层面发掘、整理有代表性的地域文化，并发挥文化特有的教化作用。比如，从语言学看本县多样的语言现象，本县居民日常使用的语言主要有海南话、黎话、苗话、普通话四种。全县大约有 10 万人操海南话，其使用者主要分布在各城镇及其附近村庄；大约有 6 万人使用黎语，其使用者主要分布在离城镇较远的黎族村庄里，如什运乡的便文、伯保、什太阶、冲公保、什盖保、南流、什统黑、什贡、方板等村，上安乡的行干、什台、什况、什袋、什味、什礼、什联、招咱、什暗、什坡、南托等村，湾岭镇的大墩上村、大墩下村、高湾、高田、搭择、深水、架水、南片、荔枝头等村，红毛镇的番响、毛西、罗虾、什招、上托、什卓、什麻、什冲、罗担、罗坎、什响、罗眉等村；全县约有 1.5 万人使用苗话，其使用者主要分布在苗族村寨里，如长征镇的烟园村，黎母山镇的荔枝头、新村、尚总湾、大朗等村，中平镇的新安、新民、南茂、路平、加福、双万田、丁加坡等村，和平镇的新兴、长兴等村，湾岭镇的山诗头、绿南、枫树坪、南毛等村；而使用普通话的人约有 8 万，主要分布在城镇及各个国营农场内。

又如，从宗教的角度看，本县多样的宗教信仰主要包括基督教、拜"盘皇"、道教等。其中基督教信众以苗族群众居多。拜"盘皇"的范围小，信仰人数少，仅有新安村部分苗民参加。道教信众以普遍村民为主，本县道士约300多人，散居乡下，为信民设坛"查鬼""作醮"。本县实行宗教信仰自由的政策，境内宗教贯彻自传、自治、自养的"三自"方针。

总之，史前文化及有文字记载的文化，都是一种历史现象，本部分对琼中地域文化的描述主要是对其物质文化、精神文化主要特征的概述以及对其地方文学、方志、民间艺术等地域文化现象的了解而已。而对本县各个时期文化现象的逐一考察，尚有待于一批具有重大学术价值和开发利用价值的考古发现的出现。但本县仍堪称人文资源丰富，人文内涵深厚，是海南文化中极富特色的重要组成部分，具有不可估量的现实价值和深远意义。当然，对本县所有的传统民族文化遗产都要批判地继承，取其精华，去其糟粕。在发扬民族特色的同时，发挥民族创新意识，发掘其移民文化与多民族文化碰撞后的包容性和兼容性等文化特征，使其获得新的建构与生机。评价一个地区的经济社会发展状况，既要看其经济指标，也要看其社会文化。社会文化的存在与发展，对当地经济社会发展来说，是动力与发展目标。加速经济文化一体化进程，是本县发展之路，因为地域文化与经济文化的结合可产生巨大的经济效益与社会效益。在目前的文化经济时代，地域文化的经济功能凸显，经济生产与消费逐步由物质形态向文化观念形态转变，使用价值逐步由实用化向艺术化、审美化方向发展，文化的附加值逐步成为经济活动中的决定性因素。要大力开发利用本县文化资源，为经济社会文明发展服务。如琼中黎、苗风情旅游，就是包含浓郁地域文化气息的经济品牌。通过卓有成效的媒体宣传，使本地区内鲜为人知的历史名胜、地方风物、重大事件遗址、名人活动场所等成为观光与经济发展的突破口，是本县以文化资源开发为主要内容的文化产业的重要方面，且其应成为本县国民经济的重要产业，甚至支柱产业。

由于海南琼中地区直到民国时期才有建制，历史研究工作开展相对较晚，资料较为薄弱，缺失较多，因此，进行琼中历史的文化格局、历史编年体系等历史研究还缺乏系统性，本书对史料的研究也大多停留在描述现象阶段。诸多错漏，敬请方家指正。

　　愿本书所及琼中黎族苗族自治县的自然、文化、历史与现状，能为各级领导机关探索琼中地区的形成及发展规律、制定发展本县的科学决策，提供资料、借鉴与依据。

　　最后，祝愿本县各族人民幸福万代。

第一编

古代的琼中地区 （1840 年前）

第一章 史前时期的琼中地区

　　史前时期指的是在人类社会发展过程中从人类诞生到出现阶级社会这一段漫长的历史时期，大致分为旧石器时代、中石器时代和新石器时代三个历史阶段。到目前为止，海南已发现的史前遗址和遗物点等有 200 余处，这成为探索海南古代社会政治形态、经济状况及文化面貌，尤其是揭示没有文字记载的史前时期人类起源和历史文化演进的实物资料。

　　山岩自然洞穴是远古人类居住生活的最初阶段，我国洞穴遗址的年代主要在旧石器时代和新石器时代。在海南岛已发现并经过考古发掘的有人类活动的洞穴遗址仅有三亚落笔洞洞穴遗址。经考证得知，大约一万年前，海南岛已有人类居住。那时人类生产力低下，仅利用所处的环境进行狩猎和采集活动。

　　之后，海南史前古人类聚落遗址类型逐渐演变为环岛沿海四周的贝丘遗址，再演变为遍布海南岛各地的众多山坡（台地）遗址。贝丘遗址和山坡（台地）遗址的年代处于新石器时代。学术界一般认为，新石器时代开始于距今一万年左右的时期，其下限距今 5000～2000 年不等；农业、畜牧业的产生和磨制石器、陶器、纺织的出现是其基本特征。由于特殊的地理环境，海南的发展滞后，因而海南岛新石器时代早期遗址约产生在 6000 年前。东方市新街镇北黎河入海口 2.5 千米处的新街贝丘遗址是目前海南发现的最大的新石器时代遗址，面积达 16000 平方米。而海南的山坡（台地）遗址数量较多，主要分布在昌化江、南渡江、陵水河、万泉河等海南岛的主要河流及支流两岸，大多属于新石器时代中期或晚期遗址。考古调查表明，目前昌化江流域是海南岛史前遗址发现较多的区域，而横贯海南岛中西部的海南岛第二大河流昌化江，就发源于五指山西北的琼中县空禾岭。史前时期琼中地区的山坡（台地）遗址就有崩岭遗址、南茂遗址、荒堂坡遗址，以及什扭石器出土地、什况石器出土地、新市石器出土地等。① 可见，在新石器时代，琼中地区已经开始有人类繁衍生息。此时，生产力有所发展，人们逐渐离开海滨，靠近江河边，并向山坡（台地）迁移，既近水源，又可居高避河水泛滥之灾，以便从事农耕生产，食物来源不再以海生贝类为主。人们也不再仅仅使用打制石器，而是较普遍使用磨光的石斧、石铲、石犁、石锛和石磨盘等，且出现了大型化的用于砍伐树枝和开垦荒地的石制生产工具。如石斧、石锛流行长身和有肩形制，有的石锛有肩有段。琼中地区发掘的新石器时代的石器主要有石锛、石凿、砺石等。从海南新石器时代出土的石镞、石矛、石戈等磨制精良、锋刃锐利的狩猎工具，以及以捕捞淡水生物为主的石网坠、陶网坠和骨梭等器具看，此时期仍保有渔猎活动。海南史前遗址中的陶片则大多具有较原始的特征，烧成温度普遍较低。陶器以夹砂陶为主，泥质陶次之，流行圜底器、圈足器，多见罐、釜等器物。海南高温多雨，因此先住居民在生产、生活过程中，除了石头、陶器等用具外，其余的各种遗物都难于保存。

"海南岛与大陆两广地区的史前遗址基本上同属一个大的文化系统，其文化性质也应属于华南地区史前文化的范畴。由此可见，早在史前时期，我国古代的先住居民就已跨越了琼州海峡，在海南岛创造了同一类型的史前文化，文化的久远和一致性充分证明了海南与华南东南沿海地区，特别是岭南自古以来就有着不可分割和一脉相承的亲缘关系。"② 只是海南的史前文化发展较为缓慢，在时间序列上也较大陆两广地区要晚。但海南遗址中经常出土的肩石斧，在马来半岛的安南（越南）、暹罗（泰国）等地也有发现。因此，因地理位置独特，海南岛史前文化中也包含相邻国家和地区的文化因素。

总之，受自身条件所限，海南早期的农业发展迟缓，采集渔猎经济往往延续较长的历史时期，而原始社会的解体则比大陆更为迟缓，海南在先秦时期仍处于原始社会的末期，属于史前时期，琼中地区亦然。

---

① 丘刚：《海南古遗址》，南方出版社、海南出版社，2008，第37页。
② 丘刚：《海南古遗址》，南方出版社、海南出版社，2008，第47页。

第二章 | 秦汉时期的琼中地区

第一节 秦汉政权下的琼中地区

海南黎族先民从原始社会到春秋战国，走过了漫漫岁月，其社会发展也从母系氏族时期进入部落联盟阶段。秦汉时期是海南暨琼中地区的历史变革时期，来自中央政权及汉文化的影响，必然促成黎族先民内部的社会组织结构发生变化，也可能促使黎族社会步入阶级社会。琼中地区在秦朝时为象郡外徼（外部边界），西汉时则属于珠崖郡地。

一 秦朝时期

在春秋时期楚国灭越国之后，岭南地区处于楚国的统治之下，但此时的海南岛，由于孤悬海外，并未被划入楚国的势力范围，这种状况一直持续到公元前221年秦朝建立起统一的多民族封建专制主义中央集权国家为止。秦始皇二十四年（前223年），秦将王翦南征灭楚，到秦始皇二十九年（前218年）时，秦朝在岭南的势力范围虽已涵盖今日的广西、广东境域，但其时秦朝对海南的统治还只能算"遥领"，只是影响深重。比如海南人所用铜钱以六文为一钱、六十文为一两、六百文为一贯，田禾以六把为半担、十二把为一担等，都是秦之旧俗。又如，秦朝为了秦军转运粮饷而开凿的"灵渠"，也对海南产生了深远的影响。因为灵渠开辟了中原至岭南的交通要道，成为中原与岭南经济联系的纽带。正是中原与岭南经济的交流与发展，促使秦汉时期逐渐开辟了以广东徐闻、广西合浦为起点，航行到东南亚和印度半岛的"海上丝绸之路"，这一条商路必经海南岛，因而，海南岛便成为大陆与东南亚"海上丝绸之路"的重要中转站和补给站。

秦朝在秦军南征的过程中推广郡县制，在越人地区设立了五郡：桂林（治所在今广西桂平西南）、南海（治所在番禺，今广州）和象郡（治所在临尘，今广西崇左），另外两郡为会稽、闽中。这对于当时还处在氏族部落联盟阶段或处于松散政治结合体状态的酋长制阶段的南方越人来说，无疑是一种先进的行政管理制度。

秦始皇三十三年（前214年），秦朝在象地所设置的象郡，即"遥领"海南岛。这说明秦中央政权没有在海南岛设立地方政权，海南岛只是作为象郡的外属边域，因而秦朝对海南岛只有名誉上的统治。当时任嚣是"略取"岭南的主将、南海尉，也是统率桂林、象郡、南海的总领；赵佗是任嚣的副将并兼任龙川县令。秦末农民起义爆发不久，秦二世元年（前209年），任嚣病死，赵佗乘乱兼并了桂林、象郡，自立为南粤武王。公元前204年，赵佗正式称王建立南越国，都城在番禺，公元前111年南越国被伏波将军路博德所灭，南越国存在了将近一个世纪。

南越国的建立有重要的历史意义——使岭南免遭兵燹之祸，加速了秦亡，促进了民族融合，也保证了岭南地区的稳定与发展，但此时期的海南暨琼中地区虽受南越国管辖却基本上处于自管自立的状态。

二　汉朝时期

公元前202年，刘邦称帝，建立汉朝。其根据立国之初的情势，承认了已经与长沙接境的南越国，并对之采取安抚政策，即"和辑百粤"，以使之不为南边祸害牵累。吕后掌权时，为限制南越国武力和经济的发展，开始禁止向南越国转卖铁器，汉越交恶，致使赵佗称帝。汉文帝即位后，本着"无为而治"的立国政策，对南越国持说服劝导、恩威并重的原则。赵佗则表面臣服，对内仍以帝居。汉景帝时赵佗一仍其旧，他于汉武帝建元四年（前137年）逝世，赵佗之孙赵眜（也作赵胡）即位，上行下效，对汉朝自称南越文王，在内仍自称南越文帝。之后南越国历经公元前122年南越文王赵眜死，公元前 113 年南越明王婴齐逝、太子兴即王位，其母汉人樛氏为太后并导致南越国丞相吕嘉集团反对内属汉廷引发内乱等种种变故。为平南越国内乱，元鼎五年（前 112 年）秋，汉武帝封路博德为伏波将军南征岭南。经过激烈的战斗，平定了南越国的内乱，吕嘉被俘。汉军又西进骆越、夜郎。南越已平，"遂为九郡"，即儋耳、珠崖、南海、苍梧、九真、郁林、日南、合浦、交趾九郡。

汉武帝元封元年（前 110 年），西汉政权在海南岛上设立儋耳郡（治所在今儋州市境）、珠崖郡（治所在今海口市境），这是历史上首次在海南岛确立郡县组织，标志着海南岛正式纳入西汉中央王朝的统治。

儋耳、珠崖两郡初始归西汉中央朝廷管辖。汉元封五年（前 106 年），设交趾刺史部（其长官称刺史），通察九郡，治所在交趾龙编，儋耳、珠崖两郡便归交趾刺史部管辖。西汉政权还在海南岛设置了 16 个县，儋耳郡辖西部地区 5 个县（儋耳、至来、九龙，其余两县无考），珠崖郡辖北部、东部及南部地区 11 个县（瞫都、山南、玳瑁、苟中、紫贝、临振、珠崖、乐罗、颜卢、永丰、顺潮）。

根据考证，这些县治的大体位置与今琼中县区域相关的当包括颜卢县、山南县、苟中县、永丰县及顺潮县。根据李勃等人的考证与分析，颜卢县在今海口市美兰区灵山镇多吕村；山南县当在今陵水县及三亚市境内；苟中县，乃澄迈县，在今澄迈县美亭乡东南隅；永丰县，故址在今琼海市塔洋镇境；顺潮县，在今陵水县境。[①] 虽然都缺乏详尽确实的史料记载，又没有直接的实物证据和地面城址遗迹，但大致估计，琼中县的区域应在这几个县的交错包裹之中，隶属于珠崖郡。

正是西汉时期在海南岛上确立的这些郡县，基本奠定了以后 2000 余年海南的行政区划格局。

汉武帝末年（前 87 年），珠崖太守、会稽人孙幸因强征贪征广幅布被杀。按朝廷的规定，土著人是无须纳税服徭役的，可地方官吏往往以"贡献"的名义，对黎民百姓进行巧取豪夺。汉宣帝甘露元年（前 53 年）有 9 个县的黎族民众联合起事。此时期汉人还无法深入黎族先民集中居住的地方，难以深刻影响黎族，而且，对于两三年就要迁徙一次、尚处于原始社

---

① 李勃：《海南岛历代建置沿革考》，海南出版社、南方出版社，2005，第 41、34、37、42、43 页。

会部落联盟阶段的黎族先民来说，汉朝军队的屯田，汉黎的思想文化意识、生活方式、语言交流等一系列的矛盾接连不断，如汉人不尊重黎族人的风俗习惯，往往致使黎族先民不断反抗和斗争，使海南岛长期处于动荡不安的局面。汉元帝初元三年（前46年），珠崖郡山南县的黎族先民又一次举行暴动，汉元帝召开文武大臣商议对应之策，朝堂上发生了增兵镇压与撤军撤郡的激烈争论。

其中，贾捐之撤军撤郡"不当击"的理由大致包括：汉朝疆土廓地泰大，已长期征伐不休，今又逢关东大灾，民众久困，连年流离失所，已成"社稷之忧"，"今陛下不忍恒恒之忿，欲驱士众挤之大海之中，快心幽冥之地，非所以救助饥馑，保全元元也"。① 换句话说，就是国家内地尚在灾难之中，已无力救助，"南方万里之蛮"鞭长莫及。海南岛上的"骆越之人父子同川而浴，相习以鼻饮，与禽兽无异，本不足郡县置也。颛颛独居一海之中，雾露气湿，多毒草虫蛇水土之害，人未见虏，战士自死"，且"又非独珠崖有珠犀玳瑁也，弃之不足惜，不击不损威。其民譬犹鱼鳖，何足贪也！""臣窃以往者羌军言之，暴师曾未一年，兵出不踰千里，费四十余万万，大司农钱尽，乃以少府禁钱续之。夫一隅为不善，费尚如此，况于劳师远攻，亡士毋功乎？"②

总之，海南岛非"冠带之国"，过去曾在征服羌军一隅之地时就花费40亿的银两，现在路途遥远，而国库空虚，乏力南征，一旦前去征讨就会使将士伤亡惨重，劳而无功，应该用省下的这笔费用专门抚恤关东的饥民。廷议的结果是皇帝采纳了贾捐之的意见。

自汉昭帝始元五年（前82年）始，朝廷在海南岛上撤销儋耳郡，将其辖区并入珠崖郡，到汉元帝初元三年（前46年），朝廷采纳廷臣贾捐之的意见，撤销了珠崖郡。汉朝在海南岛的管理名存实亡。

关于西汉时海南岛的人口数量，《汉书·贾捐之传》记载："初，武帝征南越，元封元年立儋耳、珠崖郡，皆在南方海中洲居，广袤可千里，合十六县，户二万三千余。"③ 但今人王俞春认为，"汉武帝时海南建立郡县后，根据汉户籍制，对海南的户口也进行了调查登记，全岛有2万3千余

① （汉）班固撰《汉书》卷六十四下第三十四下《贾捐之传》中华书局，1962，第2833页。
② （汉）班固撰《汉书》卷六十四下第三十四下《贾捐之传》中华书局，1962，第2834页。
③ （汉）班固撰《汉书》卷六十四下第三十四下《贾捐之传》中华书局，1962，第2830页。

户，人口约 10 万人，其中汉人约有 3 万人"。① 按照王先生的说法，黎族人约有 7 万之众。到东汉光武帝建武十九年（43 年），海南仅是合浦郡（包括徐闻、高凉、合浦、临允、珠崖五县）中一个名义上的县而已，人口剧减。

应该说，自从"罢珠崖"郡之后，汉朝基本上放弃了对海南岛的管辖。

东汉初年，锡光为交趾太守，他在当地教授民众铸造铁制农具，推广牛耕，兴办学校，传播礼仪，深受骆越民众的拥护。但苏充任交趾太守时则为政苛刻，激起不满。东汉光武帝建武十六年（40 年），在交趾鹿冷县征侧、征贰正式起兵一举攻下交趾郡后，九真、日南、合浦民众也纷纷响应，并很快占领岭南 60 余城，征侧自立为王。建武十八年（42 年），光武帝刘秀拜马援为伏波将军，扶乐侯刘隆为副将，督楼船将军段志等率大小楼船 200 余艘，兵士 2 万余人南击交趾。建武十九年（43 年）四月，马援攻破交趾，斩征侧、征贰，传首京都洛阳。光武帝刘秀封马援为新息侯，食邑三千户。新息侯马援不负帝望，率领大小楼船千余艘及战士 2 万余人，进击九真贼征侧余党都羊等部，斩获 5000 余人。马援到交趾后还在那里立铜柱，作为汉地之界碑。岭南悉平。

东汉明帝永平十七年（74 年），儋耳之民又重新"慕义贡献"于东汉王朝。但到东汉末期海南岛上仍然只有一个珠崖县，将交趾刺史部改称交州刺史部，并迁治广信（今广西梧州）。多数汉人已经内迁大陆，海南岛的人们又过上了一段稍微安定的生活。

第二节　先秦至秦汉时期琼中地区的黎族先民

一　先秦至秦汉时期琼中地区的黎族

先秦至秦汉时期，居住在海南岛的黎族先民是来自广西的骆越人的一支，西汉人称其为"蛮"或"百越"，东汉以后的文献还偶有提及，但开始称"俚"或"俚僚"。因为，"东汉以后，骆越故地土著改称俚，海南岛又

---

① 王俞春：《海南移民史志》，中国文联出版社，2003，第 82 页。

为俚人分布地域的一部分，后来俚人再改称为黎"。①

先秦时期海南黎族先民仍处在原始社会部落联盟阶段，经过南越国100年左右的统治，黎族已经与汉文化有了较多的接触，汉人也对生活在海南岛的黎族有了更多的了解，如最早记载儋耳和穿胸国的便是成书于战国时期的《山海经》，西汉时期的《史记》已经将南越单独列传，东汉的《汉书》记载的更详，东汉初年的袁康、吴平的《越绝书》对南方越族亦专门记载。但综观秦汉时期的史书，其对黎族社会形态的记载皆属不详。

从大量的考古发掘和文献记载中可以发现，先秦时期定居在海南岛的黎族先民已经过上了定居的原始农业生活。但这种"定居"是相对定居，即定居一两年或两三年再迁徙，已经有别于新石器时代早中期采集和渔猎经济占绝对地位时经常性的不固定的迁徙。黎族的原始农业耕作方式有砍山栏、火耕水耨、群牛踏地等。黎族的先民所从事的手工业在先秦时期大都处于原始阶段，都是为了自家生活需要而进行的一家一户的生产，还没有走向与农业、商业的分工。海南新石器时代晚期（夏商周时期），泥质陶器数量增多，出现方格纹、米字纹、水波纹等简单的几何印纹。先秦时期海南手工业值得一说的是纺织业，从"无纺织"时代的重要发明创造树皮布到用麻和木棉纺织的贯头衣，都见证了黎族妇女的聪明才智。据专家考证，海南当时的纺织技术仍然处在原始的"腰机"纺织阶段。这样的纺织技术虽然织作工具简单，但很符合纺织原理，易于操作。海南的"落笔洞"遗址已有了编织技术，这已经为纺织技术的产生积累了宝贵的经验，新石器时代的海南岛已有用于纺织的纺轮和纺坠。

到汉代，儋耳、珠崖两郡及十六县设立，黎族的生活居住区域被分隔占领，大批汉人开始迁入海南。虽然郡县的设置还仅限在岛上交通要道和人口稠密之地，汉文化尚不能深入黎区腹地，但黎人与汉人的较多接触已不可避免。汉人杂居黎人中间，黎汉的生活方式、风俗习惯等难免相互影响，已有黎人稍知言语，渐见礼化。尤其是中原地区的先进文化在岛上的传播，先进的农业生产技术及生产工具的传入，加快了原始社会部落联盟的解体和社会生产力的提高，促进了黎汉民族交融与海南的开发及经济的发展。

---

① 王学萍主编《中国黎族》，民族出版社，2004，第4页。

僮尹为交趾刺史时"还至珠崖，戒敕官吏毋贪珍赂；劝谕其民毋镂面颊，以自别于峒俚，雕题之俗自是日变。建初中，以尹能匡俗信民，厚加赏赐，迁武陵太守"。①

汉代开始有了"峒俚""里君""渠帅"的记载，"峒"是黎族的基层社会组织，"里君""渠帅"是首领，这都表明黎族社会正在向私有制社会转化。西汉时岭南与中原的贸易还仅限于南越国的都城番禺，东汉时已扩大至岭南沿海。《三国志·吴书·薛综传》记：海南岛"远珍名珠、香药、象牙、犀角、瑇瑁、珊瑚、琉璃、鹦鹉、翡翠、孔雀、奇物，充备宝玩"。②东汉时，随着大批商人来海南经商并落籍海南以及"海上丝绸之路"的形成，海南的土著人也有了经商致富的意识。《汉书·地理志下》曾记："自合浦、徐闻南入海，得大州，东西南北方千里，武帝元封元年略以为儋耳、珠崖郡。民皆服布如单被，穿中央为贯头。男子耕农，种禾稻纻麻，女子桑蚕织绩。亡马与虎，民有五畜，山多麈麖。兵则矛、盾、刀，木弓弩、竹矢，或骨为镞。"③男女分工、纺织业、稻作农业、犁耕技术、畜牧业、金属武器的出现与发展，反映了当时黎族农业社会生产力的提高。

目前出土的东汉时琼中地区的遗址有荒堂坡遗址、福加遗址、什空遗址。④遗物中石器较少或已不见石器，陶器也由新石器时代粗糙的夹砂陶演变为细腻的泥质陶，陶胎质地较硬。陶器表面上的印纹往往是以点、直线和弧线等元素组成的几何图形。这些遗址的文化性质当属于百越民族文化中有代表性的"印纹陶文化"。

金属的使用从有关黎族先民打击乐器的记载中亦可见一斑。先秦时期，文献称骆越人所流行的蒙兽皮陶制打击乐器为"陶鼓"，到汉代时，黎族先民的打击乐器已经发展成为铜鼓。

从西汉时珠崖太守孙幸曾大肆掠夺黎民的"广幅布"激起黎族民众反抗一事，可见黎族纺织制品的珍贵及成就及其纺织业的发展。这种"广幅布"是大陆中原人都不能纺织的宽布料。若再染上颜色，便被称为"五色斑布"。三国时代吴国人万震在其《南州异物志》中记载："五色斑布似丝

---

① （明）戴璟修、张岳等纂，（明）黄佐纂修《嘉靖广东通志·琼州府》（二种），海南出版社，2006，第413页。

② （晋）陈寿：《三国志》卷五十三《吴书八·薛综传》，中华书局，1959，第1252页。

③ （汉）班固撰《汉书》卷二十八下《地理志八下》，中华书局，1962，第1670页。

④ 丘刚：《海南古遗址》，南方出版社、海南出版社，2008，第55页。

布，吉贝木（即木棉树）所作。此木熟时，状如鹅毛，中有核，如珠绚，细过丝绵。人将用之，则治其核。但纺不绩，任意小轴牵引，无有断绝。欲为斑布，则染之一色，织以为布，弱软厚致。"① 这时黎族纺织所用的原料仍应以"苎麻"、"苧麻"、桑树、木棉树为主。

先秦时期海南岛的黎族先民是"被发"（不扎头发）、"徒跣"（赤着脚）的，而《三国志·吴书·薛综传》记：东汉时，锡光为交趾太守，"乃教其耕犁，使之冠履；为设媒官，始知聘娶；建立学校，导之经义。由此已降，四百余年，颇有似类"。② 可见，随着海南黎族先民与大陆汉人来往交流的增多，到东汉时期，黎族已出现戴帽子、穿鞋的现象，且除了服饰装扮受汉文化影响，中原礼仪文化亦影响着黎族先民。

从出土的文物中可以看到，汉代南越国女性的"椎髻"是将头发从下往上盘，下粗上尖，男子的"椎髻"则包括单髻、双髻（头顶两侧各盘一髻）、项髻（脑后椎状髻），由此可大致判断此时海南黎族先民的装扮。

耳饰这种最古老的装饰，也是海南岛上先民最典型的一种装饰。战国时期的《山海经》里就有"儋耳"或"离耳"国人有耳饰的记载，说明黎族先民男女都在耳下垂环以为饰。汉代及其以后，出现了酋长式的部落联盟，这些部落联盟的酋长或称为"渠帅"，如《后汉书·南蛮传》载："哀牢人皆穿鼻谲耳，其渠帅自谓王者，耳皆下垂三寸，庶人则至肩而已。""其珠崖、儋耳二郡在海洲上，东西千里，南北五百里。其渠帅贵长耳，皆穿而缒之，垂肩三寸。"③

文身习俗从战国到东汉文献都有记载，当时的人们之所以将蛇画于面颊，主要还是为了避蛟龙之害。

二　琼中地区的杞黎

其实，"黎"是他称，即汉民族对黎族的称呼。黎族一般都自称为

① 转引自阎根齐、刘冬梅：《海南社会发展史研究（古代卷）》，光明日报出版社，2011，第148~149页。
② （晋）陈寿：《三国志》卷五十三《吴书八·薛综传》，中华书局，1959，第1251页。
③ （南朝宋）范晔撰《后汉书》卷八十六《列传第七十六·南蛮》，中华书局，1965，第2849、2835页。

"赛"，赛是其固有的族称。①

　　新中国成立以后把海南的黎族从语言上分为五大方言区，即哈方言区、润方言（亦称本地黎）区、杞方言区、美孚方言区和赛方言区。黎族五个方言支系在语言、习俗、服饰、发型及文身图案等方面存在着一些差异，但是，"黎族作为一个民族共同体，其统一性是主要的。黎族内部虽有方言土语之区别，但相互之间可以进行语言交流，其中，赛方言与其他方言差别较大。至于文身、婚姻、饮食、居住、宗教信仰等习俗则大同小异，基本相似"。②

　　在琼中境内分布的主要是杞方言黎族人。琼中地区世代居住着较多的黎族人，杞黎人口数量较多。有专家根据现在保存的地名判断，"杞黎登陆后，先在岛北部居住，后迁居至五指山地区"。③ 史图博则认为杞黎"只残存在昌化河中游地区，他们居住在从潘阳到该处山谷的上边，可能是被侾黎逐步赶到北部去的"。④ 由于或被驱赶，或为找到更适宜生活的地方，或是因台风、雷雨、大火等自然灾害及瘟疫等疾病的发生，或是因为祖先鬼或天地鬼要惩罚人类等不祥之兆的出现，每三五年迁徙一次，曾是早期海南黎族的生活状况，也因此促进了黎族各方言之间的通婚、商品交换或其他社会活动的交流与文化交融，从而亦可能导致各方言区之间的相互转化。因此，琼中地区的杞黎亦可能是由其他方言区黎族演变或影响而成。

　　"杞"，原作"岐"，故"杞黎"亦称"岐黎"，其实在古代也有将整个黎族称为"岐黎"或"黎岐"的。《清代黎族风俗图·琼黎一览图》曾记载，岐黎"男结发居中，贯以簪，前以薄银片掩之，亦曰包髻。耳戴大环，下垂至肩，亦有一耳戴两环者。无衣袴，唯一粗布一小幅兜其前后，亦曰黎线（左为衣字旁）。隆冬之时，取树皮锤软，日以蔽体，夜以代被。妇披发不结，垂耳环，带项圈，上衣黎布短衣，制如下脚黎。黎布者，纴以麻布成之，染之以缁，而绣花其上，下衣黎桶，或吉贝，或黎布为之。刺两颊及下颊为纹而涅以靛"。⑤《海南岛黎族社会调查》也曾记述"杞黎"的

① 王学萍主编《中国黎族》，民族出版社，2004，第2页。
② 王学萍主编《中国黎族》，民族出版社，2004，第3页。
③ 刘显：《从地名看海南移民文化》，闫广林主编《海南历史文化》第三辑，社会科学文献出版社，2013，第40页。
④ 史图博：《海南岛民族志》，中国科学院广东民族研究所编印，1964，第29页。
⑤ 符桂花主编《清代黎族风俗图》，海南出版社，2007，第79页。

发式、文身及服饰等特点:"男子结小鬃于额前(解放后已少见),用丈许长的红布或黑布缠头,上身穿黄麻织成的对胸无纽上衣,下穿前后挂一幅布的'吊帱裙';妇女文面(双线,但较侾黎略简单),有绣花的头巾,上衣自织自染,开胸无纽(有些装上银牌样的'纽子',只作装饰用),在衣边,后幅下端,两臂中部均绣有鲜红的花纹(在趋于简化的地区,则以白布条代替),下身穿短桶,用红色丝线为主织成各种动植物图案。除上衣外,还有一块遮胸布(裹肚),同时颈上戴着很多用兰白玻璃珠子串成的项圈。"① 杞方言区妇女一般只在脸上和腿上文身,纹样极简单,仅几条线。杞方言区妇女筒裙较短,长至腿弯处,一般三幅对接。她们所绘的织锦图案复杂,线条夸张变形,但色彩多样,表达内容涉及狩猎、婚嫁等生产生活各个方面,以祈望人丁兴旺、年年丰收、岁岁平安。

总之,两汉时期琼中地区的社会经济取得了一定程度的发展,但人们仍然过着以农业为主,以畜牧业和渔猎为补充的经济生活,并且当时出现了家庭手工业,以及男耕女织的社会分工。

---

① 中南民族学院本书编辑组:《海南岛黎族社会调查》,广西民族出版社,1992,第16页。

第三章 三国至隋朝时期的琼中地区

第一节　三国至隋朝时期琼中地区的政治

　　三国、晋朝、南朝（宋、齐、梁、陈）至隋朝时期正是中原战乱频仍、人民饱受流离之苦的时期，但海南因孤悬海外，未受到战争冲击，反而因民族英雄"冼太夫人"的出现促进了海南社会的安定与发展。尤其是隋朝三郡和十余个县的建立，更是奠基了中央王朝对海南岛行政区划的设置。

　　汉献帝建安元年（196年），曹操把汉献帝（东汉最后一位皇帝刘协）迎到许昌（今河南省许昌市东）定都，东汉政权名存实亡。建安四年（199年）至建安五年（200年）官渡之战后，曹操统一北方。建安十八年（213年），曹操被封为魏公，二十一年（216年）七月，曹操又被封为魏王。建安二十五年（220年）曹操逝世，其子曹丕继任魏王，并于同年受禅登基，以魏代汉，建立魏国，史称"曹魏"，主要占据今淮河两岸的中原地区。蜀国，史称"蜀汉"，主要占有今四川、云南、贵州等地。吴国，史称"孙吴"或"东吴"，主要占有今长江中下游和岭南地区，以222年孙权在建业（今江苏南京）称吴王为标志。黄龙元年（229年）孙权在武昌（今湖北鄂城）称帝，国号吴，旋即迁都建业。吴直到280年才被晋所灭，是三国中存在时间最长的国家。魏（220～265年）、蜀（221～263年）、吴（222～280年）三国鼎立格局形成后，海南岛归吴国的交州管辖（州治所东汉时期在龙编县，即今越南北宁省仙游东），后移治广信县（即今广西梧州），又移治番禺县（今广州市），后又移治龙编县，但"建置初期，事属草创。虽设官治理，但未建整套官僚机构。其治理政策的总原则是：意在'羁縻'，实行松散统治"。① 吴赤乌五年（242年），海南琼中地区为朱卢县地，隶属朱崖郡。

晋朝分西晋和东晋，共历150余年。晋朝时海南岛先是归交州合浦郡管辖，后又因恢复珠崖郡的设置，归珠崖郡管辖。"但置郡之后，仍然遥领，海南仅属羁縻而已。"②

南北朝时期（420年宋武帝刘裕灭东晋到589年隋文帝杨坚统一全国前），海南也先后归南朝宋、齐、梁、陈这四个政权统治。宋时于交州复立珠崖郡。南朝宋元嘉八年（431年）重设的珠崖郡归交州管辖，统领徐闻、朱卢、珠官三县，郡治在徐闻县境内，但不久又撤销了珠崖郡的设置。南朝齐始于公元479年萧道成称帝，国号齐，都建康（今南京），终于公元502年。短短24年里历7帝，且几代皇帝皆凶残暴虐，科敛无度，对边远地区的管理粗疏，何况海南岛。

值得一提的是梁朝（从502年萧衍起兵夺取帝位、改国号为梁、都建康开始，到557年陈霸先代梁止，历4帝，56年），就是这一时期，岭南政治舞台上产生了一位深刻影响海南的杰出政治家和军事家，她就是被新中国第一位总理周恩来誉为"我国历史上第一个巾帼英雄"的著名俚族首领冼夫人，亦称冼太夫人。

梁大同年间，冼夫人带兵平定了海南岛的黎族动乱，并在大同五年（539年）奏请梁武帝在海南设立崖州，统属于广州都督府，恢复对海南岛的实际统治并接受皇帝任命，亲自主持海南岛归属中央政权及其重建等工作，奠定了此后历代中央王朝有效管辖海南的基础，稳定了此后海南110多年的政局，极大地促进了海南的民族融合和海南地方经济的发展。梁朝的崖州是统领海南岛的最高行政建置。

这位冼夫人为高凉人，生于南越国的一个世族首领之家，因与高凉太守冯融的儿子冯宝喜结连理，始被尊称"冼夫人"。冼夫人文武双全，助夫保境安民，深受越人的拥护与爱戴。其夫也因此受到俚人的信任与尊重。

---

① 吴永章：《黎族史》，广东人民出版社，1997，第24页。
② 唐玲玲、周伟民：《海南史要览》，海南出版社、南方出版社，2008，第47页。

于是，"海南儋耳归附者千余洞"。正因她致力于维护国家统一、促进民族团结的请命，朝廷恢复了在海南设立郡县的历史。自从东汉撤郡之后，中央朝廷实际上放弃了在海南岛的统治与管理权。在之后的岁月中，珠崖郡时弃时留，直到冼夫人请命，使海南岛为中央朝廷所统治。这在客观上促进了海南的经济和文化发展。

南朝的陈朝（从 557 年陈霸先自立为皇帝，改国号陈，仍都建康始，到 589 年为隋所灭，共历 5 帝，33 年），在海南的建置基本上与梁相同，海南岛仍归广州都督府管辖。

581 年，杨坚代北周称帝，建国号隋，开皇三年（583 年）定都大兴（今陕西西安），开皇九年（589 年）灭掉南朝最后一个政权陈，统一全国。但是隋朝仅仅经历了隋文帝、炀帝两代 38 年时间，便迅速灭亡。

隋文帝建国之初简化地方行政机构，以州统县，实行州县两级制，在重要的州设总管府。崖州总管，是统领海南的最高行政职务，并设有总管府。因冼太夫人曾助隋平叛番禺首领王仲宣有功，隋追赠其已逝的丈夫冯宝为广州总管、谯国公，冼夫人则成为谯国夫人，并置"谯国夫人幕府，置长史以下官署，给印章，听发落六州兵马，若有机急，便宜行事"，后"番州总管赵讷贪虐，诸俚僚多有亡叛"，冼夫人又"招慰亡叛"，并"亲载诏书，自称使者，历十余州，宣述上意，谕诸俚僚，所至皆降"。临振县是崖州的辖县，隋文帝遂"赐夫人临振县汤沐邑一千五百户。赠仆（冼夫人长子冯仆，584 年死）为崖州总管、平原郡公"。① 整个岭南（包括海南岛）归冯氏、冼氏家族统治。

仁寿四年（604 年），隋炀帝杨广即位后，加强了对海南岛的管理。大业三年（607 年），隋炀帝"罢诸总管"，"改州为郡"，崖州也改称珠崖郡，领义伦、武德、临振、颜卢等五县。琼中地区属颜卢县地，隶属珠崖郡。大业六年（610 年），又置儋耳、临振两郡，连同珠崖郡，在海南岛上共设置三郡十余县，直接由中央管辖，从此奠定了海南的基本行政机构。

根据李勃先生的考证，隋朝在海南所设置的三郡领县十四，② 舍城（治今海口市琼州府城东南龙塘镇境内）、颜卢（治今海口市美兰区灵山镇多吕村）、武德（治今海口市琼州府城东南五十里）、琼山（治今海口市琼山区

①　（唐）李延寿撰《北史·列女·谯国夫人冼氏》卷九一，中华书局，2011。
②　李勃：《海南岛历代建置沿革考》，海南出版社、南方出版社，2005，第 131～132 页。

南部新民乡境内）、澄迈（治今澄迈县东北老城镇）五县归珠崖郡管辖；义伦（治今儋州市西北三都镇旧州坡）、毗善（治今临高县北东英镇境内）、昌化（治今昌江县昌城乡旧县村）、吉安（治今昌江县昌城乡新城村）、感恩（治今东方市感城镇感城村）五县，治所在义伦；宁远（治今三亚市崖城镇）、临川（治今三亚市崖城镇东南）、陵水（治今北流市北流镇）、延德（治今乐东县西南尖峰镇白沙村南边）四县，治所在宁远县。隋朝时的琼中地区应该归珠崖郡管辖，主要属颜卢县地。

第二节　三国至隋朝时期琼中地区的黎（俚）族

　　中原的战乱带来新一轮移民潮。东汉以后迁来海南的汉人包括普通劳动者、避难的文人及避乱的富家大户，他们带来了中原地区先进的农业生产工具、先进的生产及耕作方式以及先进的礼仪和文化理念，促进了海南琼中地区的社会发展。

　　《隋书·地理志》记载，隋朝“珠崖郡，统县十，户一万九千五百”。[①]若按每户平均4人计，则珠崖郡约有8万人。这只是一种参照数字，尤其不能厘清黎族“峒”的具体人口。封建制度此时在岭南地区已得到巩固，原来南越王国的土著居民中，逐渐出现了各个以姓氏为部族标志的强大部落集团，一部分俚人和僚人的上层人士已基本汉化。居住在今广东西南部的大批“俚僚”人随冼夫人迁入海南岛，生活在海南岛的土著人与他们同化，都被称为“俚僚”人或“俚人”。主要为掠夺资源而发生的部落战争，促进了不同集团的结盟，也加剧了社会分化。冼夫人之后，黎族的首领产生方式便开始由原始社会的世袭制变为封建王朝的任命制。冼夫人的“汤沐邑”在今三亚市崖城镇附近，一些祭祀天、地、山、川、鬼、神的宗教建筑设在“邑”内。因黎族先民特别信鬼神，祭祀是当时人们社会生活的大事。《诸蕃志·海南》卷下记载，南宋淳熙元年（1174年），五指山“生黎”峒首王仲期诸峒首81人，“诣琼管公参，就显应庙研石歃血约誓改过，不复

---

① （唐）魏征等撰《隋书》卷三十一志第二十六《地理下》，中华书局，1973，第885页。

抄掠，犒赐遣归"。① 黎人首领去瞻拜显应庙一事说明，自隋以后，灵济庙已成为俚人祭祀冼夫人的宗教建筑。

俚人的基本社会组织是以"洞"（峒）为单位的。按地域划分的"洞"，"一般以山岭、河流为界，有的地方要立碑、砌石，有的地方则种树、栽竹、插木板、埋牛角等作标志"。②"洞"是不再以血缘关系来区分的社会组织，大体相当于汉人的乡、村。大的"洞"可辖几十个村落，最小的"洞"只辖一个村落。

《隋书·地理志》对此时俚人的风俗有较详细的记载：越人"铸铜为大鼓，初成，悬于庭中，置酒以招同类。来者有豪富子女，则以金银为大钗，执以叩鼓，竟乃留遗主人，名为铜鼓钗。俗好相杀，多构仇怨，欲相攻则鸣此鼓，到者如云。有鼓者号为'都老'，群情推服。本之旧事，尉陀于汉，自称'蛮夷大酋长、老夫臣'，故俚人犹呼其所尊为'倒老'也。言讹，故又称'都老'云"。③"都老"乃长官、首领之意。从这里可看出此时俚人已经使用青铜器，并且尊卑有别，存在贫富差距。

此一时期，俚人的纺织技术继续发展，纺织品仍是朝廷的重要贡品。而明珠、大贝、翡翠、玳瑁、犀、象及蕉、邪、龙眼等奇物异果皆为不可多得的贡品。《隋书·食货志》记载："岭外酋帅因生口翡翠明珠犀象之饶，雄于乡曲者，朝廷多因而署之，以收其利。历宋、齐、梁、陈，皆因而不改。"④

总之，海南琼中地区黎（俚）族的原始社会组织因远离大陆政治中心，在三国、两晋、南北朝至隋朝时期近 400 年的动荡时间里，由于中央松散的管理统治，在相对稳定的大环境中，伴随着三国以来中国经济中心的南移，社会生产力亦缓慢而稳步地发展，大部分俚人的原始社会组织逐渐解体，开始跨入文明社会的门槛。

---

① （宋）赵汝适撰《诸蕃志》卷下《海南》，冯承钧校注，中华书局，1956，第 147 页。
② 高泽强、文珍：《海南黎族研究》，海南出版社、南方出版社，2008，第 76 页。
③ （唐）魏征等撰《隋书》卷三十一志第二十六《地理下》，中华书局，1973，第 888 页。
④ （唐）魏征等撰《隋书》卷二十四志第十九《食货卷》，中华书局，1973，第 673 页。

第四章 唐及五代时期的琼中地区

第一节 唐及五代时期琼中地区的政治

唐朝，从 618 年唐高祖李渊称帝，都长安，到 907 年唐哀帝李柷帝位被夺，历 290 年，是我国封建社会的鼎盛时期。唐朝海南的人口激增，贫富分化加剧，封建的管理体制在海南广泛推广，海南的经济、社会、文化发展也相应达到了较繁荣的阶段。唐在海南设了 5 个州，20 余县，由于作用有限，唐代在黎族聚居区内还设立了镇州、忠州和落场县、落屯县等州县一级的行政区划，专管黎（俚）人事务。总之，唐朝对海南的统治较前朝历代都加强了。

大梁（即后梁）建立后，中国历史又出现了五代十国南北割据的分裂局面。因环境相对安定，向海南的大规模移民就出现在这一时期。

具体说来，隋亡后，冼夫人的孙子冯盎回到岭南，吞并各部，自立为总管，唐高祖武德五年（622 年）七月归唐，海南岛也随之为唐所治。初期唐高祖在海南设置 3 个州，即崖、儋、振三州，归高州总管府管辖。唐高祖授冯盎为上柱国、高州总管，并封越国公，拜其子智戴为春州刺史，智彧为东合州刺史。

吴永章考证后认为初唐海南 3 州下辖 12 县，"崖州（今海南海口市境）领县四：颜城、澄迈、临机、平昌；儋州（今海南儋州市境）领县四：义伦、昌化、感恩、富罗；振州领县四：宁远、延德、临川、陵水"。① 在这12 个县中，平昌县为武德县更名而来，颜城县为颜卢县更名而来，富罗县由毗善县改称，新增临机、临川、陵水三县。初唐时琼中地区当属崖州管辖。

唐太宗在贞观元年（627 年）将全国划分为十道，道设采访处置使，下设都督府，都督执掌诸州镇戍、兵马、甲械、城隍、粮廪、行政等军政事宜。海南岛归岭南道管辖；在崖州州治设都督府，并改颜城县为舍城县；改平昌县为文昌县；析昌化置吉安，析颜城县的一部分置琼山县；析延德县一部分置吉安县。贞观五年（631 年），又增置万安、富云、博辽 3 县，属琼州。到此时，海南的崖、儋、琼、振 4 州辖县有 20 余个。唐太宗贞观十三年（639 年），分琼山、澄迈的一部分置曾口、颜罗、容琼 3 县，属琼州；以原来琼州所辖的万安、富云、博辽划归崖州管辖。唐高宗龙朔二年（662 年），分崖州、振州的一部分，设置万安州，领万安、富云、富罗、博辽、陵水等 5 县，治所在万安县。琼中地区在唐贞观元年（627 年），始为琼山县地，属岭南道，贞观五年改属琼州，部分境域属万安县（今万宁市）；显庆五年（660 年）置乐会县，境域析属乐会。

唐玄宗天宝元年（742 年），改崖州为珠崖郡、儋州为昌化郡、振州为延德郡、琼州为琼山郡、万安州为万安郡。琼中地区当为琼山郡所辖治。

到唐肃宗至德二年（757 年）时，改万安郡为万全郡，万安县为万全县［唐德宗贞元元年（785 年）改回万安县］。乾元元年（758 年），又将珠崖郡、昌化郡、延德郡、琼山郡、万全郡分别改称为崖州、儋州、振州、琼州和万安州。琼中地区当为琼州所辖治。

《康熙琼州府志》卷八记载："（唐）乾封初，琼东南诸乡没于山峒蛮。至德宗贞元庚午，凡一百二十四年，岭南节度使李复始攻克之。"② 可见，唐高宗乾封元年（666 年）到德宗贞元五年（789 年）的 124 年的时间里，海南东南地区为俚人掌控，这些俚人大部分当为琼中地区黎族的先祖。唐德宗贞元五年（789 年），李复收复琼州后，朝廷准其奏，废崖州都督府，升琼州为都督府。

唐前期在军事上实行的是兵农合一的府兵制（府兵需要自备武器、甲胄和衣粮），唐玄宗开元年间改行募兵制。唐朝在海南驻军的总兵力达 10

① 吴永章：《黎族史》，广东人民出版社，1997，第 39 页。
② （清）焦映汉修、贾棠纂《康熙琼州府志》，海南出版社，2006，第 762 页。

万之众，且开始在黎族地区募兵。

唐朝在包括黎族聚居区在内的地域设立镇州、忠州和落场县、落屯县等州县一级的行政区划，专管黎族人事务。据李勃先生考证，"镇州都督府当置于元和元年或元和二年初。其罢废之年及其属县名称，现已无考"。[①]其故址在今东方市东方镇中方黎村。唐高宗永徽元年（650年）在吉阳县的黎族聚居区置落屯县，属振州管辖；在乐会黎族的聚居区设置南管县，故址在今三亚市烟塘镇福石岭管区泗村。唐肃宗乾元年间（758～760年）所设置的落场县，在今定安县境内，琼中黎族的聚居区当时应为其所辖制。唐懿宗时期，辛、傅、李、赵四位将领奉命进兵琼山南境黎峒（今定安县西南），并擒住黎人首领蒋璘等人，于是，咸通五年（864年）朝廷准四将奏请在其地置忠州。此时，琼中地区遂为州地。7年后，因唐朝将士死亡甚多，诸将便领兵而还，忠州也随之弃置。琼中地区仍循旧属。

清海军节度使刘隐之弟刘龑于917年称帝，都广州，国号越，后又改为汉，971年为北宋所灭，共历四帝，55年，史称南汉。南汉政权的辖区包括如今的两广及海南，其对辖下的疆土实行路、府、县3级行政区划管理。南汉时期海南有琼州、万安州、振州、崖州、儋州5州及14县，琼中地区当为琼州所辖。

第二节　唐及五代时期琼中地区黎族的经济文化发展

唐中期以前，赋税是按人头征收的。唐德宗建中元年（780年），朝廷废租庸调制，颁行两税法，保留户税和地税，赋税征收标准由税丁转向税产，百姓负担的赋税主要是谷物，按田亩多少征收，另一部分税钱，按户等高下征收。海南是边远地区，黎族还没有完全改变经常迁徙的局面，因而人口的少报和漏报势在难免。其实唐朝对海南的税收给予了一定的优惠，如规定：岭南税米，上户一百二斗，次户八斗，下户六斗，而若夷獠之户，皆以半输。但在五代时期，因南汉政权腐败不堪，赋税剧增，加重了琼中地区人民的负担。

---

① 李勃：《海南岛历代建置沿革考》，海南出版社，南方出版社，2005，第215页。

　　唐朝时海南农业的发展表现在：农作物已经达到一年两熟或三熟，居民养蚕可以达到一年八收。天宝年间，鉴真和尚漂流至崖州（今海口市琼山区南）时，曾目睹当地"十月作田，正月收粟；养蚕八度，收稻再度。男着木屐，女着布絮。人皆雕题凿齿，绣面鼻饮，是其异也"。①

　　唐德宗贞元年间，岭南节度使李复遣兵收复琼州后，曾教民作陶瓦，并劝导百姓，变茅屋为瓦舍。看来唐代及其中期以前，民居还是茅草屋。唐朝时黎族发展不一，有的仍居住在自然岩洞中，但大部分黎族人倚树架木而居，住进比较宽敞的干栏式建筑内。

　　因海南的土特产品、商品与大陆产品交换频繁，唐朝时海南出现了许多"墟市"，也产生了一批富商。

　　唐朝时黎族民间的手工编织产品已闻名全国。唐朝人段公路曾在《北户录》记载："琼州出五色藤合子书囊之类，花多织走兽飞禽，细于绵绮"，"出红簟……椰子坐席、蒲褥、笋席"。藤编织品图案多样，连铜鼓上的花纹纹饰亦别具一格，甚至椰雕的雕饰也是"斓斑锦文"。②

　　唐朝时黎族的纺织品花纹精美，有植物纹、花草纹、动物纹和方格、菱形、圆圈等几何纹饰。唐时万安州黎族的服饰就特别出名。

　　用树皮制作生产的、有纹饰的"斑布"到唐朝时成为振州的贡品。据《新唐书·地理志》记载："琼州珠崖郡，下。土贡：金、银、珠、玳瑁、高良姜。振州延德郡，下。土贡：金、五色藤盘、斑布、食单。儋州昌化郡，下。土贡：金、糖香。万安州万安郡，下。土贡：金、银。"③ 从这些记载中可以看出，海南当时进贡给朝廷的物品都是本地的土特产，只有振州延德郡的贡品除了珍贵的金子之外，还有五色藤盘和斑布、食单。唐朝时为万安州、振州所辖的境域当有部分琼中地区的黎族人，其社会经济状况从中可见一斑。

　　一般认为，儒学、道教、佛教及伊斯兰教等宗教文化都是唐朝时传入海南的，客观上促进了海南文化的发展。

　　唐朝时，皇帝诏令全国各地设立孔庙，儒学逐渐占据正统地位。唐朝时海南的学校已经陈设酒食祭奠孔子，这是在凡有孔学的地方必行的"释

① 〔日〕真人元开：《唐大和上东征传》，汪向荣校注，中华书局，1979，第69页。
② （唐）段公路：《北户录》卷三《五色藤荃蹄》《红草草》，丛书集成初编本。
③ （宋）欧阳修等撰《新唐书》卷四十三上志第三十三上《地理志七上》，中华书局，1975，第1100页。

奠礼"。唐朝自贞观以后，海南崖州、儋州、琼州、万安州的州县所在地，均立州县学，由州县司吏儒师掌理，讲解经义、章句。

佛教在公元前6世纪起源于古印度，两汉时期传入中国。唐朝武则天时，海南有两座著名的寺院，一座建在崖州城（今海口市琼州府城南），另一座在振州（今三亚市崖州区），都叫作"大云寺"，内藏大云经。

唐高宗永徽二年（651年）大食国派使节到长安朝贡，伊斯兰教开始逐渐传入中国。唐朝时，海南岛已成为南海到中国大陆的重要补给站，伊斯兰教因之传入海南。

唐朝时在海南的贬官多达60余人，形成海南的贬官文化。自唐以来，宰相谪琼者，包括（高宗）显庆二年（657年）八月贬韩瑗（振州刺史）；（武则天）天授元年（690年）春一月贬韦方质（儋州司马）；延载元年（694年）九月贬李昭德（陵水令）；（中宗）神龙二年（706年）六月贬敬晖，（德宗）建中二年（781年）贬杨炎，俱为崖州司马；（顺宗）永贞元年（805年）贬韦执谊，（宪宗）元和十年（815年）闰正月贬皇甫铖，（宣宗）大中元年（847年）再贬李德裕，俱为崖州司户；（懿宗）咸通十四年（873年）九月再贬韦保衡（澄迈令）；（昭宗）光化三年（900年）六月贬王博，天祐二年（905年）五月贬独孤损，皆为崖州司户。

张庆长的《黎岐纪闻》记载："唐相李德裕贬崖州，其后有遗海外者入居崖黎，遂为黎人，其一村皆李姓，貌颇与别黎殊，唐时旧衣冠，闻尚有藏之者。"[①] 曾为唐顺宗时宰相的韦执谊，与宦官政斗失败后，被贬崖州司户参军。七年后，死于崖州贬所（今海口市龙泉镇），他的子孙从此落籍琼山。值得一说的是，唐朝贞观年间，王义方在被贬到儋州后，任吉安县丞，他召诸首领，集生徒，亲为讲经，行释奠之礼。这是有史以来第一次专门为黎族子弟办的学校，对传播中原汉文化具有重要的意义，而地处海南腹地的琼中地区则尚无黎族子弟学校。

这些拥有先进中原文化的贬官及其后代，自觉不自觉地影响、改变了海南的文化发展，也促进了海南黎汉的民族融合，唐朝时海南琼中地区黎族的生活状态较前朝发生了明显变化，其社会生产力也有较快发展。

---

① （清）张庆长撰《黎岐纪闻》，王甫校注，广东高等教育出版社，1992，第117页。

第五章 | 宋元时期的琼中地区

第一节 宋元时期琼中地区的政治

宋沿唐制。宋代海南的行政区划设置较前代加强，在黎族聚居区也设立有专门管理黎族的机构。元朝基本上延续了宋朝的设置。

一 北宋时期的海南建置

后周显德七年（960年），赵匡胤（宋太祖）称帝建立宋王朝，史称北宋，至1126年金兵攻入京都开封止，共历9个皇帝，统治时间167年。开宝四年（971年），属南汉管辖的60个州，200余个县归大宋王朝统治。在979年宋太宗赵匡义在位时，才消灭了最后一个割据政权——北汉，结束了五代十国的分裂局面，统一全国。宋高宗建炎元年（1127年）赵构在南京（今河南商丘）称帝，史称南宋，到祥兴二年（1279年）为元帝国所灭，存世153年。

北宋一代的行政建置变动比较频繁。

北宋初年，海南岛的行政区划设置基本上沿用了唐和南汉的制度，将其统治区域分为十五路，以后有十八路、二十三路，每路设帅（掌军事和民政）、漕（即漕运，掌管一路的钱粮、财赋等）、宪（掌管刑狱及监察）、仓（主管粮仓、贸易、河渡、水利等）等司，海南归岭南路管辖，宋太宗淳化四年（993年），把岭南作为一个地方行政区域，统称"广南路"。宋太宗至道三年（997年），将岭南路分成广南东路和广南西路，海南隶属于广南西路，治所在今广西桂林。路长官称安抚使，掌管军事和民政。

宋太祖开宝四年（971年）四月，"以岭南儋、崖、振、万安等四州隶琼州，令广州择官分知州事"。① 琼州辖儋、崖、振、万四州。次年，置琼管转运司，以琼州知州兼任琼管转运司事。琼州治所移至今琼州府城。

琼州，下辖琼山（治今海口市琼州府城）、舍城（宋神宗熙宁四年，即1071年并入琼山县，治今海口市琼州府城东南）、澄迈（治今海口市琼州府城东北）、文昌（治今文昌市北）、临高（治今临高县南）、乐会（治今琼海市）等六县。

儋州，治所在宜伦县（今儋州市中和镇），领县四：义伦（976年改称宜伦）、昌化（熙宁六年改昌化、感恩二县为镇，归宜伦县管辖，宋神宗元丰年间又恢复县的设置，治昌江县西）、感恩（治今东方市南）。

崖州，治所在宁远县（今三亚市崖州区），领县二：宁远、吉阳（熙宁六年改宁远、吉阳二县为临川、藤桥二镇，归朱崖军管辖。吉阳县治在今三亚市东）。

万安州，治所在万宁县（今万宁市大茂镇旧州村），领县二：万宁、陵水（熙宁七年改为镇，归万宁县管辖，宋神宗元丰年间又恢复陵水县的设置。陵水县治在今陵水县北）。琼中地区当隶属万安州。

北宋熙宁年间（1068~1077年），改儋州为昌化军、崖州为朱崖军、万安州为万安军。宋徽宗崇宁五年（1106年）复置延德县，治所在今乐东县尖峰镇白沙村南，归朱崖军管辖。琼中地区当隶属万安军。

宋徽宗大观元年（1107年），在黎母山腹地置镇州（州治在今东方市东方镇），辖昌化、感恩县，并改延德县为军，又置通远县为军治。琼中地区当隶属镇州。镇州设立后因该地出产货物不多，加之黎峒偏远，往还人少，故于宋徽宗政和元年（1111年）撤销。在黎族腹地设置州级政府仅仅存在了四年。同时，还改延德军为感恩县，其境划归琼州管辖。琼中地区则隶属琼州。

---

① （宋）李焘撰《续资治通鉴长编》卷十二，中华书局，1995，第264页。

二　南宋时期的海南建置

南宋时期政治动荡不安。宋钦宗靖康元年（1126 年）冬，金兵攻破东京（今开封）。次年俘获徽宗、钦宗两位皇帝和宗室、后妃、教坊乐工、技艺工匠等数千人并金银财宝，史称"靖康之变"。北宋灭亡。建炎元年（1127 年）建立的南宋，因金兵不断南侵，首都从南京（开封）迁到扬州，再到建康（今南京），再到临安（今杭州）。

宋高宗绍兴六年（1136 年），废昌化军为宜伦县、万安军为万宁县、吉阳军为宁远县，皆归琼州管辖。绍兴十三年（1143 年），又恢复宁远县为吉阳军、宜伦县为昌化军、万宁县为万安军。宋理宗端平二年（1235 年）改昌化军为南宁军。琼中地区当为万宁县所辖。

三　元代的海南建置

1206 年成吉思汗建立蒙古汗国，1271 年忽必烈建立元朝，至元十六年（1279 年），元灭南宋，统一全国，定都大都（今北京）。至正二十八年（1368 年），朱元璋领导的农民起义军攻入大都，元朝灭亡。

元朝的 3 个军（即南宁军、万安军、吉阳军）和 13 个县，基本上延续了宋代的建置。至元二十九年（1292 年）六月，将新附的黎峒 519 峒划分出来，增设会同县；将琼山县之一部划出设立定安县。琼中地区当隶属定安县。

元朝在海南还设立了较为复杂的管理机构。

元朝在各路设行中书省，简称"行省"或"省"。至元十五年（1278 年），在雷州设立两个机构管辖海南：一为海北海南道宣慰司，是掌管军政的隶属于湖广行中书省的派出机构，治所在雷州路（今广东雷州市），辖有海南岛上的琼州、南宁军、万安军、吉阳军；二是海北海南道肃政廉访司（肃政廉访司初称提刑按察司，至元二十八年改称之），至元三十年（1293 年）置，隶属于江南行御史台，掌管纠察所属地方官吏，并兼劝农事。每道设廉访使、副使各二员，秩正三品，另有佥事、经历、知事、照磨兼管勾各一员。肃政廉访司与宣慰司为同级机构，互不隶属。治所与辖区也相同。元朝还立琼州路安抚司，主管少数民族地区军民事务的机构，隶属于海北海南道宣慰司，长官称安抚使。后改称为琼州路军民安抚司。

至元二十八年（1291），湖广行省平章阔里吉思、都元帅陈仲达、副都元帅朱斌以及廉希恕、陈谦等率兵讨伐诸黎峒，至元二十八年至三十年（1291~1293年），琼中境内驻兵3000名，割琼山南境置定安县，琼中境域分属琼山、定安、乐会3县和万安军（明更名万宁县）；天历二年（1329年），升定安县为南建州，原属定安境域改为州地，琼中境域隶属南建州。

定安县被升为南建州是有原因的。元英宗至治元年（1321年），蒙古亲王图帖睦尔曾因皇室争斗而被贬至琼州，他在海南期间，黎族"峒主王官事之以礼"。到了泰定元年（1324年）正月，他被诏回朝。天历元年（1328年）即皇帝位，第二年十月，就下诏改琼州军民安抚司为乾宁军民安抚司，并升定安为南建州，隶海北之帅府，以南建洞主王官知州事，佩金符，领军民。南建州黎族首领王官任知州，是宋代以来黎族被朝廷任命的级别最高的官员。

万户府是元朝设立的统领军队的机构，在各路设万户府，各县设千户所。兵有蒙古军、探马赤军。万户府分三等，统兵七千以上者为上万户府，秩正三品；五千人以上为中万户府；三千人以上为下万户府。元朝在黎族居住的集中地区还设立了专管黎族事宜的"黎兵万户府"，兼管黎族民兵和事务。治所设在今海口市府城，归海北海南道宣慰司都元帅府管辖。"黎兵万户府"下辖千户所（正五品），千户所下有百户所（正七品）。五原、仁政、遵化、义丰、潭揽、文昌、奉化、会同、临高、澄迈、永兴、乐会、万安各设一所，全岛共13所千户所。其官职自万户以下都任用黎族"峒首"，并世袭其职。千户所不仅统率属下"黎兵"，还兼管地方上的军事和民政。

第二节　宋元时期琼中地区黎族的经济文化发展

一　宋朝时期

宋朝时海南社会相对稳定，宋对海南的统治原则基本上以安抚为主。

在宋朝 300 多年的统治期内黎族的反抗活动仅有十余次，宋代李焘的《续资治通鉴长编》曾记载，宋真宗大中祥符二年（1009 年）十一月，"琼崖等州同巡检王钊言：黎母山蛮递相仇劫，臣即移牒委首领捕送为恶者，悉还剽夺资货及偿命之物，饮血为誓，放归溪洞，皆已平静"。① "平静"缘于官方对黎族内部劫掠仇杀的处置得当。此"黎母山蛮"当包括琼中地区（岐）黎族。宋王朝在黎族聚居地对峒首授以低微的官职和封爵，被认为是史上首开土官治黎制度的朝代。据吴永章先生研究，宋朝黎族授官爵者北宋时有 3 人，南宋时有 13 人。② 因而在经济上，宋王朝对黎族人民多采用较为宽松的"民不服役，田不输赋"政策，减免租赋，鼓励黎族耕种农田。因此，宋朝时琼中地区的社会经济状况继续较前朝有所发展。

宋代的文献，多以"黎"字称海南的土著民族，并且出现"生黎"和"熟黎"之分。宋代周去非的《岭外代答·外国上·海外黎蛮》记载，黎人"海南有黎母山，去州县远，不供赋役；外为熟黎，耕省地，供赋役，而各以所迩隶于四军州"。③《续资治通鉴长编》又记："其服属州县为熟黎，其居山峒无征徭者为生黎。"④

随着南宋的建立，皇室成员从中原大批南迁。宋朝海南移民的成分极其复杂，包括到海南任职期满后落籍海南的官员及被贬谪的官员（贬官中，以北宋苏东坡及南宋的李纲、李光、赵鼎、胡铨最为著名，胡铨在被贬海南期间，为黎族同胞办学设教，传播中原文化，深得海南人民的敬重），还包括期满定居海南的戍边将士，因避乱而来海南的经商者或普通务农者，因避占城国与安南国、真腊国之间的战乱而来海南的占城（今越南）回民等。宋朝鼓励移民在黎族居住区内的荒地上开垦耕种，移民居住久了便被黎化而成为"熟黎"。宋代周去非的《岭外代答·外国上·海外黎蛮》说得很清楚明白：生黎"本不为人患。熟黎，多湖广、福建之奸民也，狡悍祸贼，外虽供赋于官，而阴结生黎以侵省地"。⑤ 淳熙元年（1174 年）十月，五指山地区王仲期、王仲文率 10 峒 1820 丁口归顺宋王朝。此五指山地区黎族当包括琼中黎族在内。

---

① （宋）李焘撰《续资治通鉴长编》卷七二，上海古籍书店影印本。
② 吴永章：《黎族史》，广东人民出版社，1997，第 66 页。
③ （宋）周去非：《岭外代答》卷二《外国上·海外黎蛮》，丛书集成初编本。
④ （宋）李焘撰《续资治通鉴长编》卷一七六，上海古籍书店影印本。
⑤ （宋）周去非：《岭外代答》卷二《外国上·海外黎蛮》，丛书集成初编本。

宋代海南土特产最有名气的当属名香、槟榔、椰子、小马、翠羽、黄蜡、苏木、吉贝等。商人所贩槟榔，琼管收其征，岁什据什之五。宋代赵汝适的《诸蕃志》曾记载，黎人"无盐、铁、鱼、虾，以沉香、缦布、木棉、麻皮等就省地博易，得钱无所用也"。①《岭外代答·外国上·海外黎蛮》还记载："四州军征商以岁计，商贾多贩牛以易香。"②《诸蕃志》记：(黎峒)"俗以贸香为业"。③

宋朝时黎族的黎刀、黎弓、黎兜鍪（藤编织而成戴在头上的盔甲）最令人称道，尤其是黎刀，刀刃极短，以斑藤织花缠束其靶，并以臼角片尺许如鹍尾装饰刀靶的首部。瑶刀、黎刀均佩于腰部，峒刀、蛮刀则佩戴于肩上。峒人、蛮人一般以大刀赠人，小刀则须臾不离身，一则为日用所需，二则如遇药箭伤身，则可立即用刀剜去其肉，救助自己一命。

宋朝道教盛行，海南各县有见诸史书记载的道观，琼中地区尚无。

二 元朝时期

元朝时海南社会不大稳定。元政府授予黎族首领较高的官职、官阶及世袭职位，且黎族拥兵自重，元朝对海南的统治原则是以武力征服为主。

至元二十八年（1291 年）至至元三十年（1293 年），元政府派湖广行省平章阔里吉思派都元帅陈仲达（是年十一月仲达病卒，其子接任，次年七月由副都元帅统领），动用兵力两万余人，镇压五指山、黎母山各峒黎族人民，通过长达三年的战争，使黎民暨海南全境降附，并设黎兵万户府和屯田万户府，任用黎族峒首为万户。明嘉靖年间的《广东通志》卷六八记载："（至元三十年）春，刻石五指黎婺而还。是役凡三历年，剿平各州县清水等峒符十九、符察、陈萃、梁六犊、王郎、王嗣、陈子渊、黎福平等渠魁，降附者不可胜数。得峒六百，户口二万三千八百二十七，招收户口一万三千四百九十七。"④

经济上，元政府赋税名目繁多，赋税较重，且要求无论生黎熟黎，皆

① （宋）赵汝适撰《诸蕃志》卷下《海南》，冯承钧校注，中华书局，1959，第 147 页。
② （宋）周去非：《岭外代答》卷二《外国上·海外黎蛮》，丛书集成初编本。
③ （宋）赵汝适撰，《诸蕃志》卷下《海南》，冯承钧校注，中华书局，1956，第 143 页。
④ （明）戴璟修、张岳等纂，（明）黄佐纂修《嘉靖广东通志·琼州府》（二种），海南出版社，2006，第 520 页。

供赋役，与齐民等同，增加了黎族的负担，造成"黎乱"频发，元朝 90 年的统治期内黎族的反抗活动竟有 20 余次。

元朝为解决军队给养，在海南实行屯田制。元统二年（1334 年）十月，在海南设立黎兵屯田万户府，统千户 13 所；原 12 翼，增万安翼，共 13 所。每所有兵千人，屯户五百，皆为土著之人。官方给予田土、牛、种、农具等，并免其差徭。黎族通过屯田开发了大量土地。

元朝在琼中境内修有便道一条，自松涛达儋州，长约 150 千米。①

元朝统治者不重儒学，科举制度也时兴时废，但元朝时亦在黎族聚居区设立"寨学"训谕诸峒。

海南的纺织业在宋元时期取得了非凡的成就。黎妇不事蚕桑，但织吉贝、花被、缦布、黎幕，出自海南黎峒。联二幅可为卧单者，名曰黎单，联四幅为幕者，名曰黎饰，色彩缤纷，异纹炳然。名扬海内外的纺织家黄道婆，就是居住在海南崖州（今三亚市崖州区）时向黎族人学习的纺织技术。松江地区出现的闻名天下的"乌泥泾被"就是黄道婆改进元代海南的"崖州被"而成。

《一统志·琼州府》记："黎母山，在定安县南四百里。山有五峰，又名五指山，极高大，屹立琼、崖、儋、万之间，为四州之望。每昼云雾收敛，则一峰耸翠插天，至晡时复敝不见。相传婺女星常降此山，一名黎婺山，方言讹为黎母山。"② 可见，今五指山在明朝以前还是称为"黎母山"，乃属于琼中地区。

---

① 琼中黎族苗族自治县地方志办公室编（梁定鼎主编）《琼中县志》，海南摄影美术出版社，1995，第 283 页。

② 李贤等纂修《一统志·琼州府》（四种），海南出版社，2006，第 6 页。

第六章 | 明朝时期的琼中地区

第一节　明朝时期琼中地区的政治

一　概况

从洪武元年（1368 年）朱元璋在南京称帝，到崇祯十七年（1644 年）被推翻，明朝历时 277 年，经 16 位皇帝，不包括之后明朝残余势力在江南和东南沿海先后建立的弘光、隆武、鲁王、绍武、永历、定武等政权。

在统治海南的 300 多年时间里，明朝提高了对海南岛重要性的认识，首先是朱元璋取消了海南岛的流放岛地位，并在海南岛实行府、州、县三级管理体制。洪武元年，改乾宁安抚司为琼州府，为海南最高地方政权机构，治所在琼山县（今海口市府城镇），统领全岛州、县，其直辖的七县为琼山、澄迈、临高、定安、文昌、乐会、会同；改南宁军为儋州，治所在宜伦县（今儋州市中和镇），儋州领宜伦、昌化两县；改万安军为万州，治所在万安县（今万宁市万城镇），领万宁、陵水两县；改吉阳军为崖州，治所在宁远县（今三亚市崖州区），领宁远、感恩两县；改南建州为定安县，琼中地区部分属定安县。洪武二年（1369 年）六月，朱元璋又设定广西海南府州，隶广东省。从此，海南岛开始归广东省管辖。

在职官的设置上，琼州府设置知府、同知、通判、推官、经历、知事、照磨、检校、教授，训导；州一级设知州、同知、判官、学正、训导；县一级设知县、县丞、主簿、典史、教谕、训导。诸职官都由朝廷从内地派遣。明朝设置的行政机构还包括：都察院分司，其职为代天子巡狩，考察举劾各级官吏，巡视仓库，查算钱粮，勉励学校，表扬善类，剪除豪强等；布政分司，洪武九年（1376 年），全国设十三布政司，琼州府归属广东布政使司管辖，其长官为参政，掌管全岛粮储、屯田、清军、驿传、水利和抚民等事，正统五年（1440 年），海南设布政分司；海南兵巡提学道，作为广东省提刑按察司的派出机构，是海南最高司法、监察、军政和教育管理机构。

明朝在海南实行卫所制，军士有军籍，世袭为军，所谓屯军防黎、屯田养军。军士大部分屯田，小部分驻防。卫，约 5600 人，下设千户所，约 1120 人，百户所，约 112 人。百户所设总旗 2 个（每旗辖 50 人），小旗 10 个（每小旗 10 人）。始置于洪武五年（1372 年）的海南卫指挥使司受广东都指挥使司统管，是海南最高军事兼屯田的领导机构，治所在琼州府城，下辖左、右、中、前、后 5 个千户所和清澜、万州、南山、儋州、昌化、崖州、水会 7 个守御千户所。其中，万历二十八年（1600 年）按察副使林如楚所筑水会守御所城就在琼中地区水蕉村（今黎母山镇水上市村），当时调千户及 300 军士驻守。明朝海南的屯田制度，对海南的地方安定起到了保障作用，并对中原农耕技术的传播、黎汉族文化交流及生产的发展起到促进作用。但是明朝中期以后，由于屯田将领的贪腐，屯田士兵大量逃逸，更由于其侵占民田，尤其是大量侵占黎族的田地，激发黎汉矛盾。

明朝时海南的兵种还有民壮和土舍黎兵。明朝中期以后，先后设置许多寨、营驻防，以加强海防并控御黎族地区。洪武二年（1369 年），指挥耿天壁即在琼中地区的三更村（今中平镇白银头村）附近屯兵扎营，戍守思河、中平、岭头古道隘口。明朝在琼中地区的驻军包括：明洪武二年（1369 年），在纵横峒（今中平、南茂、堑对、霖田一带）猪母营隘口驻兵一营，约 150 人；洪武三年（1370 年），在太平黎汛（今湾岭镇岭门老圩一带）驻兵 100 余人；洪武二十年（1387 年），在长沙（营）汛驻兵 165 人；嘉靖十三年（1534 年），在太平黎汛驻兵 241 人；万历二十八年（1600 年），在水会城（今黎母山镇水上市村）驻兵 300 人，由儋旗军千户统领，设参将镇守。①

---

① 琼中黎族苗族自治县地方志办公室编（梁定鼎主编）《琼中县志》，海南摄影美术出版社，1995，第 513 页。

明朝时还在海南设立 15 个巡检司，实行"关津"制度，缉捕走私和逃囚。洪武二年（1369 年），即在琼中地区设合口、文堂递铺。至清代又增设大墩、营根、榕木、新村溪、吴垭（今南利）递铺，专司传递官厅文书。

明朝海南的基层行政组织有乡、都、里、图等。"图"的规模略相当于现在的乡，"都"略相当于现在的村。都、图作为行政区划之名始于明代，一乡若干图，图下若干都。明代，海南熟黎都被编入都图者共 28 都 75 图 155 峒。总之，囊括黎族、回族、苗族等少数民族在内的比较完备的基层组织在明朝建立起来。

琼中地域的行政区划，明代始有记载。自明至清，其县境分属琼山、定安、乐会、万宁四县，均实行都图黎峒制。都图上隶乡，下辖峒、村。峒为黎族聚居的部落政治组织，大峒十村八村，小峒三五村，由峒主主事。境内设有 1 都 3 图 12 峒，辖 336 村（详见本书概述表 0 - 1 "明清时期本县境域分属各县都图黎峒"）。

琼山县所属黎峒，每峒设峒长、哨官各 1 人；定安县所属黎峒，每峒设黎总 1 人，哨官人数不等，最少 1 人，最多 11 人；乐会县所属黎峒，北峒、中峒每村设黎甲 1 人，上峒设黎长 1 人，下峒设峒长 1 人；万宁县所属太平峒，每村设黎首 1 名。

二　明朝治黎政策

明朝皇帝要求海南黎族与其他少数民族一样，每三年派人朝觐和进贡一次，并对贡物做了严格规定。永乐三年（1405 年）抚黎知府刘铭就曾率各州县土官入贡马匹、黄蜡、土香、蚺蛇皮、良姜、益智子等。每当海南土官或黎族首领携带大量的土特产朝贡，朝廷即回赐钞币、布帛、绢衣等，远超贡品价值，黎族首领因之乐此不疲。永乐年间（1403 ~ 1424 年），琼中地区纵横峒（今中平、南茂、堑对、霖田一带）峒首曾入京朝觐。

明朝在琼州府设流官知府和推官各一员专职抚黎，并在黎族居住地区普遍设置土官，以州、县及峒各级文职土官，以及永乐年间增加的武职土官专职抚黎。但随着黎族土官的增多和势力的强大，导致尾大不掉，其与明中央政权的矛盾日益突出。宣德四年（1429 年），明朝政府便以"峒黎多侵扰"为由，撤销了抚黎流官的设置。正统五年（1440 年），又撤销土官设置。但土舍犹剥削黎众以自肥，终致弘治十五年（1502）符南蛇起事。万历四十四年（1616 年），再革去土舍，却遭到土舍激烈反抗，直至崇祯年间也并未完全废除之。

朝廷对海南黎族实行"怀柔"政策，促进了黎族的稳定和发展。但明朝天顺年间以后，海南也和全国一样政治腐败，汉族官僚豪强和黎族上层不断兼并土地，致使海南黎族反抗不断。因此，在朝官员不断向朝廷献策。历史名人海瑞就在《治黎策》中就提出开通十字路、设县建城池以及招民、置军、设里、建学、屯田、巡司、驿递等一系列治黎措施。虽未被采纳，但他建议在黎族聚集区开通十字路，以通商贸易加强黎汉交往，促进民族和解，可谓见识卓著。

明朝琼中地区的起事有以下几例。

早在洪武二年（1369 年）永嘉侯朱亮祖征伐海南岛之初，乐会小锡峒峒首王官泰就聚兵抗拒，举起了黎人反明大旗。其后，各地黎人纷纷响应，其中即包括琼中地区的黎族人。

洪武七年（1374 年），永嘉侯朱亮祖带兵进剿五指山地区，行至铁砧岭，先锋莫宣宝被琼中黎族人民义军射死，迫使朱亮祖撤兵。

洪武二十八年（1395 年），琼中地区的光螺、樵木等地（今枫木、湾岭、乌石一带）黎族人民再次起事。失败后，琼中黎区进入平寂时期。

弘治十四年（1501 年）七月，儋耳七方峒（今白沙县境）黎民不堪明王朝的苛重赋役，在符南蛇领导下，三州十县诸黎峒皆闻风响应，掀起规模空前的黎族联合反抗官府的起事。闰七月，黎人拥众万余围儋州。八月，围昌化县。九月，分兵攻打临高县。官军调 2 万余人镇压，却被黎人打得死伤无计。朝廷又急命两广总兵毛锐统汉、达官军及僮、土兵 10 万至儋州。

弘治十七年（1504 年），琼中地区鹧鸪啼峒（今长沙地区）以郑那忠为首的黎族造反，并杀死督备指挥谷泰。

正德元年（1506 年）琼中地区光螺图峒首曹英造反，正德七年攻破太平营汛，杀百户李廷杰等官兵 24 人。

嘉靖十三年（1534 年）三月，琼中地区沙湾、居林、居禄等峒（今黎母山、松涛地区）首领黎佛二（一作黎福二）等聚众反；千余众劫守兵营栅，杀典史李士奇，并俘虏千户杜盛、百户杨荣，杀伤官军甚众。兵备副使游琏采取欺骗手段，利用土舍招降，诱黎首设伏擒拿。是年七月，官军分哨突袭，并大肆劫掠黎民财产。直到九月，起事方被平息。

万历十四年（1586年），万州长田峒黎反。兵备道派兵捕杀长田峒峒民。草子坡诸黎号召众黎报复，即激战于琼中地区的长沙营，百余峒民被杀。战败后，黄村、田尾诸峒黎均出降。

万历二十七年（1599年），琼中地区黎首马矢首倡，率居林、居禄、沙湾三峒黎民起义，他联合黎广、王盖老、孙恩弟诸黎攻入内地，破县劫富，震动州县。曾至深山、打铁等市，坡文等村，定安、临高、儋州、崖州黎人纷纷响应，震惊朝野。明政府派东山游击将军邓钟率所部，副总兵黎国耀领雷、琼土、客兵8000余人，生员王观海率乡勇、黎兵300余人，由临高、定安、琼山三路长驱而入。其后，明军分由琼中地区的水蕉、沙湾推进，前后夹击，义军首领马矢于五指乾脚岐界被俘。此役官军深入黎地300多里，杀死1800多人。起事历时四个月失败。镇压黎马矢起义后，明朝政府开始在琼中地区黎马矢故居地水蕉村筑水会城，置守御千户所，调兵把守，并始开屯田，黎户安插诸村，改居林、居碌、沙湾等峒为都图，纳粮编差，纳入封建统治秩序中。

第二节　明朝时期琼中地区黎族、苗族的
经济文化发展

一　居处

明朝的黎族大部分聚居在中部和西南部山区，有"生黎"与"熟黎"之分。到嘉靖年间，在海南已形成汉人多居沿海平地，黎人多居高处山区，各州县都有黎族分布的局面。黎族大部分被编入都图和载入黄册鱼鳞图册，"熟黎"皆纳粮当差，而"生黎"仍不服徭役。在五指山腹地的五指山、鹦哥岭地区的黎族，所居山高林密，与州县远隔，当时被称为"生岐""乾脚岐""遐黎"，当有大部分归属于琼中地区。他们性格勇悍、刀耕火种、不沾王化，是黎族中生产落后、发展缓慢的一个群体。

海瑞在《上兵部图说》中说："各州县去黎峒远者二百余里，近者一百里，亦有二三十里者。黎岐盘踞之地，绝长补短，大约方四百里，周围一千二百里。"① 海瑞在《平黎图说》中还记述："峒乃黎村总名，每峒皆有数十村"，"其中村分属土舍管者为熟黎，不属土舍管者为生黎。其生熟亦不定，有旧熟而今反为生者，有旧生而今反向化为熟者，有居旁内层山而熟者，有居旁外层山而生者"。② 据此，明朝时琼中地区的黎峒及其族情可见一斑。

二　经济

明初的赋税以田赋为主，包括夏税秋粮。海南夏税所征有苎麻、桑丝、豆、芝麻、米，其中桑丝、苎麻交"本色"，称"桑麻折米"。自永乐十年（1412 年）起，夏税基本上改以征米为主。海南各州县征税土地分为田、地、塘、山园、泥沟、车池等。明初农民的赋税负担较元朝轻，但明中期之后有所加重。

明朝主要的徭役负担有里甲正役、杂泛，负担繁重。里甲之役，每十户户甲首十名，岁轮一户应役，十年而周，谓之正役。杂泛，属临时编佥的徭役，基本上是大小衙门的职役，如跟随官员听差的随从皂隶、在衙门看门的门子、做饭的斋膳夫、解运税粮官物的解户、养马的马夫等。另外还有驿传、民壮、纤夫等。明中期以后，里甲正役除了"管摄一里之事"外，又向各级衙门提供乡饮、祭祀和士大夫送往迎来、举子赴京考试盘缠津贴等一切杂泛支费。里甲负担的加重，导致"均平"的改革，即用按丁粮征收货币赋税作为地方公费开支的办法，取代原来由甲首到官府值日、供应衙门不时之需的办法。所定标准是人丁钱 300 文，米一石钱 334 文。从明代中期开始实行的一条鞭法，即将差役折为银，并制定出比例税率，分别按丁、田（粮）派征。万历五年（1577 年），广东开始推行一条鞭法。

① （明）海瑞：《海忠介公全集》，朱逸辉、劳定贵、张昌礼校注，东西文化事业公司，1998，第 102 页。
② （明）海瑞：《海忠介公全集》，朱逸辉、劳定贵、张昌礼校注，东西文化事业公司，1998，第 109 页。

明朝时，海南的社会经济有所发展，土地大面积开垦，有了更多的墟市，各州县集市贸易相对繁荣。海南主要经济作物荔枝、槟榔、椰子、桑、赤麻、苎麻、棉布、蓝靛、豆、花生等的种植较前增多，畜牧业也有了进一步的发展。除棉纺业、丝织业外，银、漆、铜、铁、木、皮、篾、雕刻、画、染、藤、泥、水、石、窑、席等加工小手工业也有发展。崖州的织锦，琼山、澄迈、临高、乐会所产的"美人葛"布，万州的藤制品，澄迈的"黄村席"以及当时的椰雕制品等，都是佳品。此外，造船业、制盐业有了发展。明万历二十七年（1599年），海南道副使程有守派人在琼中地区筑水会城（今黎母山镇水上市村），有客商十多人置店兴市，是为琼中地区商业之始。①

明朝时海南黎族的纺织业取得了一个极其重要的成就，即黎锦中龙被的精品化。龙被是集纺、织、染、绣四大工艺技术于一体的精湛的织锦工艺品。因此，龙被成为黎族进贡的珍品之一。龙被的花纹图案讲究对称，构图严谨，造型生动，形象逼真，色彩浓烈，层次分明，款色多样，艺术特征鲜明。至明代，龙被出现了龙凤呈祥、青龙升天、鲤鱼跃龙门等充满寓意的图案纹样，如花有花开富贵的含义，瓶取"平"的谐音，绣一只插花瓶就隐含着富贵平安的寓意；绣一只喜鹊，站在花枝上，皆朝向中间的龙，表达"喜鹊登枝""喜上枝头"之意；而荷花和木棉花的图案，则有"瓜瓞连绵""子孙繁衍"的美好寓意，反映汉民族的文化特征。黎族还将这些珍贵的织物用于宗教和祭祀场合。

三　文化

由于政府推行怀柔政策，重视文教，明朝时，海南人才辈出。

从明初开始，海南的府学、州县学、书院、社学和义学等便兴建起来，数量众多。而海南卫所兴办的"卫所学"，则专门教育武弁子弟。明朝在黎族聚居区也建有社学，尤其值得一提的是，万历二十九年（1601年），琼府抚黎通判吴倬（浙江人）在琼中地区水会城创办了水会社学，专门招收黎族儿童习读。万历三十五年（1607年）太平营兵务把总曾忠重刻《黎婺

---

①　琼中黎族苗族自治县地方志办公室编（梁定鼎主编）《琼中县志》，海南摄影美术出版社，1995，第313页。

山》诗于东坡岭。此可谓明朝琼中地区两大文化逸事。

四　苗民

明朝时海南人口增多，内地迁居海南的移民增多，包括汉族、黎族、回族、罾族，还有苗族。同时，不仅内地居民迁入海岛，还出现岛内居民开始外迁东南亚各国的移民现象。

苗族迁入海南的时间大约在明孝宗弘治至神宗万历年间，被认为是"从广西的士兵调来防守的"。① 琼中地区也应该自明朝始有苗民迁入居住，又因中部、南部山地多被汉人地主或黎峒所囤占，他们只好在高山大岭间流徙游居，过着以烧垦为主，兼营狩猎和采集以及纺织、蜡染等家庭手工业的自给自足的经济生活。苗人善制毒药弩，射物，虽不见血亦可死人。苗民的信仰与黎族信仰相近，他们也相信万物有灵，仍保持着浓厚的原始宗教信仰，普遍相信"禁术""符法"，生病常请道公查禁，被诬为"禁公""禁母"者常被无辜杀害。他们还崇敬祖先，每逢婚庆或节日，即杀牛吹笙击鼓祭祖。与黎族一样，苗族人的主要节日也有"三月三"。另外，苗人喜煮五色米饭纪念"五王"，祈求丰年；虽有自由恋爱的习俗，但婚姻多由父母做主，并盛行入赘婚。

---

① 唐玲玲、周伟民：《海南史要览》，海南出版社、南方出版社，2008，第220页。

第七章 | 1840 年前的清朝琼中地区

第一节 清朝时期琼中地区的政治

一 概况

从顺治元年（1644 年）迁都北京到 1912 年清帝溥仪退位，清朝历时 268 年，经 10 帝。

明朝建国时就将海南归入中央王朝的版图，清朝时则直到顺治九年（1652 年）八月，清兵才收复琼州。虽然清统治力量登上了海南岛，但局势并不稳定：一是明朝的残余势力仍在反抗；二是因清朝严厉推行"剃发令"，伤害了海南人民，尤其是黎族人民的感情，所以各地掀起反剃发斗争。顺治、康熙年间，败后的抗清残余势力或通海寇，或深入黎峒，伺机而动。

在清朝平定"三藩之乱"① 后，康熙十八年（1679 年）八月，琼州府另造县学新印，颁发到各县。李勃先生认为，清朝在海南的统治，"至康熙

① 即康熙十二年（1673 年），平西王吴三桂在云南发动叛乱，随后，耿精忠、尚之信及桂、贵、川、湖等握有重兵的汉族巡抚、总兵相继起兵反叛之事。

十六年（1677 年）才逐渐稳定"。① 唐玲玲先生则说，"到康熙十五年
（1676 年）战乱才大体上告一段落，清朝在海南岛上的统治才基本上稳
定"。② 总之，在这一时期，海南岛的反清势力才被平定，海南岛正式归入
清朝的统治。

　　明朝时海南出现过大规模的黎族人民起义，而镇压起义的将领亦对黎
民进行过大屠杀。但清朝时海南黎族成为南明政权的官将集结的重要力量，
黎峒亦成为其战败保存实力的巢穴。之所以如此，笔者认为，既与占据海
南郡域的南明官将对黎民的着意利用直接相关，进则利用黎民之勇，退则
利用黎山居之险，又与明朝招抚、怀柔的治黎政策（虽有对抗争者的镇压）
有关，更与清初一系列严厉的政策法令（如"剃发令"）严重地伤害了黎族
人的民族尊严有关。③

　　清朝在海南设置的琼州府、后来的最高行政机构雷琼道，军事机构琼
州镇，以及属于治安管理机构的巡检司及其专门治黎的土官、抚黎机构
（鸦片战争后，还有抚黎局及琼海关）等，强化了对海南的管理。琼州府治
所仍驻琼山县。长官设一员，称知府，掌全府之政。其中属官府同知，管
理抚黎、防海事务。清朝海南三州（儋州、万州、崖州）无属县，隶属琼
州府。琼州镇始设于顺治八年（1651 年），当时称为"琼州水师镇"，治所
在琼州府城西门内，是清朝海南最高军事机构。职官设置上，与明朝比变
化不大。乾隆十八年（1753 年）后，雷琼道道员成为琼州府知府之上的常
设行政长官。

　　琼中地区的清代驻军包括：康熙二十八年（1689 年），太平汛驻兵 127
名，由千把统领；水尾汛驻兵 153 名，由千把统领；长沙汛驻兵 30 名，由
外委带管。雍正八年（1730 年），太平汛、水尾汛驻兵均减为 40 名，分别
由把总管带。嘉庆二十二年（1817 年），粪塘（即文堂）驻兵 5 名。④

　　清朝时海南的行政设置仍沿袭明朝制度，因此政区建置变化并不大，
到清末光绪年间，海南的地方建置才有了较大的变化。值得一提的是清政
府已确定南海诸岛隶属万州暨琼州府。清朝的地方行政区划，大致分为总

---

①　李勃：《海南岛历代建置沿革考》，海南出版社，2005，第 368 页。
②　唐玲玲、周伟民：《海南史要览》，海南出版社、南方出版社，2008，第 254～255 页。
③　刘冬梅、欧阳洁：《清初海南黎族勇武抗清原因分析》，《史学集刊》2012 年第 6 期。
④　琼中黎族苗族自治县地方志办公室编（梁定鼎主编）《琼中县志》，海南摄影美术出版社，
　　1995，第 513 页。

督辖区、省、道（乾隆年间始）、府（州、厅）、县几级。广东省按地域分广南韶道、惠潮道、肇罗道、高雷廉道、海南道，均为巡道。海南岛的琼州府属于海南道。海南的行政区划为一府（琼州府）、三州（崖州、儋州、万州）、十县（琼山县、文昌县、澄迈县、定安县、临高县、乐会县、会同县、昌化县、感恩县、陵水县），一如明朝。县以下也基本沿袭明代里甲体制，编制乡、都、图、里等。只是清朝的乡都里组织，变成以田地赋税为中心的组织。

清朝政府还通过保甲制，加强对各族人民的控制。其制规定：不论州县城乡，每十户立一牌长，十牌立一甲长，十甲立一保长。每户给印牌悬挂门上，上写户主姓名和丁口数，并登入官册，以便稽查。迁移需注明来往处所。同时责成地主、窑主、厂主对所属佃户、雇工严加管束，将其附于牌甲之末或本户之下，如有反抗事件发生，一并连坐治罪。令各客户皆立册簿，登记住宿姓名、行李等，以便考察。①

二 治黎

由于清初黎族频繁暴动，尤以定安、琼山境内的黎族为甚——当包括琼中地区的黎族在内，因此顺治年间，清朝没有在黎区设官。至康熙前期，清政府沿用明朝的土舍制，以导民归顺。但是，土舍制弊病丛生，如欺上瞒下，滋事生非，对百姓敲诈勒索，势力强大不好控制等。康熙八年（1669 年），定安县发生了大河土舍王之铣等杀千总杨廷、游击丁月桂谋变事件，清政府因之决定废除土舍制。随着形势的发展，清朝在黎区设置职位较低的黎族土官，负责管理黎族基层民众，或设置流官专职抚黎。

清朝的抚黎机构主要有"海防抚黎同知署"和"抚黎局"（鸦片战争后设）。海防抚黎同知署，是清朝海南最高抚黎机构，主要管理抚黎、防海事务。清政府还设置琼山水尾营、定安太平营、崖州乐安营、儋州薄沙营、陵水保亭营等军事机构，由绿营兵驻守，防范黎族暴动。鸦片战争前黎族发动了多次起义，顺治年间 12 次，康熙年间 31 次，乾隆年间 3 次，嘉庆年

---

① 林日举：《海南史》，吉林人民出版社，2002，第 269 页。

间 6 次，道光年间 7 次。① 每次起事，清政府都是派正规军进行清剿。清朝对海南黎族的治理宽严相济，既有怀柔政策，又有镇压政策。

康熙二十八年（1689 年）三月，陵水陶加坠黎首王国臣、梁圣奇以报仇为名，焚劫大潜、多艾等村，其性质属于黎族族群间的仇杀。总镇吴启爵统兵进剿，王国臣、陈晋等 32 人牺牲，但救回被掳人口 13 名。同时，琼中地区的喃唠峒王乾雄聚众造反，总镇吴启爵统兵镇压，杀王乾雄等 35 人，并于红毛峒驻兵 300 人弹压。当局的平乱又引发了复仇性质的黎乱。八月，毋葵、毋贵（毛栈、毛贵）等地黎族人民 300 多人，声援为喃唠峒民、陶加坠峒民复仇，攻打官军营汛。吴启爵领兵驰援，破毋葵村杀十多人，峒民被迫逃散。为加强治安管理，是年，官府于琼中地区水上市设水尾营，岭门市设太平营，增加驻军，加强对黎民的统治。

随着清王朝统治的深入，许多黎村已被纳入都图的管辖范围，由州县直接统治。据《乾隆琼州府志》卷三《田赋志》统计，"雍正八年（注：1730 年）至乾隆十年，黎人归化，附入版图，黎丁共四千四百一十丁口。内除一千五百五十四丁幼男、妇女一千六百七十四口不征外，尚黎丁一千一百八十二丁"。② 到道光年间，附籍黎人丁口约有 20 万。海南几乎所有黎族地区都划入清朝统治范围。清朝时期，黎族地区的封建化、汉化程度加深。

如上一节所述，清朝琼中地区境域分属琼山、定安、乐会、万宁四县，均实行都图黎峒制。都图上隶乡，下辖峒、村。境内设有 1 都 3 图 12 峒，辖 336 村。每峒有若干村（亦有称为弓的）。每峒设峒长（或黎总或总管）一名，哨官若干名。每村或几个村设哨官（或黎甲，或黎首，或黎长）一名。清政府在黎族地区所设置的土官，由黎族上层担任，大抵世袭，对黎民进行行政管理的同时，帮助官府征发赋税。既有设峒长、总管、哨官三级土官的，也有设峒长、总管、哨官、黎甲（黎首）四级土官的，也有设峒长、黎首（黎甲）或总管、哨官二级土官的。"凡小事听哨官处断，大事则报诸总管，总管不能处，始出面控告州县。"③ 可见清朝时黎族地区的行政管理比较简单。

---

① 唐玲玲、周伟民：《海南史要览》，海南出版社、南方出版社，2008，第 258 页。
② （清）萧应植修、陈景埙纂《乾隆琼州府志》，海南出版社，2006，第 315 页。
③ （清）张庆长撰《黎岐纪闻》，王甫校注，广东高等教育出版社，1992，第 117 页。

第二节　清朝时期琼中地区黎族、
苗族的经济文化发展

清朝前期统治者的开明治理政策，促进了海南的社会、经济全面发展，海南"生黎"不断归化，人口（包括移民）不断增多。农业进一步发展，土地开垦面积增加、耕地面积扩大、单产提高、多种农作物稳步改善；工商业亦出现繁荣局面。

清初的赋役制度沿袭明制，征收"田赋"和"丁役"。因此，清政府不再做"户"的统计，而是开始编审丁口。康熙五十一年（1712年），以五十年（1711年）的丁额为基础，诏令此后滋生人丁，永不加赋。康熙五十五年（1716年）清政府在广东试行"摊丁入亩"的改革，将丁银摊入田赋银中统一征收。雍正在位期间，几乎在全国范围实现了摊丁入亩。雍正七年（1729年）十月起，琼中地区的潮村等14村村民每丁年向朝廷纳赋银二分二厘，次年减为一分。

清朝乾隆年间张庆长所撰写的《黎岐纪闻》记载："熟黎多纳官粮，其中地颇荒阔，不可以方丈计，唯岁纳粮若干而已。""生黎则各食其土，不入版籍，止设有黎练、峒长之类统辖之，遇有事，峒长、黎练以竹箭传呼，无不至者，其信而畏法如此。"[1] 可见，熟黎地区的赋税管理也比较简单，而生黎地区虽设土官，但不入版籍，不纳粮编差。

清朝，黎族地区的经济进入了发展较快的时期。有的地区农作物皆一年两熟；一些过去比较落后的山区，耕种之法，所用农具，与内地无异。黎汉之间的经济交流日益扩展，使得熟黎地区的商品经济发展起来。如张庆长在《黎岐纪闻》中记述：黎锦、黎布，被汉族商人"或用牛或用盐易而售诸市，海南人颇用之"。[2] 康熙二十八年（1689年），琼中地区建立了太平镇（即今岭门圩），双日集市。墟市之设，促进了汉黎的经济交流及黎族地区的经济发展。但是，在五指山等少数黎族地区，还保留着原始氏族的生活状态。大部分黎族地区，也存在着严重的贫富差距、阶级分化、民

---

[1] （清）张庆长撰《黎岐纪闻》，王甫校注，广东高等教育出版社，1992，第117页。
[2] （清）张庆长撰《黎岐纪闻》，王甫校注，广东高等教育出版社，1992，第118页。

族矛盾等社会问题。

琼中境域的黎族村落大多散布在大山深处的盆地和河谷台地上，皆为以茅草为盖、以竹木为架的简易茅草屋，有船形屋和金字形屋两种样式。船形屋有高架的也有低架（落地式）的，外形像船篷。金字形屋则以树干为支架，用红、白藤扎架，上盖茅草或葵叶，竹干编墙，用稻草与泥混合后抹墙。除了主房外，还有隆闺、谷仓、土地庙、竹楼、晒谷场、牛栏、猪舍等。苗族则僻居深山老林之中。

清代，琼中境内设有文堂、合口 2 个递铺。后增设大墩、营根、榕木、新村溪（今新林）、吴垭（今南利）等 5 个。每铺相距 15~20 千米，设铺兵 2 名，专事传递官厅文书。清末废。①

清朝的学校沿袭明制，有各府、州、县儒学，书院，社学、义学。为稳定黎族社会，清政府要求各地方官学招收黎族子弟读书，也主张在黎族地区兴办学校。但是能够进入府州县学的都是黎族中的上层子弟，一般黎族子弟多在义学和社学读书。琼中地区依然仅有万历二十九年（1601 年）琼府抚黎通判吴俸在水会城所创办的水会社学。乾隆朝后期，因为生源、语言等问题，黎族义学面临停办危机。直到鸦片战争后冯子材入琼，黎族教育才再度受到重视。

---

① 琼中黎族苗族自治县地方志办公室编（梁定鼎主编）《琼中县志》，海南摄影美术出版社，1995，第 300 页。

第二编

近现代的琼中地区 （1840～1949 年）

第八章 晚清时期的琼中地区（1840～1911 年）

第一节 晚清时期琼中地区的政治

1840 年鸦片战争以后，中国开始沦为半殖民地半封建社会，海南也开始了半殖民地化的进程。第二次鸦片战争以后，随着海口开放为通商口岸，欧美列强的势力纷纷进入海南，并在海南设立领事馆，这些国家有：英国（1860 年设领），美国（1872 年设领），日本（1873 年设领），德国（1881年设领），法国（1888 年设领），奥匈帝国（1895 年设领），葡萄牙（1897年设领），意大利（1899 年设领），比利时（1902 年设领），挪威（1907 年设领）。光绪二年（1876 年）四月，琼海关设立后，侨民日增，商贾云集，西方传教士纷至。海口的开港及外国领事馆的设立，意味着海南开始全面向西方开放。

海南岛，西临北部湾与越南相对，东濒南海与台湾岛相望，南与东南亚相邻。近代以来的海防危机使海南的海防地位日益突出，在这种形势下，清政府开始重视海南的战略地位和对海南的开发。中法战争爆发以后，清政府任命积极主战的张之洞为两广总督，并开始建设琼州海防。光绪十一年（1885 年），清政府在琼廉之间铺设了海底电报线，并在海口修建了"镇琼炮台"，后建成秀英炮台五座，购置克虏伯大炮五尊。张之洞不仅着力增强海南的海防力量，还从加强政治统治、促进经济开发、加强文教事业等方面着手，对海南进行综合治理。建设榆林港、开通十字路，改善海南的交通状况；兴办义学乡塾，关注琼州乡试、会试，寻访海南历史名人的后代，提高海南人民的文化素质。总之，张之洞通过对海南的综合治理，增强了海南的实力，也提高了清政府在海南的控制力。

清末，海南多地多次爆发大规模客家人和黎族人的起义。因此，镇压起义平定内乱显得更为急迫。光绪十一年（1885 年）冬，临高、儋州一带遭受大旱饥荒，民不聊生，为求生存，客民黄邹强集合新老客民 2000 余人起义。起义者一度攻入澄迈县重镇金江市。万州、乐会、陵水、崖州等地的汉、黎农民纷纷响应，在黎族首领陈忠明、陈忠清、王打文、王高山、胡那肥等率领下，起义军曾攻下定安县的南闾、仙沟、雷鸣，澄迈县的新吴，感恩县的西乡，迫近定安、澄迈两县县城。清王朝为之震动，两广总督张之洞急电原广西提督、钦廉防务提督冯子材统兵入琼镇压。在琼中地区的喇仓隘、什密村（今长沙村）及陵水县的廖二弓、马岭和崖县的南霖岭等地，起义军筑垒环沟，以鸟枪、标枪、药箭、藤牌等较原始的武器，凭险拒守，与近 20 个营的清军激战。琼中地区的起义军坚持了 5 个多月后失败。在清军重兵围剿下，持续一年多的黎、汉农民联合大起义亦告败。

为强化对黎区的统治，张之洞拟订了《抚黎章程十二条》，并通过设立抚黎局，以抚黎局委员办理抚黎事宜的办法，对琼州进行治理。光绪十三年（1887 年）冯子材带兵平黎后，就在岭门、南丰、悯安等地各设抚黎局一所。其中岭门即在琼中地区，岭门抚黎分局，置黎团总长，下设总管、保长、甲长、排长等官，总管统辖全峒，峒内 10 家为排，3 排为甲，3 甲为保。至光绪十五年（1889 年）八月，清政府在琼州 8 个地方设立了抚黎局，"现在琼州黎境，分设抚黎局八处，各派委员一两人，文武参用"。① 同时，招募士勇数百名或数十名，以协助抚黎局委员处理当地民事、缉拿盗匪、修路垦田，并设立墟市以招揽客商。

晚清时期在琼中地区的驻军有：光绪十三年（1887 年）在十万峒牛栏坪（今长征深联）、太平峒什密（今和平长沙）各驻兵 83 名，武器为来复枪，并就地征夫筑井字大道 12 条，小路 3000 余里，直通五指山；岭门汛驻兵 30 名、

---

① 赵德馨：《张之洞全集》，武汉出版社，2008，第 229 页。

俊口（位于中平通往和平的龟岭上）驻兵 20 名。①

同时，黎民不仅被迫剃发改装，还被造册编户，除中部深山之外，五指山腹地的黎人大部分被纳入州县的管辖范围。张之洞颁布了《严禁扰害良黎示》以安抚民心，"若有不消团绅苛索肆扰、强占黎产，奸商假借官势、侵夺盘剥，准许黎民赴道府州县衙门及各防营喊禀，定即从严惩办"。此外，还告诫黎民，"亦当安分守法，毋起争端，毋蹈覆辙，汉黎和睦，永绝猜嫌，同享乐利"。② 张之洞的治理与安抚措施，对海南暨琼中地区的稳定与开发起到了重要作用。

第二节 晚清时期琼中地区的经济文化发展

一 概况

自从海上丝绸之路兴起，海南岛就成为东亚、东南亚与欧洲、非洲往来的海上必经之路，其重要的经济和战略地位使之成为近代西方资本主义觊觎的对象。进入近代社会，中国的社会结构和经济结构都出现了重大的变化。特别是第二次鸦片战争以后，海口被开辟为通商口岸，外国资本开始大规模进入海南。清光绪二年（1876 年）琼海关的设立，标志着海南岛正式结束了长期以来对外封闭的状态。一方面，英、法、美等殖民主义国家开始向海南岛倾销鸦片、棉纱、洋油等商品，并大肆掠夺海南的原料；另一方面，海南的农业、工业、商业贸易、教育等获得了新的发展契机，逐渐向近代化迈进。人口开始大规模向东南亚迁入，不但开发了东南亚，也使海南得以引进新的农业物种。海南的开放改变了海南传统的社会结构和生活方式，从事工商业的人口越来越多。同时，西方传教士在海南的势力也日渐增强，对海南的传统文化造成了一定的冲击。海南开始从一个封闭的自给自足的封建经济社会转变为半殖民地半封建经济社会。

---

① 琼中黎族苗族自治县地方志办公室编（梁定鼎主编）《琼中县志》，海南摄影美术出版社，1995，第 514 页。
② 赵德馨：《张之洞全集》，武汉出版社，2008，第 238 页。

鸦片战争之后，外国商品潮涌而来，海南传统的自给自足的农业经济趋于崩溃，古老的手工业也趋于解体，海南逐渐被卷入西方资本市场。外国资本主义输入海南的商品主要是鸦片（当时称为"洋药"）、洋纱、毛料、洋油、火柴、铁料、香烟、白糖、安尼林染料等。大量鸦片的输入，直接毒害海南人民的身心，并导致大量白银外流。大量洋纱的输入，导致海南农村家庭作坊式的棉纱业纷纷破产，农村经济萧条。海南岛原有的榨油业也受到严重打击。1902 年到 1911 年，日本输入海南的商品大量增加，并成为海南主要的商品输入国。同时，外国资本主义压低价格大肆掠夺海南的土特产品，砂糖、椰子、槟榔、芝麻、瓜子、花生、土布、烟叶、生猪、牛皮等，多被用作商品原料，加工后销往全球，外国资本主义从中赚取高额的差价，致使海南手工业逐渐破产，造成手工业者生活的贫困。农业方面，由于被卷入资本主义市场，海南人民开始大规模地种植外来经济作物，而粮食种植则越来越少，以致无法自给。商业方面，由于本土手工业和传统农业的萧条，城镇及农村原本的墟市日益减少，而海南商业资本加剧膨胀。西方列强日益与封建官吏、地主、高利贷剥削者结合，加剧了海南岛农民土地的集中，迫使大批农民丧失土地，沦为地主的佃农或者外国资本主义者的廉价劳动力。在这一时期，海南地主阶级通过高利贷剥削、控制农民，并以土地契约的方式占据了大量农民土地。外国资本主义进入海南后，海南已逐渐成为他们的商品市场和原料产地。琼中地区也是一个以传统农业形态为主的多民族聚居地区，晚清时期，随着社会发生的巨大变化，农民和手工业者的生活日益陷入困境。

随着社会性质的变化，晚清中国传统的封建赋税制度逐渐演变为半殖民地半封建社会的赋税制度。海南除原有的田赋、盐税和杂税加重外，如田赋加派的附加税就有赔款随粮税、学捐、地方自治捐、警税、铁路税、麻地捐、花生地捐、房捐等，又有新税增加，如猪厘、屠猪捐、府税、烟税、地税、酒税、印花税等。

鸦片走私贸易、外国资本主义的经济掠夺和清政府沉重的赋税，使海南的发展障碍重重。但同时海南的近代化也开始起步，海南历史进入了一个新时期，不仅农业发展有了新的突破，新的经济作物开始引进，经济作物种植更加广泛，而且华侨经济快速发展，近代化的工矿盐业、交通运输业和贸易金融业逐渐兴起。

海口开港后，琼州门户洞开，大批海南人远涉重洋，前往海外谋生，使海南成为国内重要侨乡。成功的归侨从海外带来资金、技术及先进的管理经验，为海南开发做出了重要贡献。

鸦片战争以后，海南农业最大的变化就是热带经济作物的引进、种植，以及华侨兴办的近代农垦实业。热带经济作物的经营属于近代产业，产品主要外销，利润高，因此，引进热带经济作物，创办近代农垦公司在清末的海南十分兴盛。橡胶树是热带雨林植物，对土壤、气候、温度等条件有较严格的要求。海南岛热带气候特征明显，驱使那些敢于冒险的华侨回到海南种植橡胶，兴办橡胶农垦业。最早在海南种植橡胶的是马来亚（现马来西亚）华侨蔡季乌和曾金城。光绪二十八年（1902 年），蔡季乌与曾汪源、曾金城父子等人在海南儋县（今儋州市）合股开办了全国最大的胶园——天任胶园。此后，越来越多的华侨回乡种植橡胶业。①

1906 年，旅德华侨何达启与叔父何麟书等人合股组成乐会琼安垦务有限公司，并集资 5000 银元购买胶种，从海外船运回琼，在琼海创办了琼安胶园，并自创荣华垦植有限公司。琼安胶园培育成功 4000 株胶种。宣统二年（1910 年），乐会县华侨何麟书又在琼中境域落河沟（今中平镇厚皮捅村）设琼安公司，试植橡胶 4000 多株。他们采取资本主义经营方式，雇佣工人进行生产，按时或按量给付工资。

晚清时期，除了引进橡胶、胡椒、咖啡等经济作物，海南传统的经济作物也有不少人种植，如椰子、槟榔、甘蔗等。1908 年陈启隆投资 2 万元在距离藤桥 7 里的海浪村种植椰子、槟榔、甘蔗 1000 亩，其中椰子 5000 株。虽然利润丰厚，但由于外资的掠夺和清政府沉重的税收，生产经营还很脆弱。

海南的近代化工业也有了一定的起步，兴起的中、小工业有 20 多种类型，包括纺织业、糖业、油业、窖业、炭业、罐头业、椰壳业、印刷业、制皮业、牛皮器业、鞋业、水及汽水业、肥皂业、玻璃业、渔网业等，大多是在传统手工业的基础上，引进西方近代化机器，以近代化组织模式进行生产。但由于资金、技术的限制，以及外资的竞争、政府的压榨，机械化水平还比较低，生产经营很脆弱。

---

① 符和积主编《海南文史资料》第六辑，南海出版公司，1993，第 147 页。

二 十字路的开通

光绪年间，清政府命张之洞、冯子材在海南开辟十字路。经考察后，他们选出了几处要塞之地，"北以十万峒之牛栏坪为要，东以太平峒之什密为要，东南以宝亭司为要，南以罗活峒之乐安司为要，西南以古镇州峒为要，西以红毛峒之凡阳为要，皆出入要冲，可以屯兵足食之所"。① 其中十万峒与太平峒皆在琼中境域内。经张之洞奏请朝廷，计划在这些地方开辟12 条道路。这12 条大路首尾相互连接，四通八达，共3600 余里，"统由冯子材考核督催，并饬琼州道、府激励各属绅团同力协助大率参考前明海瑞、俞大猷诸人之说，加以变通推广。所开之路如井字形，其余各州县团夫分开小路，以合于大路。纵横贯通，同时并举，分地定限，会合联接。勇团土黎并力作工"。② 光绪十三年（1887 年）四月，冯子材抵达五指山，在琼中地区仕阶村勒石"手辟南荒"（见图8 - 1）。七月，海南岛内全部路段建设完成。琼中地区有记载的公路包括光绪年间冯子材领兵"征黎"，自什密（今长沙）经招咱、南流至仕阶所开的一条马道，长约200 多华里。③ 道路

图8 - 1　仕阶村石刻"手辟南荒"④

---

① 张之洞：《剿抚各黎开通山路折》，周伟民、唐玲玲编《张之洞经略琼崖史料汇编》，海南出版社，2015，第28 页。
② 张之洞：《剿抚各黎开通山路折》，周伟民、唐玲玲编《张之洞经略琼崖史料汇编》，海南出版社，2015，第29 页。
③ 琼中黎族苗族自治县地方志办公室编（梁定鼎主编）《琼中县志》，海南摄影美术出版社，1995，第283 页。
④ 图片来源：www.baike.com。

的开通，对开发海南暨琼中地区，增强琼中地区黎族与内地的经济文化交流起到了重要作用。十字路开通以后，张之洞又制定了一系列优惠政策，鼓励汉族人民及黎族人民移民垦田，但效果不彰。

三　文化

设学校、开科举、推行同化政策是《抚黎章程》12条的重要内容。光绪二十九年（1903年），张之洞会同张百熙上表申请逐渐递减科举，创办学堂，作为"废科举，兴学校"的过渡，并制定《学堂章程》，将学制分为大、中、小学三段和蒙学、初小、高小、中学、大学预科、大学、通儒院七级。清政府批准了张之洞等人的奏议，颁发上谕，停止科举考试。随即，新学代替了旧的学制，海南学子开始接触新的知识与思想，一批具有新思想的近代知识分子出现了。

如前所述，冯子材开路后，提出"据其心腹，通其险阻，令其响化"的"治黎"方针，拟订数村设一义学，学习汉文汉语的计划。黎族上层人家开始创办私塾。光绪二十八年（1902年），琼中地区的岭门创办了蒙学馆1所，但到民国九年（1920年）废除。清朝在黎族地区开设官办学校，是在光绪三十四年（1908年），时任崖州知州的冯如衡，拨出官银在崖州城创办崖州时雍学堂，专收黎族儿童入学读书。

四　宗教

基督教是对奉耶稣基督为救世主的各教派的统称，包括天主教、东正教、新教及其他一些教派。基督教传入海南，最早可以追溯到16世纪。据载，1563年，耶稣教派的高戈和他的两名同伴就踏上过海南的土地。琼州被开放为通商口岸后，列强依靠不平等条约，派遣大批传教士深入海南各地，购买土地，建立教堂，发展教民，办学校、建医院，基督教开始大规模进入海南。

作为一种异质文化，基督教的传播，育婴堂、学校、医院的设立等，对海南琼中社会产生了重大影响。光绪十八年（1892年），法国基督教传教士在琼中地区的岭门圩兴建教堂传教。虽然其因民教矛盾，给当地人民带来了灾难，并且以宗教传播作为幌子搜集情报，损害国家利益，但其也不自觉地成为社会发展的助推器，客观上促进了琼中地区的近代化，促进了琼中新教育体制的形成以及现代医疗卫生水平的提高。

五　天地会

天地会，又名洪门，俗称洪帮，是清朝闽广一带的苦力为自卫反暴而建立的民间秘密结社，是清初中国社会民族矛盾的产物。"反清复明"是它的思想基础，随着社会主要矛盾的变化，它的性质也在不断变化。鸦片战争后，天地会发动的武装起义影响更大。咸丰四年（1854 年），广东发生天地会起义，即所谓"洪兵起义"，这是天地会历史上规模最大的运动，是一场"反清"武装起义。咸丰七年（1857 年），天地会会员 2000 多人围攻琼中地区的枫木、岭门。豪绅叶文锦（新仔村人，廪生）联合知县章增耀带兵镇压，起义失败。

虽然天地会组织松散，缺乏联合行动，极易被清军各个击破，但因其分布地域广泛，仍极大地打击了统治阶级。咸丰七年（1857 年）的这次起义即威胁了琼中地区的地方政权，从政治上和经济上打击了当地地主阶级，助推了琼中地区平民的民族观念和反对阶级压迫的要求，对辛亥革命的火种在海南暨琼中地区引燃起到了铺垫作用。

第九章　民国时期的琼中地区

中华民国，始于 1912 年，终至 1949 年。1911 年辛亥革命爆发后，革命党在南京建立临时政府，各省代表推举孙中山为临时大总统。1912 年 1 月 1 日，孙中山宣誓就职，亚洲第一个民主共和国——中华民国正式成立。这是我国历史上第一个资产阶级民主共和国，结束了中国两千多年的封建帝制。民国坚持共和制政体，主张主权属于全体国民。初期颁布《中华民国临时约法》，后以"三民主义"和《建国方略》为指导。但不久，以袁世凯为首的北洋势力开始主政中国。北洋政府垮台后，民国政局动荡不安。1921 年 7 月，中国共产党成立。孙中山继续高举革命旗帜，建立国民党，南下广州召开国民党一大，建立黄埔军校，同时促成国共合作。孙中山病逝后，1926 年蒋介石领导国民政府北伐，到 1928 年北伐成功，国民政府从形式上统一了中国，蒋介石成为新的国民党领袖，社会趋于稳定。1937 年抗战全面爆发，1945 年日本投降，抗战结束。此间中国加入反法西斯同盟国，成为美、英、中、苏四大国之一。此后内战爆发，1949 年国民党势力失败而迁台，中国共产党领导全国人民建立新中国。

民国时期，国家内忧外患，内则战乱频繁，民不聊生，外则西方帝国主义及殖民扩张势力猖獗，致使中国领土千疮百孔。海南岛虽孤悬海外，却深受全国形势的影响。政治动荡是民国时期海南政局的基本特征。

第一节　民国前期

一　民国前期琼中地区的政治

（一）概述

民国前期，从总体来说，抗战之前的海南军阀割据，是当权者安插羽翼之地，政策制定充斥着临时性与随意性。落后的地方经济文化，混乱的岛内局面，以及自身缺乏自主的意识和把握自身发展的能力，导致海南政局随着地方政治实体的变化而变化。辛亥革命至 1927 年南京国民政府建立，政局随广东政局的变化而变化。这个时期，统治海南的新旧军阀先后有龙济光、李根源、邓本殷等。南京国民政府建立之后，海南又面临广东三陈（陈济棠、陈铭枢、陈策）之争，一直到 1936 年海南才重归国民政府管理。除此之外，岛内的政治斗争也比较突出，表现为国共争夺岛内统治权的斗争以及岛内的民间纷争。

具体而言，广东军政府成立于 1911 年 11 月 10 日，粤督胡汉民先是任命琼籍华侨、同盟会会员林格兰为民政总长，王斧（号斧军）副之，在海口成立总机关，宣讲新政的同时督促署理琼崖兵备道刘永滇移交政权，未果。广东军政府又任命同盟会会员、文昌人赵士槐为琼崖安抚使，主政海南，却为儋州知府范云梯所拒。结果兵火相交，同盟会的民军（学生军）损失惨重。军政府即令黄明堂代替赵士槐南下处理海南政局，范云梯潜逃。

广东军政府自身政权不稳，海南的同盟会组织亦缺乏力量，使得民国初期海南政局十分混乱。1913 年，广东都督胡汉民被袁世凯免职后，军阀陈炯明宣布广东独立，但广东护军使龙济光奉袁世凯之命，率兵占领了广州，成为广东统治者，并任命军阀陈世华为琼崖绥靖督办。但 1918 年 12 月，"护法军政府"的主体桂系军阀进入海南，龙济光被迫外逃。龙济光之后，割据海南的军阀是陈炯明的部下邓本殷。1921 年 5 月，孙中山在广州担任中华民国非常大总统，1922 年 6 月，军阀陈炯明背叛革命炮轰总统府。1923 年初，杨希闵、刘震寰、许崇智等将领联合驱逐陈炯明。1923 年孙中山任陆海军大元帅，设立大元帅府。1925 年 3 月 12 日，孙中山逝世。1925
年 6 月，国民党中央执行委员会议决，改组大元帅府为国民政府。国民革命
军于 1925 年 2 月、10 月两次东征陈炯明，并迅速"南伐"。1926 年 2 月，
国民革命军收复海南，结束了邓本殷在海南的割据。

宁汉合流后的南京政府时期，1929 年 5 月，广东省政府在海南设琼崖
实业专员公署，并委派原善后公署参谋长黄强担任公署专员。1932 年 3 月，
琼崖特别行政长官公署成立，至 8 月广东省政府裁撤该公署，设置琼崖绥靖
委员会公署，为全岛军民行政最高机关。1936 年 9 月，广东全省划分为 9
个行政督察区，各设行政督察专员。海南岛为第九区，其专员公署与琼山
县政府合设一处。1932 年 7 月，陈汉光率国民革命军第一集团军警备旅及
空军一部进驻海南岛，在镇压海南各地的红军之后，1933 年 8 月琼崖抚黎
专员公署成立，1935 年撤销。1934 年，陈汉光在琼中地区岭门圩设"黎务
局"，对黎族、苗族人民实施"剿抚兼施"的统治。

（二）琼中地区的建置

1912 年至 1934 年，琼中地区仍沿明清都图黎峒制。到 1935 年 3 月，
国民党政府在五指山腹地邻近各县境内的黎区划出十二峒，分置白沙、保
亭和乐东三县，填补了历史上长期对五指山黎族地区的管理空白。改都图
为区、乡，下设保甲，改总管为团董。6 月，任命尹耀东为乐东县长、马
宪文为白沙县长、洪土祥为保亭县长。琼中境域分属琼山、定安、白沙及
保亭四县，隶属广东省第九区行政督察专员公署，计 4 个区，21 个乡，
82 个保，571 个甲。详见表 9 - 1。

表 9 - 1 1935 年琼中境域行政区划

单位：个

境属县治	区	区府驻地	乡	所辖地区	保	甲	备考
白沙县	第二区	红毛什存	思河上	岭头、南丘	3	13	
			思河下	思河、黎明、黎伍	3	19	
			新市	所市、新朗、揸湾	3	10	
			大墩	大墩、来浩、北排	2	19	
			营根	营根、南丰、高田	2	20	

续表

境属县治	区	区府驻地	乡	所辖地区	保	甲	备考
			加钗	加钗、那柏、朝参	2	22	
			什万	朝村、深联、万众	3	18	
			南流	南流、什坡、南什、什仍	3	15	
			红毛上	罗解、三联、冲门头	2	11	
			红毛下	红毛、什运	7	54	
			毛栈	毛栈、毛阳、牙胡、牙力、毛旦	3	28	今属五指山市
			毛贵	毛贵、毛兴、什益	4	12	
			水满	五指山、牙合、红山	4	20	
保亭县	第三区	竹根霖田	南桥	南桥、兴隆、牛漏	5		今属万宁市
			北大	北大、三更罗、贝湾、加峒、堑对	8	78	北大、三更罗今属万宁市
			太平	太平、长沙、长兴，大里	4	28	
			霖田	林田、什介、招咱	5	34	
			中平	深碰、河滥、加福黎村	3	11	
			加略	加略、南茂、中平（苗村）	3	18	加略今属琼海市
定安县	第四区	南闾墟	枫岭	枫木、湾岭、乌石	10	60	枫木今属屯昌县
琼山县	第六区	南坤墟	林加	黎母山、松涛	3	81	
合计	4		21		82	571	

资料来源：琼中黎族苗族自治县地方志办公室编（梁定鼎主编）《琼中县志》，海南摄影美术出版社，1995，第70页。

（三）中国共产党在琼中地区

中国共产党成立于1921年7月，其诞生是中国革命发展的客观需要，是马克思主义同中国工人运动相结合的产物。从鸦片战争到五四运动，中国人民为反对帝国主义和封建统治进行了英勇不屈的斗争，但都相继失败。历史证明，中国的农民阶级和民族资产阶级由于他们的历史局限性和阶级局限性，都不能领导民主革命取得胜利。中国共产党登上历史舞台是历史的选择。

1926年2月，中国共产党琼崖特别支部成立，随后海口、府城、文昌、琼东等县建立了党支部。共产党组织开始在琼中地区播撒革命的火种。

1926 年秋，定安县农民协会派中共党员蔡志统（又名刘光辉）、陈国盈到定九区（即枫木、南闻、乌坡、湾岭一带）开展革命活动，发展农民运动，而其中的湾岭即在琼中地区。是年冬，在琼中境域的岭背村召开农民代表大会，并在岭背村成立了农民协会。琼中境域内的七里乡、琼桂乡农会同时成立。七里乡辖罗勇、深碰、加章、黄竹蛹、牛路坡、坡寮、金竹、山柚山、加横、岭仔等 17 个村，农会主席吕克明；琼桂乡辖金泡、城寨、榕木、高田、三行蠕、南笼、黑横田、加味等村，农会主席林之明。两乡计有会员 900 多人。

农会组织农民抗租抗债，废除苛捐杂税，是琼中地区农村最早的党的基层组织。农会还积极组织建立了一支支英勇善战的农民自卫军，开展有领导、有计划的减租运动，不仅沉重地打击了地主豪绅的反动势力，还以武力保卫着革命果实。1927 年，定九区农会派张其烈以烧砖瓦为名到琼桂乡的榕木、高田一带协助林之明、何茂春秘密发动会员筹款购买枪支弹药，建起一支 100 多人的农民自卫军，由林之明、何茂春分任正副指挥，打跑反动民团，没收土豪劣绅杨文庆、杨文炳的粮食分给农民。琼中境域的榕木、高田、加峒和太平峒也先后成立农民协会、农民自卫军、赤卫队，开展反霸斗争。1928 年冬，琼崖西路红军王文宇部到琼桂乡活动，在白树华岭伏击反动民团林国茂部，毙敌 100 多人。同年，琼桂乡（湾岭、金包、城寨一带）、加峒和太平峒也先后建立农民赤卫队，总计 200 多人。

大革命失败后，因农会遭到破坏，1928 年春，农会改称苏维埃政府，继续领导农民开展对敌斗争。琼中地区的七里乡、三联乡、琼桂乡（湾岭、榕木一带）及和平加峒村、太平加峒村分别成立乡苏维埃政府，建立农民赤卫队，坚持长期农村武装斗争。北峒反共队长符士录曾率团丁 30 人来袭，赤卫队在狗放尿岭伏击，相持一昼夜，毙敌号兵 1 名，后因弹药打完，被迫撤退。翌年秋，乡苏维埃委员王日光叛变投敌，伙同牛漏国民党董郑启新，乘村民黄孝光结婚之夜，带兵偷袭。赤卫队奋力抵抗，终因众寡悬殊被迫突围。队员黄孝东牺牲，乡政府主席黄孝书的母亲被敌焚死，村民被迫逃离家园。1928 年夏，加峒乡苏维埃政府成立后，设妇女协会，由杨虾容、黄屋遮分任正副主任，发动妇女参加打土豪和筹粮支前活动。是年冬，琼崖红军独立团王文宇部 100 多人到琼中地区榕木、高田一带活动。地主张孟颜勾结岭门民团团长林国茂，派兵 400 人进犯。红军和榕木农民自卫军在白树华岭伏击，杀敌 100 多人，缴获一批枪支。当晚，军民演戏祝捷时，遭民团突袭，红军伤亡惨重，被迫撤离，农军解体。1929 年秋，牛漏国民党团董郑启新率部突袭和平加峒村苏维埃政府，焚村屠人。乡苏维埃被破坏后，妇女协会溃散。①

1930 年夏，琼崖红军独立团王文宇部在定九区赤卫队配合下，攻入岭门国民党民团团部，活捉民团团长林国茂，毙敌十多人，缴获长短枪 100 多支，苏区发展到 48 个村庄。各村开展打土豪、分田地运动。次年，红军调离定九区，定安第九区国民党保安队和反动民团乘机反扑，区苏维埃政府撤出七里乡（今南久地区），转到三联乡安黎委（今枫木鹿场一带）山区坚持斗争。1932 年冬，国民党陈汉光部在地方反动武装配合下，对七里乡、琼桂乡和三联乡进行"围剿"，各乡苏维埃政权被破坏，赤卫队被打散。七里乡苏维埃主席吕克明、琼桂乡苏维埃副主席何茂春被害。同时，太平乡苏维埃主席王大忠叛变，勾结民团头子王凸牙、叛徒曾宪成（原陵水县苏维埃政府经委主任），带兵 500 多人，里勾外连，偷袭大里革命根据地，红军和赤卫队奋起反击。战斗中，时在大里工作的陵水县县委书记王克礼和20 多名红军、赤卫队员阵亡，30 多人被捕。一些已突围出去的战士，次日也被敌搜捕杀害。②

琼中地区的农民运动虽然深为反动势力所压迫，历经挫折与磨难，屡斗屡败，但基础并未受损，琼中地区的农民运动在中国共产党的影响与领导下，得以发展起来，有力地回击了反动势力的迫害与屠杀，为琼崖革命根据地的创建奠定了广泛而又坚实的基础。琼中农民运动也在斗争实践中形成了武装夺取政权的思想，并操作了以农民斗地主土豪劣绅及以农村包围县城的经济斗争战略，是共产党领导下的琼中农民运动继续发展的基础，也为琼崖革命根据地的建立与发展积累了宝贵经验。

二 民国前期琼中地区的经济文化发展

民国时期，由于政局不稳，战事频仍，自然灾害不断，海南的经济发

---

① 参见琼中黎族苗族自治县地方志办公室编（梁定鼎主编）《琼中县志》，海南摄影美术出版社，1995，第 471~472、476 页。

② 参见琼中黎族苗族自治县地方志办公室编（梁定鼎主编）《琼中县志》，海南摄影美术出版社，1995，第 471~472 页。

展成就不大，但这一时期海南的经济毕竟进行了近代化发展的尝试。

（一）　农业

民国前期海南的农业生产落后，缺乏水利设施，耕作粗放，生产工具原始，粮食产量很低。本岛所生产的粮食还不能自给，每年从暹罗等地购入大批米粮。到 1949 年，全岛耕地面积仅有 430 万亩，农田灌溉面积仅占耕地面积的 4.3%，粮食单产 66.5 公斤，总产 28.59 万吨。由于军阀混战，男劳动力多被抽去当壮丁或者到外地打工，因而直接从事农业生产者逐年减少。由于不施或少施肥料，粮食收获量极少。军阀割据，官兵四处勒索，地方恶势力横行，豪绅地主纷纷采用"重租"（季收谷物五成以上）和高利贷（年息一本一利，最重的叫"燕子钱"，月息一本一利）等形式，加重对乡里剥削。①

琼中地区的农业基础更是十分薄弱，技术和生产力水平很低。县境是个九分山岭半分水面半分耕地的地区，民国时期只有耕地 5.15 万亩，土地又基本被峒主豪绅等统治阶级占有，本县境内 71.3% 的农民少地或无地。农民刀耕火种，生产水平低下，粮食年均亩产量仅 60 多公斤，灾年更少。② 琼中地区粮食产量低，便不能自给，由粮食商贩每年从外县贩运销售。粮食价格昂贵，最高 1 块光洋（又作光银）1 升米。农民多以山薯、野菜充饥，灾年吃树皮草根。③ 琼中地区食用油料以花生油为主，兼用猪油。琼中北部地区的农民多在村中设油坊榨油自用。

水利灌溉方面的技术更是原始。琼中地区境内的农民常以火烧石头，凿渠引水，用木条、树枝、杂草、石头、泥土等建造临时性水陂。在提水工程方面，清至民国时期，民间多用牛罗叶柄制作戽斗提斗汲水，用竹制水车提水灌溉。民国时期，县境内没有水库，仅有山塘 4 口，灌溉面积 70亩。生产工具落后：清至民国时期，境内农民使用的竹木制农具如竹木耙、木犁、木滚、打谷桶等，全靠自制；铁制农具如锄头、钩刀、镰刀等多到岭门圩购买，边远地区靠商贩挑进山销售。境内仅松涛、黎母山、湾岭、

---

① 中共海南省委党史研究室编《琼崖大革命史料选编》（内部发行），1994，第 556 页。
② 琼中黎族苗族自治县地方志办公室编（梁定鼎主编）《琼中县志》，海南摄影美术出版社，1995，第 163 页。
③ 琼中黎族苗族自治县地方志办公室编（梁定鼎主编）《琼中县志》，海南摄影美术出版社，1995，第 317 页。

乌石等地种植蔬菜，年产量约 247 吨。其余地区大部分群众无种菜习惯，多吃野菜。①农民的衣服多为野麻织品，女系筒裙，男挂"吊襜"。住的是竹壁茅草房，家具仅有三石灶、竹片床和竹筒水桶，生活贫困。

近代以来，东南亚的琼侨数量急速增加，琼侨成为南洋华侨中的五大集团之一。南洋琼侨依据同族（血缘关系）、同乡（地缘关系）、同行（业缘关系）等不同的关系，结成了种种社团组织，共同奉行着故乡的伦理规范和风俗习惯，在异国的严峻生存环境中，相互扶助。而成功的琼侨，还从世界各地回乡拓乡。晚清以来，大批琼侨跻身琼岛的热作事业，其引进的新热带作物品种及种植技术，所采用的近代企业化经营模式，推动了海南现代农业的开发，对海南社会经济的发展产生了积极影响。1916年以后，海南的垦殖业有了新发展。万泉河上游两岸，有多家公司购地垦荒，种植橡胶。1934年，海南的橡胶业逐渐扩大到定安、乐会、文昌等县。1912年4月，华侨聚资在琼中地区水口田（今中平镇深碰村附近）创办橡胶种植园，种植橡胶10万多株。1934年，印尼华侨集资在琼中地区三脚岭（今松涛）创办实业种植公司，种植油棕等热带经济作物。南洋琼侨新的近代化模式的企业经营活动无疑会对琼中地区的经济发展产生积极的影响，对这一地区的思想开化也起到推动作用。

（二）工商业

1915年，清末举人林居升、华侨姚如轩和美国教徒陈正纪三人合股集资，创办了海南第一家私营电力企业——琼郡启明电灯公司（海口电厂的前身），安装20马力的柴油机1台（15千瓦），发电供海口日常生活照明。直到30年代，海南近代工业如制糖、制盐、碾米、制革、食品、罐头、电力、制冰、汽水、纺织、椰雕、藤器、木器、制鞋、玻璃、制皂、印刷、陶器、砖瓦、石灰、首饰、烟丝、糖果、服装等行业都处于萌芽状态，大多数仍是手工业经营方式，设备简陋，技术落后，生产能力差。

民国时期，海南的商业兴衰相间。1915～1916年，南洋橡胶、锡锭销路十分畅通，华侨汇回资金丰裕，年达2000万元，资金充足，给商业

---

① 琼中黎族苗族自治县地方志办公室编（梁定鼎主编）《琼中县志》，海南摄影美术出版社，1995，第340页。

带来生机。1921～1927 年，由于海南各县公路陆续兴建，南洋橡胶及矿产业再次好转，促进了商业流通和经济发展。1928～1932 年，南洋经济滑坡，华侨汇款萎缩，社会购买力减弱，商业出现下滑。侨汇影响着海南经济社会的消费与金融平衡，是支持海南发展的一个重要动力。1933 年以后，侨汇增多，商业又重新兴盛。1933～1936 年，由海南华侨和归侨创办的以开采锡矿为主的各种矿业公司即有 17 家之多，在广东省地方政府及华侨实业界等各界人士的积极开发之下，海南经济有了一定发展。商业比较繁荣的地区集中表现在本岛的东北部，即琼山、文昌、琼东、定安等县。当时，全岛有商业圩镇 214 个。海口全市有店铺近 600 家，经营门类比较齐全。

清末民初，琼中境内有零星私营手工作坊，包括打铁、打银、木工、编织、纺织、酿造、榨油、制糖和零星临时性的烧制石灰、砖瓦等行业，个体手工业从业人员 20 多人。境内各圩有零星手工业者开炉锻造刀具和修理猎枪。狩猎是本县黎族苗族人民的传统习俗，猎枪为成年男人必备之物，解放前本县境没有生产厂家，猎枪系从外县购进。境内黎族苗族农民逢年过节曾自制糖粉食用。解放前夕，境北地区少数村庄设有季节性制糖作坊生产红糖，年产量不足 1 吨。① 琼中地区民间手工制茶始于明清时期，除自用外，还外销，民国时期停止采制。加工大米等全靠人工操作，工具有竹砻、木臼等。民国时期，琼中县境内无机械工业。

清至民国前期，琼中县境内买卖仍多有以整数为单位进行物物交换的。比价差距很大，一只阉鸡仅换一根缝衣针，5 公斤食盐换一树荔枝果，一秤稻谷（15 公斤）换一把钩刀。1931 年，琼中地区有商店 70 多家，经营杂货、山货、布料、食馆等业。每家资本 2000～5000 光洋不等，最大商号"广益新"有资本 1 万多元，日营业额最高可达 2 万元。其间，毗邻汉区的松涛、新村溪、榕木、南利、新市也先后成圩，境内商户 100 多家，从商者1000 多人。② 农民多自织麻布遮体，因为布价昂贵，一套粗布衣料 3～5 块光洋。县境内有兼营五金店铺 3 家，经营品种仅有圆钉、铁丝、斧头、铁

---

① 琼中黎族苗族自治县地方志办公室编（梁定鼎主编）《琼中县志》，海南摄影美术出版社，1995，第 271、253 页。
② 琼中黎族苗族自治县地方志办公室编（梁定鼎主编）《琼中县志》，海南摄影美术出版社，1995，第 313～314 页。

锹、刀具等，年销额约 100 元。[1] 黎族妇女筒裙用的红绒丝线和佩戴的耳环、手镯、脚圈、项圈、项链、首饰、铁纽扣等金、银、铜、铁、锡饰品，大部分靠汉商走村贩供。琼中地区水上、岭门等圩，自明清时期即有私人酿酱作坊，就地采料生产酱油、豆豉出售。本县境内农民好酒，主要靠自酿，虽水上、岭门圩有外来商贩酿酒出售，品种有米酒、玉米酒、番薯酒、木薯酒等，但销量不多。清末民初，琼中境内仅水上、岭门两圩卖盐，边远村落要步行百里才能买到。民国时期，琼中地区境域无商品出口。

琼中境内土特产主要有红白藤、槟榔、木棉絮、牛皮、茶叶、蜂蜜、益智等。清至民国时期，竹床、竹椅、藤萝、碗柜、八仙桌、长板凳、梳妆台等各类家具绝大部分为民间自制，式样简陋。民国时期，铁锅奇缺，每只 5~6 块光洋，贫苦人民买不起，多用陶罐。红毛罗天和乌石丰里一带的妇女曾自采泥料烧制碗盆缸甑家用。同时，商贩也从外地购进八卦碗、赤碗、赤盘、赤盆等销售，但销量甚微。

民国时期，国民政府制定或修订了《票据法草案》《商律草案》《公司条例》《商人通例》《矿业条例》《证券交易法》《物品交易所条例》等大量法律法规，以规范经济发展。城市中也开始出现不同职业、阶层等利益集团的自治组织，商会纷纷设立。1932 年，琼中地区岭门圩组织商会，有护商队员 10 人，负责市场管理，保护商贩利益。[2] 但是，民国前期，琼中地区境内货物几乎全靠行商从外地挑进，价格昂贵并经常暴涨。1937 年，大米每升 0.15 元，衣料每套 4 元，钩刀每把 1.8 元，食盐每斤 0.5 元，至 1943 年，分别涨至 1 元、5 元、4 元和 1 元。涨幅最大的为大米 560%，最小的是衣料 25%。[3]

可见，民国前期，尽管自然经济面临解体，并已经逐渐卷入资本主义世界市场，但琼中地区的自然经济还是占据着主导地位。当然，在海南工商业迅速发展的刺激和推动下，琼中地区的工商业注定会发生深刻的演变，逐步走向近代化。但是，"家国一体"的社会政治结构、僵滞的小农经济产

---

[1] 琼中黎族苗族自治县地方志办公室编（梁定鼎主编）《琼中县志》，海南摄影美术出版社，1995，第 335 页。

[2] 琼中黎族苗族自治县地方志办公室编（梁定鼎主编）《琼中县志》，海南摄影美术出版社，1995，第 399 页。

[3] 琼中黎族苗族自治县地方志办公室编（梁定鼎主编）《琼中县志》，海南摄影美术出版社，1995，第 407 页。

业机制、积贫积弱的落后面貌、传统保守的社会文化心理同时也影响和制约着这个进程的发展。琼中地区的这种演变所呈现出来的错综复杂的状况，其实也是海南近代化进程的一个缩影。

（三）　税制

龙济光割据海南时期，因正常的捐税无法满足庞大的军费开支，其便广开财源，开征名目繁多的苛捐杂税，且各县市署及城乡警团学各机关团体，皆可自由征收杂捐。1924 年，邓本殷割据海南时，因战费孔亟，竟"令各县依岁额加倍征收，时称为双粮"。① 其他杂税征收范围之广、强度之大，令人难以想象。而且他还大开赌禁，致使各县遍设赌局。

民国时期，"国税"包括琼海关、琼海洋关、内地税、盐税及其他税费如印花税、禁烟、烟税、酒税、防务经费、煤油特税等。"广东省税"则含钱粮、税契、台炮经费、地税、糖类捐、十字有奖义会费、府税、牛皮屠牛捐（附牛皮附加捐）、屠猪捐、槟榔出口捐、猪牛出口捐、爆烈品专卖费、进口洋布匹头厘费。军阀割据海南时期及国民政府时期都还曾以招标承包方式，将某一种捐税征收的税款数额，包给富豪私商，由承包人自行确定征收办法收税。承包征税人因此敲诈勒索、大发横财。

清至民国前期，琼中地区苛捐杂税有田赋、屠宰捐、酿酒捐和出境捐。其中田赋分地丁、民米、什税 3 项。地丁也称保甲米，按户缴纳，1 户一造交米 5 升至 1 斗；民米按田摊派，一斗种田（约 1.25 亩），一造交米 1 斗；租耕者，1 个劳力年交米 3～5 斗；什税按丁计算，每丁派银 1 分。屠宰捐：牛每头收 1 角 5 分、5 角、1 元、2 元不等；猪 60 斤以下每头 6 角，40 斤以下每头 4 角。酿酒捐每月收 2 毫、3 毫、4 毫 5 仙、5 毫不等。出境捐：牛每头 3 元；槟榔每担 5 角，椰干 3 角。1927 年，设商品税。出境土特产品：木材每支 5 角，藤类每百市斤 2 元，枕香每市斤 5 角，益智每百市斤 2 元，鹿茸每副 4 元，鹿骨每副 1 元 5 角，鹿脚筋每副 2 角，大猕猴每只 2 元，小猕猴每只 1～1.5 元。外地运进货物：衣服每套 1 角 5 分，被面每件 8 角，布匹 1～1.5 元，棉纱每束 1 角。红绒丝线等小杂货酌情征收。②

可见，清至民国前期，海南暨琼中地区的苛捐杂税繁重。中国近代民

① 王家槐：《海南近志》，出版社不详，1993，第 72 页。
② 琼中黎族苗族自治县地方志办公室编（梁定鼎主编）《琼中县志》，海南摄影美术出版社，1995，第 363 页。

族工商业本来就先天不足，缺乏资本、人才、技术、市场和思想观念的准备，资金少，规模小，技术力量薄弱。民族工业投资方向和发展亦主要在轻工业领域，重工业基础薄弱，而且主要分布在沿海和通商口岸，这种工业结构和地区分布的失衡使民族工业呈畸形发展，未能形成独立完整的工业体系。而近代民族工商业又受到半殖民地半封建的社会环境，长期动荡的政局，帝国主义、封建主义和官僚资本主义的压迫和束缚的影响，发展严重受阻。具体而言，繁重的苛捐杂税是阻碍近代民族工业发展的重要因素，琼中地区贫弱的小农经济更加难以承受。总之，繁重的苛捐杂税对人民生活、经济发展、社会发展起到了雪上加霜的作用。

（四）交通、邮电业

海南的公路建设始于1909年，是从府城至海口段的7千米官路。民国初期海南交通落后，大部分地方不通公路。1919年，现代公路出现，即琼崖国民政府投资加宽改建的府城至海口的官路。从1922年开始修筑各县土路公路，1928年全岛公路800余千米，1932年增至1300千米。1938年，本岛共筑成土路96条，总长1844.5千米。1927年，琼中地区枫（木）岭（门）公路通车，全长10千米，为定安县仙龙公司聚资兴建。同年又开筑岭（门）营（根）公路。1934年延至加钗圩，增长30千米，但仅通车一次。

汽车运输始于1923年，到20年代末期全岛拥有营运汽车近500辆。外国商人及海外华人富商在20年代开始经营海南至广州、香港、海防、北海、南洋等地长途航线，内河运输及环岛沿海运输则主要由海南本地船民经营。到40年代以后，交通运输业又开始下滑。

1913年12月，琼州一等邮局创设。1938年，全岛有二等邮局3处、三等邮局8处、支局1处、代办所67处。海南有线电话通信也从1923年开始启用。

晚清至民国前期，近代化交通及邮电业的发展与变化，对海南包括琼中地区的社会生活造成重要影响，简要言之，主要包括以下方面：首先，促进了经济的发展，改变了人们的出行方式和通信手段；其次，在一定程度上改变了人们的思想观念；再次，使海南暨琼中地区与外界的联系大大增强，使异地间的传输更为便捷；最后，在一定程度上也冲击了传统的交通运输业和从业人员的生活。

（五） 市政建设与琼中民居

海南城市在民国初期都有相应的市政建设。公园、图书馆、运动场、戏院等各种基础设施及城市文化娱乐设施都建立起来，但集中设在海口市。海南各地市镇的建设，则主要是拓宽街道（马路），扩大店铺（骑楼）。而琼中县境内各族人民仍喜欢聚族而居，自成村峒。东北部村寨相对较密，西南部高山阻隔，村落分散。民房住宅各具特色，有十柱瓦房、八柱茅房、船形茅房等 3 种。县境北部农村大多盖 2 房 1 厅（堂）的十柱瓦房，中间为客厅，两侧做卧房，每户 1～2 间不等，此类瓦房数量占全县民房的 5%。西部什运一带住船形浮脚草房，屋盖与檐墙合而为一，屋檐一直贴到地面，状如船篷，整座房子在离地 30 厘米左右架空铺一层竹片地坂，整间草房由前廊、居室和后部的 3 用房组成。居室为广大间，煮饭、寝息、待客均在这里。煮饭灶用三石堆成。居室内一隅用竹条墙隔成小房，面积 5 平方米左右，为主妇寝处。前廊多放舂臼等用具。后部多作养鸡及堆放农具箸草杂物用。其余地区为草木结构的茅草房，四壁用山竹围成，一般为 10 柱 3 房（也有 6 柱 2 房），一端为卧房，一端为灶间。房屋多找背山向阳旁水地带盖造。民国时期，村庄破败不堪。①

城市基础设施及城市文化娱乐设施的建设，在一定程度上带来了文明，对近代城市经济与市政建设的发展及城市文化的发展、市民素质的提升也产生了一定的作用。而琼中县境内各城镇及各族人民在这方面的发展明显滞后。基础设施是地区经济、社会发展的基本条件。薄弱的基础设施建设问题至今仍是西部部分民族地区发展的瓶颈。

（六） 社会灾害

古今中外，历史上最骇人听闻的瘟疫的具体起因一直是谜团，每逢大瘟疫，往往一城或一村一半或全部的人口死亡，横尸遍地，连吃了尸体的动物都无法幸免。1920 年，琼中地区的中平王竹坪村霍乱流行，全村 30 户 100 多人，仅仅两天便全部死亡。1925 年，中平白水苗村恶性疟疾流行，全村 170 人，死 110 人。1934 年，什密峒（今长沙地区）6 个村天花流行，死 464 人。

目前已知，霍乱是因摄入的食物或水受到霍乱弧菌的污染而引起的一

---

① 琼中黎族苗族自治县地方志办公室编《琼中县志》，第 425 页。

种急性腹泻性传染病。感染霍乱后，患者会不受控制地呕吐、腹泻，直至肠胃皆空，而因此引发的脱水使人肌肉严重痉挛、两眼凹陷，直到最后全身青黑，干枯而亡。天花最初只是家畜身上一种相对无害的痘病毒，经过进化和适应后才形成了天花这种急烈性传染病，病死率较高。瘟疫及传染病等社会灾害给人类历史带来的痛苦可谓极深，它给琼中地区的社会发展带来的灾难是极为惨重的。人口的大量死亡必然给经济带来重大损失，导致劳动力锐减甚至致使农业结构产生变化。而瘟疫及传染病所引起的经济危机，势必动摇城市和农村下层阶层的社会稳定性，历史上由此引发的连锁暴乱时有发生，这是经济决定政治的惨痛实例。

琼中地区瘟疫的高死亡率也反映出当时当地的政治、社会状况，水源、食品、环境等卫生状况堪忧，而政府以及当时的统治体制亦难辞其咎，像琼中地区这样偏远贫弱的地区，影响力小，政府机构对疫情的听之任之，往往助长疫情的蔓延。当然，对瘟疫及传染病的及时预警与救治还有待于时代的发展、公共卫生事业和医学的不断进步，以及人类在应对传染病方面经验的累积。

三 民国前期琼中地区的文化与教育

民国初期，近代文明的传入及科技的发展，多种文化的冲撞，促使海南近现代文化萌发，各种文化机构的出现及完善，也推动着海南文化的进步，但海南相对落后的经济发展水平制约着其教育体制的改进与教育设施的完备。

民国初期，海南各地积极兴办新式中小学校，岛内民众教育的普及度逐渐提高，如文化名人王国宪等于1923年积极创办的私立琼山中学。爱国琼侨也慷慨捐助，兴建学堂，如海口商办的小学高级班，私立的琼海中学（现海南中学）、琼山县府城的琼崖中学、琼山中学、华美中学、琼崖师范、琼山师范、匹瑾女子中学等。1920年9月，基督教嘉积教区传教士在琼中地区南茂水竹村办起福音小学1所，配教员3人，有苗族学生100多名。每周星期一至星期六上午上课，课程与小学相同，师生星期日"做礼拜"。翌年创办岭门圩高等小学，教员5人，学生120人，分设5个班。1923年，新村、白水岭、露平、加略、黄羌田5个苗村，各设初等福音学堂1所。每所有教员 1~2 人，学生 20~40 人。1927~1928 年，中共万宁、陵水县党组织派人到乘坡加峒和太平峒的大理、小妹、大从、上堂、加峒、万及等黎村办起初级小学 10 所，通过办学宣传革命，当时有学生 200 余人。1929年，因受国民党军队破坏，被迫停办。1933 年，抚黎专员陈汉光招引 200多名黎族青年到广东燕塘军校"化育班学习"。同年，陈汉光进入五指山腹地巡视，携带无声电影于琼中地区方龙村放映，并在五指山的山腰立碑，上刻"折木拂日"。

1934 年春，琼中地区三脚岭圩（今松涛圩）增设高等小学，教员 6 人，学生 155 人。小学实行"四·二"（初小 4 年，高小 2 年）分段新学制。初小课程有修身、国语、算术、自然作业、体育、音乐、图画等。高小加讲经、历史、地理和自然等课程。课堂教学为注入式。考试成绩采用 100 分制，60 分及格。1935 年白沙、保亭和乐东三县设立后，1936 年民国政府中央拨经费 20 万元，在三县各地设立短期小学 24 所。1935 年前后，随着行政区域变动，琼中地区增设新市圩高等小学 1 所，水满、什万、南丘、思河、中平、龙马沟、握岱、大丰等初级小学 8 所。[①] 民国时期，办学经费由乡村自筹。有学田、祖田的从其收入中拨付，没有的由学生负担，每生每学期缴开办米 2 升（约 2 公斤）。村学教师薪俸由学生缴付，每生每学期纳大米 1 斗，每师每学期薪米 1~2 石不等（每石约 150 公斤）。

琼中地区的近代文明也曾伴着传教士的传教而传入。1916 年夏，嘉积基督教会派传教士到加铁、白水岭、新村、公头湾等苗村巡回传教。1920 年，西医西药随基督教传教士传入岭门、南茂、中平等地。但传统的宗教信仰一仍浓烈。1922 年，琼中地区的苗民陈日光创立"盘王泰翁祖教"（后改称"盘王上帝教"），有教徒 2000 多名。

但海南基础教育仍旧薄弱，师范教育、职业技能教育等社会基础教育处于起步阶段，尚无高等教育。职业技能教育方面仅有海南医院附属护士学校以及海口福音医院的护士学校。当时即有评论："以人口比较论，以地位、面积论，除黎境外，初到琼岛者，未有不惊其学校设立之多，而称其教育发达之速；然若稍加考察，则办理之良否可立辨焉……现虽有一二有

---

① 参见琼中黎族苗族自治县地方志办公室编梁定鼎主编《琼中县志》，海南摄影美术出版社，1995，第 604 页。

志者在该地倡办教育，但成效亦属无几，此则吾人不能不为海外同胞太息者也。"①

王国宪还与王梦云等人，在海口创建海南书局，并编辑出版"海南丛书"，保护与宣扬海南优秀的传统文化。另外，《琼岛日报》于 1914 年创办，《琼崖旬刊》于 1920 年创办，《新琼岛报》于 1922 年创办，这些进步报刊，传播新思想、新道德、新文化，并有力地抨击了旧军阀的黑暗统治，启发了海南的民智，影响了广大知识分子，推进了海南的文化发展及民主进程。《琼崖日报》《国民日报》《新民日报》《国光日报》《琼州日报》等相继面世，到 30 年代，海南的新闻事业兴盛。琼华侨还热心支持整理出版文化典籍和修葺文物古迹，促进了海南社会的进步。

中国政治文明从专制到民主、从人治到法治是历史发展的必然趋势，但政治文明的不断演进，有待于民智的开启以及文化教育出版事业的发展。近代化报刊虽然无法取代政府成为社会的评判法官，但其迎合了广大民众多方了解信息的需求，对宣传民主、平等等先进思想，开启民智起到重要作用。

四　琼中境域黎族的婚丧习俗

婚礼习俗。黎族实行一夫一妻制，姨表和同一血缘集团不通婚。经媒人引线，男家父母需带着求婚聘礼（光银、烟叶、衣服等）于中午前到女家门口求亲。女家父母请其进屋并摆酒款待，男方将聘礼置于席间，并唱求亲歌："槟榔衣筒放桌面，多多少少请领认。一双光银表情意，上门拜亲定婚姻。"女方父母同意，便收聘礼，且提出女儿身价待商，不同意则不收聘礼。订婚后，如女方反悔，须退还聘礼；若男方反悔，则不退聘礼。琼中地区红毛、什运地区的青年则通过"夜游"、对唱情歌私订婚约，经双方父母同意后，男家要补送聘礼给女家。富家女身价高，聘礼需双倍，如牛两头、铜锣两个、光银双百、衣筒饰物齐全等。一般人家的女子则只需铜锣一个，牛两头，光银 30 ~ 50 块，米 3 斗，酒 3 埕，猪肉 20 斤。长征、上安、吊罗山地区，还需给女方母亲尿布费、姐妹分离流泪费、亲戚的认亲

① 蒋瘦颠：《海南岛》，《东方杂志》第 22 卷第 10 号，1925，第 52 页。

费、妇女的送娘路费等。而双方互相换女为媳（俗称"驳担"）及寡妇招赘婿则无须聘礼。婚日一般在秋后至春节前，当日上午，男家需派引路娘一女、陪亲娘一女、陪新娘一女、联络员一男、护引送娘队一男5人到女方家接亲。湾岭、乌石、红岛、长征地区的新郎身挂红布或红毡被一同接亲，红毛、什运、吊罗山地区的新郎则不接亲。中午，新娘母亲和村中妇女组成送亲队送新娘去男家。新娘走在中间，衣着光鲜，头披花巾、挂耳环、银铃，手戴镯圈、玉珠圈，胸前佩挂银牌、银铃、珠链，腰系银链、银铃，脚戴银圈，用伞或草笠遮面。当晚至新郎村口，村中后生持火把窥视新娘和送嫁娘后开始迎亲仪式：路口堆一撮干草，铺蕉叶，上面放鸡蛋，一身穿绿色长袍、盘红头巾，手持尖刀和火把的老人面向送娘队，一边祈祷平安，一边用刀斩蛋，割蕉叶，燃干草，鸣放粉枪，庆贺送娘队平安进村。新娘和送娘队跨过火堆从后门进入新郎家。为压妻威，黎母山地区的新郎要站在家门口，让新娘从其横举的手下走入；湾岭、岭头地区的新郎及其母则爬上门楣，让新娘和陪娘从其横举的脚下走过。新娘进门后，摆宴饮福酒，男女双方分两排对座，先吃饭后请酒。新郎新娘由陪娘陪着逐一给客人敬酒并收红包（钱封）。

丧葬习俗。在琼中境域什运地区，亲属要给死者嘴里送水、送饭、呼名、洗脸、梳头、反穿衣服，然后鸣枪报丧，并将尸体移至屋子正中。女尸脸涂炭灰头朝后门，男尸头朝前门。尸旁设灵，祭品是两把稻穗，一个酒碗和一副牛下颌骨。亲属按辈分排坐两旁哭丧，守灵2~3天，富家则7~10天。其间派人上山伐木凿独木棺，送往墓地。其他地区老人死前家里多数备有6板棺，死后停尸2天即入殓外葬。什运地区有固定墓山，葬后不立碑，不扫墓。吊罗山、上安地区出殡时，死者女儿坐在棺上，儿子伏地让棺材跨过。合亩制地区，则用毡被和草席包裹尸身，盖毛毡，亲属扛，众人送，在"奥雅"（即老人）引领下去墓地，由"奥雅"举锄定坟，众人挖穴，先入棺，后殓尸。"奥雅"在穴前呼叫死者先辈名字，请其将死者领去，然后盖土。坟上放两把稻穗和陶罐、陶锅、陶碗各一个，牛下颌骨一副。接着，村人集中在死者家中喝孝酒，唱悼歌。死父母饮孝酒12天，死兄弟饮7天，死独生子饮5天，村人死则饮3天，只喝酒吃菜不吃饭。其间，亲属要反穿衣服，孝满才能换衣服洗澡，并将死者遗物丢置墓山路口。琼中地区北部、东部地区，人死后家里设灵牌"做七"，向死者哀悼。经七七四十九天"七满"，做佛事超度亡魂。除什运地区外，其他地区无固定墓山，葬后立碑，清明扫墓。

五　琼中境域苗族的婚丧习俗

苗族婚礼习俗。苗族青年自由恋爱，确定恋爱关系后，成年男子先禀父母，再托人向女方父母"问亲"，同意后即送礼择日迎娶。迎娶前日，新郎与6名陪郎到女方家接亲，女方村中妇女聚在村口拦逗新郎，或揞捻，或轻打，或追赶，新郎在陪郎保护下躲闪，气氛诙谐。翌日，新娘头梳髻发插银钗，身披花巾、佩耳环、着苗服，脚缠黑绑带，用毛巾遮嘴，在陪娘陪同下随新郎回男家举行婚礼，新郎则身穿长褂，头缠黑巾。婚礼上双方先向父母、主婚人三鞠躬，夫妻对拜，交换毛巾，再向众人行礼、敬茶。婚礼结束后，新娘手拿米筛，由陪娘陪着向新郎的兄弟和亲戚按辈分大小，依次举筛行礼，受礼者将备好的红包放在筛里。3天后，新郎送新娘回娘家住下，3天后再带妻回家。

苗族丧葬习俗。家属要给将死病人理发、更衣、摘金牙、拆睡床，并打扫房子，将其移至房子正中。逝世后白布覆尸，鸣枪报丧，家属戴孝。死者儿子跪求懂办丧事之人，被求者用白纸裹刀插地表示答应，则备棺入殓，当天出殡。出殡时鸣枪，亲属袖缠白布条在村口候着，棺过跟送。在墓地，按亲疏、辈分列队绕穴，依次在棺材上按手印，意为让死者铭记。棺木入穴，亲属每人铲土一把盖棺后离去，不得回头或停留。至家，用树叶水洗手、拭目，换衣服，夜里邻居来作陪，吹打弹唱给主家驱邪解愁。第三天，家属再去给新坟垫土，丧事结束。

黎族、苗族的婚丧习俗是其民族文化中内涵丰富、极具浓郁民族特色的重要部分，从上述描述可见，虽然这一时期的婚丧习俗多少带有时代影响的特征，但这一时期琼中境域黎族、苗族的婚丧习俗并未因时代的变迁而发生剧烈变化，其传统婚丧习俗亦并未因为资本主义的发展，以及革命运动的开展、进步人士的推动而被主动革除或简化。因历史原因，琼中地区黎族、苗族社会发展极不平衡，因此，从民国时期黎族、苗族的婚丧习俗中能够看到汉族因素的影响，甚至仍能发现其所保留的原始社会末期父系氏族的遗存。一般说来，社会经济是习俗发展的重要制约因素，民国时期琼中境域黎族、苗族的商品经济未得到发展，社会经济发展状况的改进不明显，人民生活水平未获普遍提高，民主、平等的思想也未深入人心，这是其习俗变迁缓慢的重要影响因素；而另外，也应看到习俗文化所具有的相对独立性和滞后性，其一经约定俗成，往往长期传承，并不随着社会变迁而即刻改变。因此，尽管已经进入阶级社会甚至民国时期，黎族、苗族仍保留着一些极其古老的婚丧习俗，这一点应该用历史的眼光看待，给予尊重，而不应予以歧视。

第二节　日本侵琼时期

一　日本侵琼时期琼中地区的政治

（一）概述

日本侵琼时期，即日据海南时期，从 1939 年 2 月 10 日日军占领海南始，到 1945 年日本战败终。其时日军在海南的最高行政统治机构，形式上是日本海军海南警备府，实际上应为日军的海军特务部。特务部下分设官房（管理秘书、人事、会计、庶务等行政事务）、政务局（管理民政、教育、外交、情报等行政事务）、经济局（管理农业、工矿、交通、金融、贸易、专卖等行政事务）和卫生局、地政局以及嘉积、三亚、那大、北黎四支部。海南海军特务部的首任总监为上池田清，官衔相当于中将，负责岛内的行政和经济开发，特别是对石碌、田独铁矿的开发。为了强化对海南的殖民统治，关涉土地制度、卫生制度、教育、日语学校、农林、畜产、水产、商业、电气通信关系、植物检查所等领域的官员几乎均由台湾总督府派遣，人员几乎占海军特务部职员的一半。

1940 年 7 月 26 日，日本在内阁会上通过了《基本国策纲要》，确定建设"大东亚新秩序"的方针。1940 年 11 月 30 日，汪精卫伪国民政府与日本侵略者签订了《关于基本关系的条约》和《附属秘密协定》，使日本在中国和海南的经济掠夺"合法"化。其中规定：中国允许日本驻扎军队于蒙疆及华北，驻扎舰队于长江沿岸和华南沿海；在物资、交通、金融、航空、通信等各个领域，中国方面应提供日本国所需的各种便利，中日合作开发长江流域、海南岛及厦门附近的资源；中国的工业、农业、国防、外交、财政、金融、交通、治安均有给予日本国"援助"的责任，聘用日本人为顾问。1941 年 12 月太平洋战争爆发后，日本首相东条英机提出大东亚建设的构想，本着"战争即建设""建设即战争"的法西斯理论，加速沦陷区的殖民地化。

日军为迅速稳固其在琼的统治，先是于 1939 年 2 月 18 日，在琼山县成立海口维持会，到 1939 年 7 月，又成立了"琼崖临时政府"，下设各种机构。日本间谍分子还在海口市成立伪海口市政府，下设民政、财政、教育、建设和工商科，统由日本海军特务部派指导官和顾问监督、决策。到 1941年，日军占领区的各地都建立了伪政权。

日军伙同伪政权勒令家家户户在大门前楣上方悬挂一块大木牌，牌上用毛笔写上户主及家庭成员的姓名、性别、年龄及其之间的关系等，以便搜查时及时发现、查出外来人。推行十户为一甲、十甲为一保的保甲连坐制度，一户违反秩序，一甲连坐，一甲有问题，一保连坐，强迫居民领取"良民证"，以便随时在交通要道设卡检查。无证者以游击队论处，一律抓到宪兵队。伪政府的警察局，则重点搜查抗日爱国者和偷运物资到抗日区的爱国群众。

保甲制度是以学院和地缘为基础的中国乡村政治制度，本来的目的在于运用乡土和宗族观念，防匪御贼，维护社会秩序。民国时期，南京国民政府为加强对基层社会的控制，以封建社会的"什伍连坐法"和德意法西斯专制制度相结合，于 1932 年起推行了保甲制度。日伪政权在沦陷区承袭了国民党的保甲制，并把它进一步细化，以加强其统治。以贴门牌，实施保甲、连坐法，编查户口，发行严格身份证明的通行证、"良民证"、渔民证等限制，束缚人身自由的特务手段作为进行社会控制，清查中共及抗日志士、切断民众与抗日组织联系的重要手段，防范与压制海南人民的抗日活动，使其遭受了严重危害。从日伪政权在海南实行的种种防范控制措施来看，其所推行的保甲制度并非单一的行政管理系统，而是军警、宪兵、特务等多种权力系统对社会进行殖民控制的综合体，特务化、警察化、军事化等社会特征突出，激起了广大海南人民的不满与仇恨。

（二）琼崖抗日游击队独立纵队在琼中地区抗日、反迫害、反顽纪实

日军入侵海南后，琼崖共产党积极贯彻执行中共中央的抗日民族统一战线政策，团结一切可以团结的力量共同抗日。琼崖抗日游击队独立纵队在海南暨琼中地区不断掀起抗日、反迫害、反顽（指国民党顽固派）斗争高潮。1938 年 12 月 5 日，中共琼崖特委根据中共中央的抗日民族统一战线政策，与琼崖国民党当局谈判达成协议，将琼崖工农红军改编为广东省民众抗日自卫团第 14 区独立队，冯白驹任队长。日军侵入海南后，海南的国民党军撤至五指山区，共产党独立队却开赴琼山县潭口渡口袭击日军。1939 年 3 月，独立队扩编为广东省琼崖抗日游击独立总队，并在琼山、文昌地区歼敌获胜，建立了琼文根据地。

1940 年 2 月，独立总队在澄迈、临高、琼山交界处的黎、苗、汉等民族杂居的美合山区建立抗日根据地。9 月，冯白驹任总队长兼政治委员，中共中央派来的庄田、李振亚分任副总队长和参谋长，游击活动遍及 11 个县。独立总队在黎、苗、汉各民族中宣传党的团结抗日政策，建立乡村抗日民主政权，发展生产，建立琼崖公学和农训班、军政干部训练班，使美合抗日根据地成为海南抗日堡垒。除美合根据地外，1939～1941 年底在海南黎、苗、汉等民族杂居区又先后建立了儋县和白沙边界地区、万宁和乐会边界的六连岭地区、保亭和陵水边界地区等三个抗日根据地，抗日部队达数千人。琼中地区有黎族聚居区，还有部分苗族人居住在此。在日本侵琼时期，琼中境域的黎族、苗族和汉族人民一起，投入到抗日的队伍中。1941 年 3～6 月，国民党军保安团 3000 余人向独立总队发动数次进攻。其间，独立总队电台损坏，与中共中央及中共广东省委中断联系，但仍坚持抗击日伪军。随着共产党"黎运"工作的深入，爱国的黎族上层人士还参加了抗日民主政权的工作，广泛的抗日民族统一战线建立起来了。1941～1942 年，根据地各族人民对日军的"扫荡"和"蚕食"政策顽强抗击，拿起一切可用的武器，四处伏击，歼灭了许多日军，也缴获了不少武器和军用物资，保卫了抗日根据地。

1944 年秋，独立总队改编为广东省琼崖抗日游击队独立纵队，共 4000余人。同年冬，建立白沙农民解放团，许多黎族青年入团，仅琼中地区的红毛乡和狮球乡参军的黎族青年就有 190 余人。1945 年 1 月，纵队领导机关及第 1、第 2、第 4 支队的主力大队进至白沙县阜龙地区。7 月初，以这 3个支队的主力大队组建挺进支队，向白沙腹地进军，建立起白沙抗日根据地。8 月，成立白沙县抗日民主政府。8 月下旬，独立纵队收复了儋县县城和一部分墟镇。至此，海南已有 16 个县建立了各级抗日民主政府，日军只得困守在城市。

总之，海南岛七年抗日战争时期，琼崖抗日游击队独立纵队在中国共产党的领导下，依靠海南各族人民，克服重重困难，对日伪军作战 2200 余次、毙伤、俘敌 5500 多人；缴获敌人机枪 210 多挺，步枪 13 万支，小型钢炮 27 门，掷弹筒 98 具，其余军用品不计其数，攻破碉堡 189 座；部队发展到 5 个支队 7700 余人，根据地人口达 100 万以上，土地占全岛的一半。① 琼崖抗日游击队独立纵队为中国人民和中华民族的独立与解放做出了重大贡献。而冯白驹将军，他在极其艰难的环境中领导海南军民坚持武装斗争，尤其是抗日斗争，23 年保持红旗不倒，因此，被周恩来誉为"琼崖人民的一面旗帜"。

（三） 日军在琼中地区的暴行

日军自踏上海南的那一刻起，便暴露出凶残的本性，烧杀抢劫，无所不用其极，其所到之处，屋过火，人过刀，村庄变废墟，百姓成刀下鬼。为消灭各种反抗力量，日军还经常对海南各村进行扫荡，实行野蛮的"三光"政策，在海南制造了无数的惨案、血案、千人坑、万人坑、百人墓、千人墓，很多村庄都被日军屠杀成了无人区。在六年多的时间内，海南非正常死亡的人达 40 多万，占当时总人口的五分之一，其中被日军杀害的抗日军民就达 20 多万人。② 根据符和积主编的《铁蹄下的腥风血雨——日军侵琼暴行实录》粗略统计，日军在海南制造的惨案，血案就有 183 起，千人坑、万人坑、百人墓、千人墓等有 18 处，无人村有 476 个。而琼中地区的具体统计数据为：1940 年 2 月，在日军制造的大郎田村惨案中 12 人死亡；1943 年夏，在岭门地区金包村，造九人坑，亡 9 人；1944 年冬，在马干河惨案中亡 49 人。③

1939 年，日本军机轰炸琼中地区的水上、岭门、松涛和新市等地。水上、松涛即刻变为废墟。1940 年 3 月，日军又窜到琼中地区的岭门圩，再施暴行。1941 年 7 月 21 日，日军舞一特部窜至水上市、榕木铺进行侵犯，罪行累累；8 月，日军占领松涛，并在腰子、新村溪、榕木铺驻兵。1943 年

---

① 转引自高海燕《海南社会发展史研究（近现代卷）》，光明日报出版社，2011，第 108 页。
② 符和积主编《铁蹄下的腥风血雨——日军侵琼暴行实录》上，海南出版社，1995，第 3 页。
③ 根据符和积主编《铁蹄下的腥风血雨——日军侵琼暴行实录》上、下、续册整理。

4 月 15 日至 5 月 6 日，侵琼日伪军 3000 余人在飞机配合下分 3 路向琼崖守备司令部驻地琼中地区思河八村进犯。1943 年 5 月 8 日，驻乌坡日伪军一部绕道马水进犯大案、山心。兵锋所向，即残酷屠杀及奸淫掳掠。日军屠杀对象不分男女老幼，小至刚出世的婴儿，甚至孕妇的胎儿，老至八九十岁高龄的人；屠杀手段残忍，刺刀刺、机关枪扫射、放火烧、放狼狗咬、开膛破肚、斩头、挖坑活埋等，无所不用其极，其每次屠杀人数，少则八九人，多则上千人。

日军对海南妇女的暴行令人发指，仅从其对琼中地区妇女的暴行即可窥一斑：1942 年夏，大郎田村，王妖梅，遭到日军轮奸后被虐杀；1943 年 8 月，南管区坡寨村，吕林氏及 5 岁女儿，遭日军轮奸，女孩被奸后，破子宫；1944 年 4 月，南管区山黎村，陈妖姑，15 岁，被轮奸。① 而此中所述，仅是当年日军性暴行受害者中很小很小的一部分，尚有大批的受害者没有留下任何证据，尤其是还有部分幸存下来的日军性暴行受害者，隐埋伤痛仍不愿开口；而日本投降后，国民党政府又没有及时对受害情况进行详尽调查，因此，仅琼中地区的日军性暴行受害者数目也很难确切统计。

但仅仅这些资料，已经足够体现当年日军的野蛮与残暴了，足够人们体会当年琼中地区所遭受的残酷屠杀、奸淫、掠夺与人民的苦不堪言了。而日军对女性的性暴行，不仅赤裸裸地暴露了日军每个个体纯粹的兽性，也暴露了他们企图通过对抗日女性、抗日分子的家属及广大普通女性施暴来制造白色恐怖、消灭繁衍能力、减少抵抗力量的政治目的，可谓恶毒之极。

（四）　国民党官兵在琼中地区对日军的抗击

早在 1938 年年初，国民党第 62 军军长张达率部到琼中地区的岭门、乌坡视察后，就筹备在此建立战备军库。11 月 24 日，他调防北撤后，防务由保安团队龙驹部接管，后交守备一、二团。司令部迁驻鸭塘村，王毅接任司令。日军侵琼后，国民党琼崖守备司令部及琼崖行政专员公署退驻本县境内的思河、八村、中平、番沟一带。所部紧随布防，也曾和日军打过几仗，如 1941 年的新村溪围点打援战。1941 年 12 月 23 日晨，国民党琼崖保安七团李春浓部 4 个中队，以一小部包围新村溪（新林）日军据点，大部埋伏在新村溪至榕木铺公路两旁截击援敌。新村溪据点被围后，榕木铺日

---

① 根据符和积主编《铁蹄下的腥风血雨——日军侵琼暴行实录》上、下、续册整理。

军急驰增援，进入伏击圈后，保七团开火猛烈打击，毙敌 60 余人（内有日军中队长山本外二郎、分队长大谷、八造池田、龙井），缴获轻机枪、手提机枪各 1 挺，掷弹筒 1 具，手枪 1 支，步枪 17 支。此外，还有 1942 年的岭门、枫木争夺战。1942 年 6 月 23 日，日军集中 3000 余人在飞机、战车配合下向岭门、枫木进犯。国民党琼崖保安六团利用山地截击，战至黄昏，保六团不支，岭门、枫木失陷。但之后，保六团一营王德才部在枫木至岭门公路埋地雷，炸毁日军运输汽车 5 辆，毙敌 25 名，缴获轻机枪 1 挺，步枪 18 支，军用品一批；保六团一、二营还曾于 7 月夜袭枫木、岭门日军据点，可惜未克。

此外，日军在 1942 年 8 月的什密大从战斗中遭到当时退驻什密的保亭县游击队据险拦击；9 月，国民党守备一团三营三连协同陵水县自卫队攻占太平峒伪维持会，全歼伪军，并攻占大从伪民团部，毙伤所搜索到的零散伪军 67 名。1943 年四月，侵琼日伪军 3000 余人在飞机配合下分 3 路向琼崖守备司令部驻地琼中地区思河八村进犯，遭到保安六团，守备一、二团分路据险抗击。1943 年 5 月，驻乌坡日伪军一部，绕道马水进犯大案、山心，遭到国民党保六团凭险反击。1943 年 5 月中旬，驻乌坡向黎伍、官寮进犯的伪军 200 余人遭到保六团及其在牛坡班、松丛坡的友军的夹击，伤亡颇重，不支溃退。另外，值得一提的还有台籍日军反戈战：1944 年 6 月，驻琼中地区岭门的日军台籍翻译官蔡秋金，受国民党特工人员策反，率 10 名军士反戈，配合保六团全歼日军 70 余人，缴获山炮 1 门、重机枪 2 挺、轻机枪 4 挺、掷弹筒 4 具、步枪 44 支、子弹一批。

日军在琼中地区的野蛮暴行激起当地国民党官兵的民族义愤，他们与日军的几次交战有力地打击了日军的嚣张气焰，对抗击日军暴行起到了一定的积极作用，也在客观上为中国共产党挺进敌后、发动群众、开展游击战争、建立和发展敌后抗日根据地创造了有利条件；他们英勇杀敌，不惜为国捐躯，鼓舞了当地人民抗日的士气，但其在抗日战争中也有消极反动的一面。

国民党官兵在琼中地区的表现是其在全国表现的一个缩影。他们接受中国共产党提出的建立抗日民族统一战线的倡导，为中华民族的独立效命疆场，部分将士的爱国热情、英勇业绩鼓舞了广大人民抗战的信心，对夺取抗日战争最终胜利起到了一定的积极作用。

（五） 共产党引领下琼中地区黎族、苗族人民的斗争

1913 年，在琼海嘉积基督教会医院医好眼疾的苗族头人陈日光，震撼于西医，接受了基督教教义，成为海南第一个苗族基督教徒，并在回到琼中地区南茂村后，带领苗族群众信教。可是艰难的现实使陈日光深悟上帝也不能解除同胞的疾苦，于是脱离基督教，迁居吊罗山北麓的太平乡牙防苗村苦度荒年。1926 年春，中共广东区委派遣在广州读书的黎族共产党员黄振士回陵水县改组国民党陵水县党部。1927 年，中共陵水县委正式成立，黄振士任书记。黄振士深知发动各民族人民参加革命的重要性。当年，陵水成立苏维埃政府，第二年吊罗山区成立太平乡苏维埃政府。陈日光认识到，只有跟着共产党，苗族人民才有出路，便召集族人同饮鸡血酒，发誓要干革命。他被选为乡苏维埃政府委员，曾带领苗族群众，多次打败国民党军的进攻，并带众伏击前来掳掠的国民党陵水县中队，击毙了中队长。海南革命进入低潮后，为坚持斗争，20 世纪 20 年代末 30 年代初，陈日光带领苗民把牙防村移到了吊罗山上，靠吃野菜度日。

1943 年 6 月 15 日（阴历五月十三日），国民党琼崖当局诬陷琼中地区的苗人"通日"，以颁发"公民证"为名，诱骗苗胞汇集南茂、加略、军管坡（中平）进行大屠杀，受害者 1900 多人，是为"中平惨案"。琼中境域的苗族人民因受国民党欺压和残杀，大部分躲居深山，刀耕火种，渔猎为生，居无定处，生活困苦。他们的住宅绝大多数为茅草房，低矮狭小。"中平惨案"后，吊罗山周边虎口余生的苗族同胞纷纷投奔陈日光。中共琼崖特委三支队根据党"发展进步势力，争取中间势力，孤立打击顽固势力"的方针，多次派员到吊罗山区，争取苗族头人陈日光父子成立苗民抗日后备大队，建立抗日民主革命根据地。1944 年秋，中共琼崖总队三支队派军需主任周海东到吊罗山和苗民头人陈日光联系，开展抗日民族统一战线工作。琼中地区吊罗山苗民抗日后备大队成立，陈日光的次子陈斯安任大队长。当向导、送情报、送粮食、接送伤病员，吊罗山成为琼崖共产党和军队的联络所、情报站和疗伤处。1946 年，陈日光及 20 多名苗胞被偷袭吊罗山的国民党四十六军逮捕，为救苗胞陈斯安主动献身，最后父子双双英勇就义。

陈氏父子带领苗胞跟随共产党组织积极参加琼中地区的抗日反顽斗争，苗汉一家，团结一致，并肩战斗，为琼崖革命事业做出了卓越的贡献。陈

氏父子同心，拒绝敌人的封官许愿，一起慷慨就义的行为，是用生命践行了为共产主义革命理想与信仰献身、为广大人民群众舍生取义的堪称共产党员的节操。

白沙起义。1941 年夏，国民党白沙县长黎卓仁为缓和琼中地区红毛群众对国民党敲诈勒索所引起的愤绪，任命黎族首领王国兴为乡长。1942 年年初，退入琼中地区大里的国民党保亭县政府勒索粮饷，大里民众在头人王仕晶、黄盛奇等带领下进行反抗，杀死科长李之炎，后被保亭县府派兵镇压，黄盛奇等战死。同年 4 月，国民党琼崖党政军领导机关退入琼中地区的思河八村，司令部驻土平村公庙山，公署和保安司令部驻李桂村，并在番沟、潮村设后方办事处，向黎族苗族人民要钱要粮，抽丁抽税，仅红毛乡每月就被勒缴白米 2.4 吨，猪肉、牛肉 50 多公斤，鸡 40 只以及大量的蔬菜、柴草。此外，还要缴纳鹿茸、熊掌、木耳、蜂蜜，担负盖屋、挑担、种菜无偿劳役，引发强烈不满，当地民众怨声载道。王国兴、王玉锦、王高定、王传立等十多人便联络毛贵、毛栈、番响、水满、营根、白沙等 16 个乡代表在德伦山召开红毛乡各保甲长的会议，讨论布置反抗国民党压迫的斗争。王国兴还在什亲山秘密召开白沙县一、二区黎族苗族代表会议，讨论决定"白沙起义"有关事宜。王国兴被选为起义总指挥。会后，杀鸡饮血酒盟誓："生死同心，驱逐国贼（指王毅所部）！"[1]

1943 年，白沙县长曾祥训强迫全县人民于农历七月十五日前缴完全年捐款。限期日前三天，白沙、元门、牙叉、细水等乡群众 4000 多人，群起抗捐抗税，提前起义。由于交通闭塞，元门起义的消息，几天后才传到红毛。国民党守备一团和白（沙）、保（亭）、乐（东）3 县联络所所长兼白沙二区区长李有美得到风声，派兵扣押王国兴、王泽义、王玉锦等人，准备杀害。王玉锦逃脱，返回毛西村带领群众攻打 3 县联络所，救出王国兴等被押人员。王宏顺、王传立等率领 3000 多名群众围攻驻什响的国民党守备二团团部，因雨火药受潮围攻受挫。之后，王老朋、王元喜带领毛栈、毛贵乡起义群众 300 余人，攻打守备一团机枪连和苏启辉中队，截击国民党援军两个连。8 月 26 日，王国兴、王玉锦等率领红毛、毛阳、白沙等地起义群众向国民党守备二团团部发动总攻击，未果。守敌乘机突围逃脱。起义

---

① 琼中黎族苗族自治县地方志办公室编（梁定鼎主编）《琼中县志》，海南摄影美术出版社，1995，第 529 页。

半个月，参加人数 2 万多人，打死打伤国民党军 300 多人，缴获武器弹药一批，赶走国民党感恩、昌江、乐东、保亭等县政府。8 月下旬，国民党纠集 1000 多人兵力，从番阳、加钗、林加和儋县雅星乡分路进攻起义队伍。由于义军弹药不足，缺乏斗争经验，被迫分路撤上鹦哥岭、什寒山、毛兴岭和什乒山。国民党军队清乡搜山杀害无辜群众近万人。红毛乡原有 2000 多户，烧杀后仅剩 200 多户。9 月，王国兴早就得知有一支与国民党军队不一样的军队，一直在沿海抗击日军，是穷人的队伍，于是派吉有理、王文聪、王高定下山寻找共产党，终于在澄迈县美厚山区找到中共琼崖特委书记冯白驹，要求其派部队解救黎民。10 月，特委派廖之雄、王茂松等 4 人到什寒山会见王国兴和王玉锦，领导黎、苗人民开展反顽（指国民党顽固派）的抗日斗争。1944 年 2 月，特委增派朱家玖、郑心梓（郑放）到红毛地区和廖之雄等组成黎民工作委员会。冬，黎族首领王国兴、王玉锦、王明宏前往澄迈抗日根据地会见中共琼崖特委书记冯白驹，王国兴与冯白驹两人依据黎族习俗歃血为盟。特委决定成立白（沙）保（亭）乐（东）人民解放团，自白沙开进红毛，任命王国兴为团长，郑心梓（兼党组组长）、许世淮为副团长，王玉锦为参谋长，领导当地人民抗日反顽，创建革命根据地。白沙黎族、苗族起义军终于得到系统的训练，并开阔了革命思想。

中华人民共和国成立初期，毛泽东主席对王国兴领导的白沙起义给予高度评价，尤其赞扬王国兴主动寻找共产党的行为。1939 年日本入侵海南岛后，琼崖国民党当局消极抗日，退守五指山地区。当时仅白沙县就挤塞着国民琼崖守备司令部、琼崖专员公署以及儋县、临高等 8 个流亡县政府。他们视当地黎族、苗族人民如草芥，任意抢掠、伤害，且横征暴敛、敲诈勒索，迫使生活于水深火热之中的黎族、苗族人民发动了白沙起义。这是一场在中国共产党影响下，人民自发组织的反抗国民党反动统治的正义斗争，它继承和发扬了黎族、苗族人民自古以来团结一致敢于抗击强暴、争取民族自由的光荣传统。起义沉重地打击了国民党顽固派在五指山区的统治势力，动摇了其在五指山区的统治基础，为当时中共琼崖特委、琼崖抗日独立总队（纵队）顺利地进入五指山区，建立五指山中心革命根据地在政治、军事、经济、民运等方面创造了极为重要的条件，推动了海南解放的进程。

海南琼中地区是一个多民族聚居的地区，琼中地区的武装斗争历程，就是琼中各族人民共同的斗争历程，是共产党引领下琼中地区黎族、苗族人民的共同斗争历程，大大推动了琼崖抗日反顽斗争及海南解放的进程。

二 日本侵琼时期琼中地区的经济及社会发展

日本是一个资源匮乏、不能自给自足的岛国。据琼后，日军对海南优质的矿物资源和富饶的热带植物、海洋生物等资源格外重视。此间，日本对海南岛施以战养战的经济掠夺政策。日本海军特务部拟定《海南岛产业五年计划》，从1943年至1947年，该计划涉及农业、工业、矿冶、交通、动力、水利、都市建筑、移民及教育文化等部门。

日本投入大批人力、物力，以期通过对海南岛资源的开发来推动日本战时经济的发展，策划兴办了一系列服务性的小型近代企业，涉及农业及水利事业、畜牧业、林业、水产业、矿产业、工业、电气事业、商业及金融机构、通信事业、交通运输业、社会公共事业等，各类企业及其子公司有近百家。为满足驻海南岛军队大批企业人员的生活要求，并获得难得的热带作物资源如橡胶、椰子干果等，农业成为日本企业投入的重点，海军特务部制定了《海南岛农业计划》、《海南岛农业实施计划》和《海南岛移民计划》，并付诸实施。为把海南变成日本的种植、加工农产品基地，据不完全统计，日军在海南大约建了60多个农场。

1941年12月太平洋战争爆发后不久，日本军方调整了对海南岛占领的经济政策，着手建立在海南的基础工业部门及保障生活供给的工业部门。在建设物资方面有制铁、水泥、铁工机械、造船、润滑油等，在生活物资方面有纺织、造纸、烟草、造酒、制药、玻璃、火柴等。但这些基础工业的建设进展得极不顺利，最终并没有达到日方所预期的目标。

侵琼期间，日本为了战争需要，封锁海上运输，断绝岛内外联系；对海南原有的道路进行扩建和改建，计767千米，桥梁十余座，包括建成南渡江铁桥；为把开采的铁矿石安全运到日本，建成榆林至北黎、石碌至八所共276.2千米的铁路干线和榆林港至田独11.5千米铁路支线；兴建了一座可以停泊两艘万吨汽船的码头和海口、三亚、黄流3座军用机场，1946年民航通航。在各县建立了11个电话局，架设电话线400多千米，铺设了海口至香港和越南海防的海底电缆。1943 年日本侵略军强征民夫从那大经松涛、腰子、榕木至南坤修筑那南公路，琼中境内长 33.9 千米，路窄坑多，勉强可容一辆汽车行走。① 1940 年，定安邮局在岭门圩设信箱，由商贩王照昌兼管，隔日枫木书信所来人转递，1945 年停办。

日本占领海南岛后，禁止海南渔民出海捕鱼，大肆强夺海南岛的海洋水产品。实行商业统制政策，致市场极为萧条。1948 年，全岛能勉强维持的公司和商店仅 44 家，与抗日战争以前 500 多家相比，减少了 90%。1950年，海南岛解放前夕，由于工农业生产遭受破坏，交通中断，货币贬值，商业一直走下坡路。时局动乱，琼中地区大部分手工业者离境歇业。琼中地区的商贩也相继迁入山区，在加钗、冲也埔、南万、公馆、堑对、军管坡、岭头、冲村等 17 处设店营业。琼中地区的商店至 1943 年有 140 多家，其中加钗集有商贩 50 多家，商品较多，一时成为县境货物集中地。② 1943年，琼中地区旱荒，食物昂贵，一块光洋仅买一斤大米。1948 年，琼崖区临时民主政府在什运建立供销合作总社，在思河、加东、加营、中平仔、北大、南平、水满、腰子建消费合作社。

侵琼期间，日本为了转嫁日元贬值的压力，实行军票政策。日军军部制定了《华中、华南使用军用手票的办法》，规定侵华日军在这两个地区一律使用军用手票，禁止使用日元。抗战期间，通过发行这类"纸币"，日本侵略者从中国掠走的财富达上百亿美元。流通海南的军票面额有 100 元、10元、5 元、1 元、50 钱、10 钱、1 钱等，标明"大日本帝国政府"发行，无论票面面额大小，均不刊号码，规定军票 1 元合国币 1.3 元，合省毫券 1.8元，可以照规定比价纳税。

日本侵琼时期，琼中地区民不聊生，祸不单行。1940 年至 1942 年，琼中地区霍乱、副霍乱流行，太平、红毛、营根、中平等地是主要疫区，死亡人数达到 2703 人。1943 年，琼中地区什运、红毛、营根等地天花、霍乱流行，死亡人数 337 人。1945 年，琼中地区的营根天花再次流行，琼纵三支队派医疗人员为群众治病。1943 年大旱，红毛乡 7000 多乡民，饿死 2000

① 琼中黎族苗族自治县地方志办公室编（梁定鼎主编）《琼中县志》，海南摄影美术出版社，1995，第 283 页。
② 琼中黎族苗族自治县地方志办公室编（梁定鼎主编）《琼中县志》，海南摄影美术出版社，1995，第 313～314 页。

余人，解族村 96 人，饿死 58 人。① 1943 年琼中地区发生旱灾，盐贵，每公斤 2 块光洋，大部分人买不起，只好用加东叶烧灰代盐。② 日本侵略时期，对琼中地区造成的社会危害，仅仅在瘟疫的高死亡率上就略见一斑，可见当时当地的水源、食品、环境、医疗等状况已恶化到一定程度。

作为海南岛世居民族的黎族是岛内人数最多的少数民族，居地广阔，自然资源丰富。为掠夺这些资源，日本占领军对黎族地区的社会、经济、文化、生活等领域，包括各种资源的储量、分布，黎族劳动力的资质等问题进行了全方位的详细调查。《海南岛黎族的社会组织和经济组织》，又名《黎族三峒调查》，是日本海南海军特务部政务局，委托日本学者冈田谦（1906～1969 年）和尾高邦雄（1908～1993 年），对原乐东县重合盆地（现属昌江黎族自治县）3 个峒 27 个村［以重合老村（美孚黎村）和义通村（侾黎村）为重点］的黎族地区的社会组织和经济组织状况实施调查后撰写的调查报告。该报告于 1944 年 5 月由日军海南海军特务部政务局第一调查室内部发行，并被列为《黎族及其环境调查第五辑》。由此亦可见，海南尤其是包括琼中在内的广大黎族地区，在日本南侵计划中占据着资源补给战略基地的重要地位。

日本侵琼后，海南遭受的经济损失，一方面表现为由日军入侵所遭受的劫掠与破坏，另一方面更多地表现为日军对海南经济的掠夺与统制的加强，其重点在于对海口等沿海近代工商业的掠夺和对全岛物资的严格统制，以及对资源的掠夺。日本侵略时期所造成的人员伤亡、财产损毁、生产减损、资源丧失及瘟疫频发，具体调查数字令人触目惊心。但是，日本侵略时期，对近代海南暨琼中地区社会经济造成的影响，并不是单纯的数字统计就可以说明的。虽然种种数字统计有助于具体地认识抗战时期海南暨琼中地区社会经济的巨大变化，而日本侵略海南暨琼中地区所造成的无形损失，即它对此后海南暨琼中地区社会经济发展产生的深刻而长远的制约性影响，则远远超过经济损失所统计出来的数字本身的含义。日本侵略战争破坏了战前海南已初步形成的良好经济布局。经济中心海口的工商、金融、

---

① 琼中黎族苗族自治县地方志办公室编（梁定鼎主编）《琼中县志》，海南摄影美术出版社，1995，第 723 页。

② 琼中黎族苗族自治县地方志办公室编（梁定鼎主编）《琼中县志》，海南摄影美术出版社，1995，第 337～338 页。

通信业等皆受到严重破坏。海口商业区与华中、华北及东南亚地区建立的商业联系也因战争而中断，商业衰落，其经济中心的功能也随之减弱，对全岛辐射力下降，琼中地区当然受累。抗战前，海南的近代化经济发展取得明显进展，而琼中地区的近代化经济正缓慢地向好发展，战后不仅工业产值大幅度下降，经济结构从传统产业向近代产业的转变态势，亦因日本侵琼而被扭转，变为以单一落后的传统农业生产为主导。近代海南暨琼中地区经济发展的历史进程被打断，战前的诸多经济建设成果被摧毁。总之，海南暨琼中地区的经济发展被长久制约了，日本侵略战争对海南暨琼中地区社会发展进程的破坏程度可见一斑。而琼中地区就是海南的一个缩影，海南就是中国的一个缩影。

三　日本侵琼时期琼中地区的文化与教育状况

日本力图把海南殖民地化，在海南大力推行殖民文化政策，垄断并控制新闻出版业，推行奴化教育，加强对占领地人民政治、思想文化的控制。

日据海南后，海南所有的报纸均被迫停刊，记者和印刷工人相继失业。日军成立"日军报道部"，出版《海南迅报》，海南书局、《民国日报》等海南当时最有影响的新闻出版机构被强占，着力宣传"皇军"功德和"日军胜利"，鼓吹"中日合作"，并强迫市民订阅。

图 9 - 1　1939 年 2 月 15 日日军创办发行的《海南迅报》

图片来源：金山：《海南文化抗战：日本侵略者对海南岛的文化渗透》，《海南日报》2015 年 8 月 10 日。

　　日军还以学校教育、社会教育为阵地，打着"中日合作，互相提携""中日同文同种"的旗号，在各中小学增设日语课，提倡以"尊孔读经"和"大日本帝国的王道"为核心的所谓"新民文化教育方针"，在海南推行奴化及同化教育，学校主要开设的日语、体育和劳动三门课均有日本人教师上课，日语是主课，企图泯灭中国人民的民族意识，消弭中华民族文化，铲除抗日思想。同时，为消磨海南民众的反抗意识，开设妓院、赌场，推行愚民政策，以期在精神上摧垮中国人。

图 9-2　日军开办的崖城日语学校师生（资料图片）

图片来源：金山：《海南文化抗战：日本侵略者对海南岛的文化渗透》，《海南日报》2015 年 8 月 10 日。

　　日本侵琼时期，海口市区只有三间小学和私立崇本女子学校以及数间私塾，小学入学率占学龄儿童总数 10% 以下，女生占入学学生总数的 20%。1939 年，因日军侵琼，琼中地区的福音学堂停办。此时县境内计有小学 17 所，其中高小 2 所，初小 15 所，教职工 41 人，在校学生 865 人。到 1940 年，琼中地区除岭门圩和三脚岭两所小学外，其余均停办。1941 年秋，日军在三脚岭兴办日语小学，实行奴化教育。1942 年，退入本县境域的国民党琼崖党政军机关，在思河上乡、红毛上乡、加钗乡、堑队乡和北大乡的加朝、岭脚办起小学 6 所，主要招收随迁子女。1945 年 8 月，日军投降，国民党机关撤离，学校停办。

　　日本侵琼时期推行的文化教育，本质就是"奴化教育"，通过对原住地居民进行"洗脑"，把统治者的思想强加给原住居民，达到消除其对统治者的仇恨，进而使其后代不能认识到历史真相的目的。纵观日本侵略者在琼制定的一系列文化、教育政策方针，概括起来其主要内容不外乎掌控媒体，宣扬容日、亲日、反共等思想，无孔不入地推行奴化教育等。日本侵略者在琼推行奴化教育的主要手段首先是对海南人强制推行日本语教育并力争普及日本语，妄图把日语作为亚洲第一（通用）语言，以此作为宣传"大和精神"的工具，驯化、教化海南民众尤其是青少年以使其日本人化。语言是一个国家和民族赖以生存和发展的最重要的基础与标志之一，是国家与民族文化的载体，它承载着民族的思维模式、认知模式、审美情趣和文化精神。凭借残酷的武力推行日语教育这种强迫语言同化的现象，是民族侵略政策的产物，其直接后果就是本国语言被日语吞噬掉，同时失去国家与民族的文化、思想与精神。总之，日本侵琼时期造成了海南暨琼中地区国语受损、文化凋零、教育凋敝等严重后果。

第三节　解放战争时期

一　解放战争时期琼中地区的政治

（一）海南的政治

1945 年抗战胜利后，民国政府仍在海南设广东第九区行政督察专员公署。1946 年 11 月，广东省政府又特别设立广东省政府琼崖办事处，设主任1 名，由第九区专员蔡劲军兼任。1947 年 11 月 28 日，韩汉英被任命为第九区专员。海南各县还设立了区警察局、保乡会、自卫大队。

1948 年 8 月 15 日，国民政府立法院通过立法，将海南改为特别行政区，陈济棠出任海南特区行政长官兼海南建省筹备委员会主任委员。海南特别行政区长官公署下设民政、财政、教育、建设、社会、保警、会计、秘书（包括人事室、机要室、编译室）等 8 个处和海南日报社以及农林、工矿、交通 3 个局。4 月，拟建海南省，设立海南高等法院，并在崖县设立一个高等法院分院。1949 年 5 月 1 日，陈济棠到海南就职时，南京已被人民解放军占领，国民党在大陆已全线崩溃。1950 年三四月间，海南岛全部解放，民国政府在海南的军政机构全部解体。

（二） 琼中地区的主要政治事件

1. 琼中地区各区区委及民主政府的建立

1945 年后，在琼崖特委的领导和琼崖纵队的支持下，琼中地区相继建立了人民政权。1945 年 8 月，国民党琼崖守备司令部和琼崖专员公署撤离琼中县境迁回海口。8 月 23 日，琼崖纵队挺进支队在什统圈击溃国民党保六团杨开东部，9 月，琼中地区人民以红毛乡（现红毛镇、什运乡）为基础，成立第二区署，陈鸿儒为区长、王玉锦为副区长。二区辖红毛、毛栈、毛贵、水满、加钗、营根、什万、新市、大墩等 9 个乡。同年冬，营根、加钗、大墩、新市、什万等 5 个乡成立乡民主政府。其中什万乡（现长征镇）民主政府建于 1945 年 11 月，虽然第一、二任乡长相继被敌人杀害，但共产党人毫不畏惧，仍然坚持斗争，最后在当地群众的支持下，肃清了国民党在什万乡的残余势力。1948 年 10 月，什万乡民主政府第三次成立，林义同志任乡长，乡民主政权得到巩固。1945 年底，琼崖纵队派王玉进带领一个中队返回林加乡（今黎母山镇、松涛乡），建立乡民主政府，王玉进任乡长，陈文华、符际春为副乡长。总之，琼中地区各乡先后成立了乡民主政府。尔后，各乡政府便着手动员僻居深山老林的黎族群众回村，发展生产，重建家园。

此外，琼中境域还建立起南平乡民主政府、中平乡民主政府、陵保特别区、白沙特区行政委员会、琼白特别区、白沙四区特别区。1947 年 1 月，中共琼崖特委党政军领导机关自澄迈县迁驻琼中地区便文村，建立中心革命根据地。同年，在本县境内先后成立中共陵保特别区委、中共白沙特别区委（11 月撤销，成立白沙四区特别区委）和琼白特别区委：陵保特别区委书记冯敬文（后杨涤海、陈启江），委员邱华瑞、林岳川（黎族）、邱岳山；白沙特别区委书记王波（后方克），委员伍雄、辜汉东；琼白特别区委书记韩光，委员符高圣、王玉进（黎族）。1947 年 5 月 9～26 日，中共琼崖特委在便文村召开第五次代表大会。大会根据中共中央指示，将中共琼崖特别委员会改称中共琼崖区委员会，选举冯白驹为书记，林李明、黄康为副书记。琼崖各临委改称地委，并通过《琼崖解放区施政纲领》。1947 年 10 月 20 日至 11 月 30 日，琼崖独立纵队在便文召开第一次全军代表大会。大会根据中共中央军委指示，将琼崖独立纵队改称中国人民解放军琼崖纵队。冯白驹任司令员兼政委，李振亚、吴克之任副司令员。中共琼崖区党委和琼崖纵队司令部迁驻琼中地区的便文、毛贵、毛栈后，即开始指挥全岛的解放战争，所部的三个总队亦经常进出本县境域打击敌人，如 1946 年的什统圈遭遇战及王国兴领导的粉碎国民党白沙县长李仕新纠集毛栈、水满、加钗、细水 4 乡反动武装 500 多人从四面围攻红毛革命根据地的进攻战，1947 年的拔除水满据点战、夜袭公馆保安军战以及岭门圩解放战等。

琼中地区的各区区委及民主政府自成立后都做了如下工作：一是动员群众大力发展生产，建立乡武装委员会，组织民兵，清匪反霸；二是开展土地改革，采取"打烂平分"的办法，动员群众种好分到的田地；三是捐献财物支援琼崖纵队、支援前线，为解放海南做出贡献。

2. 琼中地区土改运动的开展及重要作用

1947 年 9 月至翌年 2 月，在中国共产党的领导下，琼中境内开展了反奸清算和"打烂平分"（即土改分田）运动。其特点在于有领导地分期分批开展，从试点开始到全面铺开到结束，历时半年，每期都大致经历了反奸清算、减租减息、平分土地、复查总结等步骤，获得良好效果。各乡民主政权的建立为土改运动的发动和顺利开展提供了重要保障。

1947 年 9 月，陵保、琼白和白沙四区等三个特别区执行中共中央《关于反奸清算与土地问题的指示》，分别派出土改工作团到所属各乡开展土改分田运动。各工作团首先积极发动群众控诉地主的剥削罪行，然后实行减租减息政策，并同时开展反奸清算运动，但暂不划分阶级成分，只是没收地主恶霸的田地、牛只、浮财分给广大贫苦农民，使农民家家有田耕、有地种，有饭吃、有衣穿。各乡在分田中的做法也不尽相同。其中，水满、毛贵、毛栈等乡无地者每人 19 盆（1 盆 = 0.04 亩），少地者每人 11 盆；中平乡则将没收的田地连同农民原有的田地一起按人均分，即实行"打烂平分"法；在加营、大堆等乡也把没收的田地按人头平分，而且地主恶霸家属也可分领到一份，没收的农具则交农会保管，农民轮流借用；松涛、林加等乡把祖田、公田和没收的土地按照肥瘦搭配平均分配。分田运动历时半年，总计清算地主恶霸和敌特分子 584 人，枪毙 217 人，减租退谷 4689 石（约 46.89 万公斤），减息废债谷 6.76 万石（约 676 万公斤），米 121 石（约 1.82 万公斤），光洋 9000 元，槟榔树 20 多万株，没收和征收田地 26879 亩，分给 3.02 万贫苦农民。从此，琼中彻底改变了地主占有土地剥削农民的不合理制度。琼中土改后各阶级的耕地占有状况如下：一分一毫地也没有的 3310 户雇农，人口计 11580 口，获得耕地 14856 亩，占总耕地的 27.23%；4522 户贫农，人口计 18620 口，拥有耕地 23887 亩，占总耕地的 44.26%，比土改前增加 10233 亩；1458 户中农，人口计 6584 口，拥有耕地 13223 亩，占总耕地的 24.5%，比土改前增加 1781 亩；184 户富农，人口计 917 口，拥有耕地 1175 亩，占总耕地的 2.18%，比土改前减持 8809 亩；178 户地主，人口计 647 口，拥有耕地 829 亩，占总耕地的 1.53%，比土改前减持 18061 亩。①

按照党的相关指示，正确的土改方式是没收多余土地、强制进行劳动改造，在政治经济领域消除剥削制度，实现土改目标。在开展土改的过程中，由于干部相对缺乏，素质不一，以及农民自身存在一定的局限性，因此发生过一些与政策不符的做法，出现过诸如土地分配粗糙、侵犯中农、对富农斗争过火的"左"的错误现象，但也很快得以纠正，基本上完成了预期目标，取得了期望的成果。可以说，解放战争时期琼中地区的土改运动进行得很顺利，在重要历史时期发挥了重要历史作用。

首先，经过土地改革，消灭了剥削制度，改变了生产关系，琼中境内的农业生产终于开始得到发展。

琼中地区的土改运动基本消灭了影响中国几千年的剥削性质的旧土地制度，达到了耕者有其田的目的，为新社会秩序的建立奠定了基础。明代时琼中境域的土地兼并极其严重，思河图绝大部分田地被拨作屯田养兵，或被官僚们占夺，大批黎族农民被迫沦为佃农或雇农。清至民国时期，随着商业资本的发展，出典和买土地的情况与日俱增。黎族封建上层人物如"总管""哨官""黎甲"等便利用特权占有了大量土地。如新市地主王仲琳占有良田 3000 多亩，山地 6 万亩；五指山地主王政群占有良田、山地 3.2 万亩；思河地主梁永星占有山地 1 万多亩；营根地主莫克道占有田地 100 多亩。1947 年本县境域计有 9643 户，38565 人，耕地 53970 亩，人均 1.4 亩。地主占有土地 18890 亩，人均 21.9 亩，富农占有 9984 亩，人均 10.9 亩，中农占有 1442 亩，人均 1.7 亩，贫农仅占有 13654 亩，人均 0.7

---

① 琼中黎族苗族自治县地方志办公室编（梁定鼎主编）《琼中县志》，海南摄影美术出版社，1995，第 165 页。

亩，雇农 3301 户，11580 人，却无一分地。① 民国时期，琼中地区的农民继续遭受着地租剥削。地主向农民出租田地，收取地租，其种类包括劳役地租、实物地租、货币地租及地盘租等。劳役地租，即以劳动力顶替地租。一个强壮的男劳动力，一年顶 3 亩田租或 12 称（300 公斤）稻谷，而女工和童工只能抵利息，不能顶替田租。实物地租，即以牛或稻谷缴纳。租种 1 亩田，一年需缴所收稻谷的一半；一头牛，可抵 5 亩田年租。货币地租，1 亩上等田，一年租金 10 个光银，中等田 8 个，下等田 6 个。地盘租，也叫预租。砍 1 亩山兰园，要交 1 元山租，打到一只鹿，狩猎者只能取肉，筋、骨、胎要上交山主，违者罚 50 光银。此外，还有牛租（也叫牛角金），租用牛只，以牛角增长计算租金，一年量一次，每增长一寸，租金 3 元。② 千百年来生活在水深火热中的琼中广大贫苦百姓，渴望获得土地的愿望，终于在中国共产党领导的土改运动中实现了。土改运动提高了琼中地区广大农民的生产积极性，广大农民爱惜自己的土地，精耕细作，生活得以改善，也促进了农业的发展。

其次，土改运动加快了琼中暨海南解放战争的步伐。

解放战争时期是国共两党围绕政权展开激烈较量的关键时期，土地改革运动的成败直接关乎最终胜利的实现与否。中国以农立国，琼中以农立县。农民历来是中国社会革命的中坚力量，也是人数最多、情况最复杂的一个群体。自古以来，农民问题在国家和社会现代化变迁中都是一个核心问题。农民问题最根本的就是土地分配问题，一个政党对土地分配问题的处理结果关系到农民的切身利益，也关系到农民对政党的态度。中国共产党在土地问题上得到了农民的支持与拥护，就有利于掌握主动，拥有领导中国社会前进的力量，成为中国社会的合法政党。之所以会有越来越多的农民加入与支持中国共产党，最主要的原因就在于中国共产党实行了有利于广大贫苦农民的土地政策。毛泽东在总结革命经验时曾说过："全党必须明白，土地制度的彻底改革，是现阶段中国革命的一项基本任务。如果我们能够普遍地彻底地解决土地问题，我们就获得了足以战胜一切敌人的最

① 琼中黎族苗族自治县地方志办公室编（梁定鼎主编）《琼中县志》，海南摄影美术出版社，1995，第 163 页。
② 琼中黎族苗族自治县地方志办公室编（梁定鼎主编）《琼中县志》，海南摄影美术出版社，1995，第 164 页。

基本的条件。"①

土改运动使琼中地区能提供足够的人力、物力支援前线，巩固地区建设，成为支持解放战争的一个稳定的物资供给后方，对琼中及整个海南的解放战争做出了贡献。

再次，土改促进了民族团结，提高了农民的政治意识。

琼中作为少数民族聚居区域，土改的顺利完成对民族团结、地区稳定产生了很大影响。此外，中国共产党基层党组织积极组织发动广大农民投身到乡村政权的建设以及各种政治活动中，让农民自由发言，表达诉求，培养其政治意识，使农民成为中国共产党在基层的强大后备力量和组织骨干力量，在政治上实现了琼中农村社会的根本转变。由于多种原因，农民一直被认为是一个缺乏政治意识、守旧的群体，但是土改运动却成为推动广大农民阶级政治意识觉醒的重要力量。

最后，土改运动对琼中地区基层民主政权的建立与巩固，以及新中国成立后琼中地区的农村建设与发展具有铺垫作用，并为琼中立县做好了物质准备。

3. 琼中设县

1948 年 3 月，中共始建琼中县，设中共琼中县工作委员会和琼中县民主政府，分别隶属中共琼崖东区地委和琼崖东区专员公署。琼中县境地由原定安县四区和白沙县四区组成，下辖思河、加东、乌坡、东鲁、枫木、北海、大岭、加营、新市、什万、南万、中平等 12 个乡，67 个保，522 个自然村，详见表 9 - 2。② 詹力之任工委书记兼县长，方克任工委委员兼县府一科（民政）科长，陈克尔任工委委员兼县府二科（财粮）科长，殷勤轩任县府秘书。县府驻南丘中村，翌年迁驻中平深碰。1948 年夏，琼崖区党政军领导机关从便文村迁驻毛贵乡什顺村。8 月分设 2 个区，下辖 12 个乡（其中 1 个为县直辖乡）。一区（思河）辖思河、加东、乌坡、东鲁、枫木、北海 6 个乡，二区辖加营、新市、大岭、什万、南万 5 个乡，中平为县直辖乡。区设正副区长、文书，乡设正副乡长。翌年，废保甲制，乡下设里、村，里置主任，村设代表。1949 年 1 月，保亭县第三区南平、南和、西安 3

---

① 《毛泽东选集》第 4 卷，人民出版社，1991，第 1252 页。
② 琼中黎族苗族自治县地方志办公室编（梁定鼎主编）《琼中县志》，海南摄影美术出版社，1995，第 71 页。

个乡，乐会县乐民乡划归本县。县设第三区，辖南平、南和、西安 3 个乡。1949 年 2 月，成立大墩乡。1949 年 3 月，本县改属琼崖少数民族自治区行政委员会，实行民族区域自治，同时将东鲁、乌坡、北海、枫木、岭门划归定西特区。1949 年 7 月，琼中县民主政府改称琼中县人民政府。1950 年 5 月 1 日海南解放，县工委辖 3 个区委，13 个党支部，有党员 188 人。1950 年 6 月，县工委撤销，党的各级组织随行政区划分属白沙、保亭、新民（今屯昌）三个县的县工委。

表 9 - 2　琼中县建县初期（1948 年）行政区划

单位：个

区名	区府驻地	所辖乡名	保	甲	村	备考
第一区	思河	思河	4	26	29	
		加东	5	37	37	今属琼海市
		乌坡	7	44	70	今属屯昌县
		东鲁	10	60	96	
		北海	2	10	28	
		枫木	10	60	38	
第二区	营根	加营	4	42	58	
		大岭	8	68	67	坡寨村 2 甲
		新市	5	16	29	
		什万	3	13	20	
		南万	3	18	21	
直辖乡	深碰村	中平	6	29	29	黎村 11 个，苗村 18 个
合计		12	67	423	522	

琼中县民主政府的成立，使琼中地区的人民从此进入历史发展的新阶段。首先，县政府在琼崖纵队的配合下，广泛发动群众，开展清敌建政工作，巩固了各乡的民主政权。1948 年 3 月建县初始，县委即抽调 30 多人组成武装工作队进驻什万乡，发动群众镇压杀害该乡民主政府乡长王有鸾的国民党联防后备中队长许元熙，肃清其残余势力。翌年 10 ~ 12 月，武装工作队扩大到 63 人，分四批开赴中平、加营、思河、加东、西安、南和、南平、北大、大岭、新市、什万、南万等 12 个乡开展清敌建政工作，全县清出敌特分子 64 人，镇压 30 人。整顿巩固乡级政权 12 个，里级政权 55 个，

村级政权 576 个。① 同时县人民政府号召建立保乡队。区设中队，乡建分队，保建小队，村成立小组，至翌年，全县计有 2 个中队、12 个分队、67 个小队、522 个小组、949 名队员。建立农会。县工委在清匪反霸中，按保、甲分别建起临时农民协会 67 个，农民小组 423 个，翌年全部转为正式组织，民主选举农会主席和副主席。1950 年，全县计有农会 168 个，会员 2671 人。6 月，农会随政区划归白沙、保亭、屯昌等县。1952 年复置琼中县时有农会 141 个，会员 2093 人。开展发展党员的工作。敌特尚未肃清，情况复杂，琼中县发展党员持慎重态度。1948 年这一年，全县有党员 48 人，翌年发展到 82 人，1950 年 5 月增至 188 人。② 琼中县政府还于 1948 年 8 月成立两个区，即思河区、营根区，加强了对各乡的领导。

其次，琼中县政府建立供销合作社，为当地人民购置食盐、农具、种子以及各种日用品，还发放了一定数量的农业贷款，帮助农民发展生产。土改分田后，琼中地区广大农民的生产积极性很高，但也有部分农户劳动力不足，生产工具缺乏，无力耕种。为迅速发展农业生产，1950 年县委按照"自愿互利"的原则，组织全县农民办起临时性（或季节性）帮工组（或换工组）140 个，参加农户达 924 户。1952 年第一区营根乡南蛇村（今南丰村）李万贵又办起本县第一个常年互助组，有 12 户参加。该组贯彻"自愿互利，民主管理"的原则，生产发展迅速，是年获得大丰收。翌年县委总结推广了该组的经验，至年底，全县办起常年互助组 14 个，参加农户 210 户。1954 年，县委召开互助合作会议，号召大办互助组，并从县、区机关抽调 60 多名干部下乡指导，办起互助组 556 个，参加农户达 6037 户，占总户数的 54%。③

再次，琼中县政府在各乡办起了学校，使黎、苗族贫苦农民的子女开始上学读书。

最后，琼中县政府积极开展支前运动，配合解放军渡海解放海南岛。1948 年 3 月，琼中县、区、乡政府都成立了支前委员会，县长、区长、

---

① 琼中黎族苗族自治县地方志办公室编（梁定鼎主编）《琼中县志》，海南摄影美术出版社，1995，第 458 页。

② 琼中黎族苗族自治县地方志办公室编（梁定鼎主编）《琼中县志》，海南摄影美术出版社，1995，第 451 页。

③ 琼中黎族苗族自治县地方志办公室编（梁定鼎主编）《琼中县志》，海南摄影美术出版社，1995，第 165 ~ 166 页。

乡长兼任支前委员会主任，同时县、区、乡都组建了支前工作队，动员全县黎族苗族人民捐款捐物，参军参战，支援琼崖纵队作战，加快解放海南全岛。1948 年全县有 653 名黎、苗族青年参加琼崖纵队，949 人参加保乡队（即民兵），还组织了 2000 多人组成的运输队和担架队支援前线。1948 年 11 月，岭门、乌坡、枫木解放。1948 年 12 月，国民党联防中队黄德启部夜袭南和乡民主政府，乡长祁永宁及 5 名工作人员被害。1949 年 2 月，琼崖党政军领导干部会议在毛栈召开，讨论决定发动"春季攻势"。1949 年 6 月 28 日，琼纵司令部在毛贵召开春季攻势庆功暨夏季攻势誓师大会。1949 年 5 月，琼中县支前运动出现了有人出人、有钱出钱、有粮出粮的动人局面。据统计，全县参军青年有 387 人，捐献钱款 3241 元，粮食 600 石，衣服 300 套，毛巾 60 条，组织民工运输队 980 人。12 月，琼中县在迎接大军渡海作战的准备工作中，再次掀起支前热潮。据统计，当时全县参军的青壮年已有 1234 人，捐款 23850 元，献粮 2950 石。1950 年 1～3 月，为了迎接解放大军渡海作战，解放全海南，琼中县工委、县人民政府根据琼崖区党委关于组织支前委员会的指示，在县、区、乡再次成立支前委员会，仍由县区、乡长兼任支前委员会领导，加速了支前工作的步伐。据统计，思河乡群众开展劳军竞赛，全乡妇女送给部队锦旗 6 面、鸭 200 多只，有位妇女认购解放公债 50 元，为全乡之冠；什万乡民众捐献牛 8 头，光洋 700 元；岭门圩民众捐布 6 匹，光洋 289 元，其他物品 140 多件；红毛乡民众集体上山围猎出售，得 700 元，全部捐献。至 1950 年 3 月，全县有 2612 人参军，6594 人参加支前运输队，捐献粮食 1 万多石，光洋 2.58 万元和一批衣物，认购解放公债 1 万多元。[①] 琼中县妇女协会亦积极发动妇女捐款捐物，拥军支前。

　　1949 年 8 月，琼中县的王国兴代表琼崖解放区黎族人民赴北平参加全国政治协商会议，1949 年 9 月被选为全国政协第一届委员会委员，同时被任命为中央民族事务委员会委员。

　　琼中县人民政府在解放战争时期基本完成了其担负的重要历史使命，为琼中地区在新时期的发展奠定了坚实的基础。

---

　　①　琼中黎族苗族自治县地方志办公室编（梁定鼎主编）《琼中县志》，海南摄影美术出版社，1995，第 458 页。

二 解放战争时期琼中地区的经济及社会发展

1945 年日本战败后，国民党海南地方政府接收了日本遗留下来的制糖、食盐、机械、森工、制材、造纸、印刷、电力、建材、食品、烟草、罐头、纺织、服装、鞋帽、陶器、榨油、碾米、饮料、制冰、砖瓦、橡胶、包装、味精、酱油等多个行业一批机械化程度较高的工厂企业 80 多家，但由于技术人员缺乏及管理不善，工厂和设备多受损坏。解放前夕，全岛工业仅存18 家小型企业和一些手工业作坊。1946 年 4 月，中央设计局认为日本人制定的《海南岛产业五年计划》颇有参考价值，建议以此作为主要参考资料，拟制海南建设计划，但是当时国内政治黑暗，经济混乱不堪，国民政府又全力投身于内战之中，根本无从顾及海南的开发。1948 年 1 月，广州工商辅导处在对海南岛经济事业的调查报告中即称："自政府接管以来，各种产业，以种种关系，大都在于停顿状态中。所谓经济活动之价值，除土产品及绝少数工业恢复生产外，一般视之，几等于零。"① 抗战胜利后，国民政府本应利用战后复原的机会，努力经营已残破不堪的民生经济，然而其大小官员却以胜利者的姿态继续从前的贪腐，接收一时被民众公认为"劫收"。解放战争的爆发又使得休养生息的期望化为泡影，高额军事开支迫使国民政府采取错误的金融政策，随后导致恶性通货膨胀，致使民怨沸腾、社会动荡不安，政府的效能愈益低落。

而琼中地区的经济，经过日本帝国主义的疯狂烧杀抢掠，已受到空前的破坏。抗战胜利后，国民党又大肆进攻琼崖各根据地，使琼中地区人民和工农业生产备受摧残。再加上连年的旱、涝、虫、雹等自然灾害的侵袭，如 1949 年秋，琼中地区暴雨成灾，招咱河猛涨，淹没了招咱村，人民生活极端困苦，经济建设遇到极大的困难。但是，在中国共产党的领导下，琼中地区的广大人民不仅坚决粉碎了国民党反动派的军事进攻，而且战胜了严重的灾荒，保障了人民的基本生活和战争的供给，社会经济也得到一定的恢复和发展。

抗战胜利后，国内阶级矛盾上升为社会主要矛盾，为满足农民迫切要

---

① 中国第二历史档案馆：《海南岛经济事业调查报告（1948 年）》，《民国档案》1991 年第 1期。

求获得土地的愿望，中国共产党及时调整、制定了积极的土地政策，开展土改运动，彻底平分土地，保证了最大限度地依靠贫雇农、团结中农消灭剥削阶级。土改运动提高了琼中地区广大农民的生产积极性，解放了农村生产力，促进了当地农业的发展。此后，经过农业合作化运动、水利的兴修、耕作制度的改革，以及科学种田的实行，琼中县农业生产不断发展。

1948～1950 年，中共琼中县民主政府为减轻农民负担，根据《琼崖税收决定》精神，废除了旧税制，制定了只征商贩税和农业税的新规，以支援全岛解放战争。其中外县运入的货物税为粗布每匹 1 元，细布税为 2～3 元，咸鱼、食盐、钩刀等每担 1 元，其他杂货每担 1～2 元；而出境货物税为木材、桁条每支 2 元，大梁、圆柱每支 4 元，耕牛每头 1.5～2 元。农业税则以户分担，少者 6 升，多者 1 石 5 斗，户均 2 斗 7 升。1948 年当年征收稻谷 2576 石（其中 92 石收代金）。1949 年，征收光洋 2547 元，金圆券 4043.4 万元。[①] 此间，琼中县无地方财政，各项税收由一科代收上缴，经费开支靠琼崖区民主政府拨给。1948～1950 年，中共琼中县民主政府实行统收统支、统一集中的战时供给体制，收入全部上交，支出凭据报销，由县民主政府向地区报账。顺应特殊的历史时期而采取特殊的财税政策，也是中国共产党贯彻执行实事求是为人民服务原则的体现。

抗战胜利后，琼中地区的商店因客商还乡，各个集圩点逐渐荒废，境内商业又集中于岭门，且因通货膨胀，恢复不了抗战前的繁荣景象，至 1949 年仅有坐商 40 多户。[②] 1949 年前，琼中地区的岭门、松涛、新市有百货店 10 多家，经营货物 100 多种，年销售额约 5 万多元。[③] 1947 年，琼崖民主政府为平抑物价，保障供给，在什运区便文村创办消费合作社，销售日用杂货、副食品和生产资料。1949 年琼崖少数民族自治区在思河、加东、加营、中平仔、水满、北大、南丰、腰子兴办消费合作社，资金由群众入股和上级投资。年底，消费合作社全部改名供销合作社。便文合作社是年迁址什运，后再迁毛贵，直至 1950 年 6 月撤销。琼崖纵队总部供销社还在

---

① 琼中黎族苗族自治县地方志办公室编（梁定鼎主编）《琼中县志》，海南摄影美术出版社，1995，第 363 页。

② 琼中黎族苗族自治县地方志办公室编（梁定鼎主编）《琼中县志》，海南摄影美术出版社，1995，第 313～314 页。

③ 琼中黎族苗族自治县地方志办公室编（梁定鼎主编）《琼中县志》，海南摄影美术出版社，1995，第 313 页。

什运、毛贵创办酱料厂，职工 10 多人，所产酱料除供应部队外，还销售给当地群众，1950 年 5 月海南解放后停办。1947 年琼崖纵队总部供销社在毛贵创办纸厂，职工 7 人，利用坡麻、废纸、破布为原料生产"土纸"，1950年 5 月停产。1947 年中共琼崖党政军领导机关在便文设印币室，用蜡纸、木版刻印粮款收据、公债券、光银代用券和《新民日报》，直至全岛解放。1947 年琼崖纵队总部供销社在毛贵创办纺织厂，职工 26 人，以木棉花和棉花为原料，用木质纺车纺织，日产"土布"100 多米，"格井"毛巾 120条，1950 年 5 月停办。琼中县藤竹资源丰富，民间向有编织藤竹器具习惯。琼中境内橡胶加工业始于 1915 年，琼安公司在落河沟用土法熏制干胶，年产量约 0.25 吨。到 1949 年土法熏胶点仍有思河、合口、水口田 3 处，年产量 2 吨。琼中县烟民向来用手工加工烟叶自吸。琼崖纵队军工局机械厂于1947 年建，厂址毛阳，设有熔铸、配药、子弹、炮弹、修械、木工 6 个组，职工 20 多人，没有机器设备，手工生产手榴弹、掷弹筒弹、六〇炮弹、地雷、子弹等，供部队使用，1950 年 6 月迁离。[①]

在共产党的领导下，琼中县经济逐渐恢复与发展，这不仅在物质上保障了人民的生活温饱，促进了工商手工业等的建设，有力地支援了海南的解放战争，而且大大提高了共产党和民主政府在人民群众中的威信，也扩大了中国共产党党员在广大少数民族群众中的影响，为新中国成立后的新民主主义建设打下了基础。

三 解放战争时期琼中地区的文化与教育

抗日战争胜利之后，国际国内掀起了拥护和平、发展民主的思潮，社会各界知识分子也纷纷开始为国内的和平民主建设奔走呼号。但是，以蒋介石为首的国民党却无视人民的呼声，把发动内战、坚持独裁作为既定政策。从三年动荡不安的解放战争中，从国共矛盾与冲突中，知识分子终于认清了国民党的本质及民主和平的方向，转变成人民阵线中的一员。

1945 年 8 月，海南各界知名人士即开始筹建私立海南大学，之后成立了海南大学筹委会，聚集了一批颇有建树的政界、学界和商界人物，如宋

---

① 以上数据参见琼中黎族苗族自治县地方志办公室编（梁定鼎主编）《琼中县志》，海南摄影美术出版社，1995，第 273～275 页。

子文、陈策、王俊、韩汉英、黄珍吾、郑介民、颜任光、陈序经、梁大鹏、云竹亭等，并把办校宗旨确定为"把海南岛建设成为现代化的地区"。私立海南大学的经费，几乎都来自华侨的资助。宋子文任校董会董事长，聘请颜任光为首位私立海南大学校长。私立海南大学先后设立农学、医学、文理等3个学院，有些学科填补了当时国内空白。1950年4月，海南岛解放，随即私立海南大学撤销，在原址上建起了南方大学海南分校，1952年南方大学撤销。私立海南大学成立后，曾有400余名省内外学子负笈来此就学，其中多数成为海南社会的精英。私立海南大学学子的求学精神，是当时海南教育界一笔宝贵的精神财富。私立海南大学的成立，意义深远，它为海南现代高等教育奠定了基础。如今的海南大学是在打倒"四人帮"恢复高考制度后，于1983年在原海南师范专科学校、海南医学专科学校和海南农学院的基础上合并新成立的，内设有私立海南大学的纪念碑。

1948年，琼中县民主政府也发动群众掀起了办学热潮。营根的高田、什猿，湾岭的加章、南久，中平的深水、银头田等村都相继办起了民校。1949年1月，中共琼崖区党委在琼中县新市设琼崖军政干部学校，冯白驹兼校长。至1950年6月，复办、新办小学25所，民聘教师42人，学生1366人，经费由民众自筹，不足部分由政府补助。此时的村学教师部分聘请稍有文化的村民充任，部分由县民主政府选派工作人员担任。全县42名教师，文化程度均在初中以下。

一定时期的文化教育是一定时期政治、经济、军事发展的产物。在解放战争的烽火中，琼中县中国共产党党员坚持认为人民群众是推动社会发展和历史进步的关键因素，坚定地依靠群众、培养群众，努力推动基层群众的文化教育工作，并发挥教育自身特殊的社会功能，积极宣传共产党政策，使共产党取得政治上的主动权。通过教育民众、活跃群众生活、提高民众思想觉悟并影响其行为方式，掀起群众运动，琼中县民主政府因之亦积累了丰富的群众工作的历史经验，培养了将来琼中建设的中流砥柱及相关人才，为新中国成立初期琼中县的文化教育事业发展奠定了良好基础。

海南解放后，全中国除台湾以外的解放已指日可待。中国共产党之所以能在解放战争中迅速取得胜利，与国民党政府在政治上陷入孤立、被动，丧失民心，军队厌战，士气低落，而共产党组成了最广泛的革命统一战线，深获人民群众的大力支持，在政治上完全掌握了主动权密切相关。

第三编

当代琼中黎族苗族自治县（1950 年至今）

第十章 新中国琼中县的建置与行政区划调整

从 1950 年 5 月 1 日海南岛解放至今，海南岛行政区的行政机构经过了 8 次变动，即海南军政委员会——广东省人民政府海南行政公署——广东省海南行政公署——广东省海南行政区革命委员会——海南地区革命委员会——海南行政区革命委员会——广东省海南行政区公署——海南行政区人民政府——海南省。

海南解放至今，琼中县的建置及行政区划也曾多次调整。

第一节 从撤县、复县到琼中黎族苗族自治县

一 从琼中县到琼中黎族苗族自治县

1952 年 7 月 1 日，海南岛成立了海南黎族苗族自治区（地级），辖乐东、保亭、白沙、东方、琼中五县。1955 年 10 月，成立海南黎族苗族自治州，实行民族区域自治。这体现了国家充分尊重和保障本地黎族、苗族管理本民族内部事务权利的精神，体现了国家坚持实行各民族平等、团结和共同繁荣的原则。

海南解放后的 1950 年 6 月，琼中县建置被撤销，境地分别划入新民（今屯昌县）、万宁、保亭、白沙四县。1952 年 5 月，复置琼中县，隶属海南黎族

苗族自治区。1955 年 10 月,因自治区更名自治州,琼中县隶属海南黎族苗族自治州。1958 年 11 月撤州,琼中县隶属海南行政公署。1961 年 11 月,复置自治州,琼中县仍隶属自治州。1987 年 9 月 26 日,再次撤州,琼中县改隶属海南行政区。直到 1987 年 12 月 28 日,琼中县更名为琼中黎族苗族自治县。1988 年 4 月 13 日海南建省后,琼中县隶属海南省,为省直辖县。

行政区划的调整与改革涉及国家治理结构,关乎一个地区乃至中国未来的发展走向,历来影响深远。琼中设县,是基于其历史发展的必然,以及当时政治、经济及军事的某些特殊需要而出现的,很显然,琼中县也基本完成了其担负的重要历史使命。琼中县的建置,在新中国成立初期被旋撤旋复,应该不是经过充分、严密的科学论证后慎重的行政区划调整过程。此举既无谓地增加了撤复费用,亦不利于稳定本区人心,因为中国人的地域观念向来深厚,民间的融合显然是一个不容忽视的问题,轻易地打散割断,于情于理皆不顺。而 1955 年后自治区、自治州及行政区公署等层级的设立,又使琼中县的上级管理机构增加,也极大地影响了上级意志的准确与快速传达。高级别、大机构,势必增加行政管理成本。"十一五"期间,即 2006 ~ 2010 年,中国政府曾按照统筹城乡发展的要求,坚持大中城市和小城镇协调发展的方针,适时启动行政区划试点改革,即适当地调整行政区划,减少层次、增强活力,地级管理层逐步撤销,建立省县两级地方政府体制,相应地取消城镇的行政级别,仅按人口规模划分大中小城市和小城镇,除首都、省会城市及若干中心城市外,所有的城市原则上都归县政府行政管辖等。省直管县,是我国行政区划改革的趋势。可见,海南省直辖琼中黎族苗族自治县的省直管县体制无疑走在了改革的前列。

二　县治的迁徙

1952 年 5 月,恢复琼中县建制后,县委书记为吴善积,县长陈斯德(苗族,兼),副县长赵哲忠(苗族)。县府驻新市。1953 年 5 月,县府迁驻乘坡。1959 年 2 月,县府迁营根镇,一直延续至今。

新市在琼中县的中部位置,现属营根镇。民国初期置新市圩,1952 年为琼中县府驻地,有铺店十多间。1953 年县治迁乘坡,新市商贸渐衰,后又逐渐发展,是黎族人口占大多数的商圩。而乘坡则在琼中县偏东南位置,乘坡圩置于 1953 年。此地原为山丘，因被水冲平而得名（"平"在黎语中称"乘"），东南近万宁县，西南濒吊罗山。明清至民国初期，境地属乐会县（今琼海市）南峒。1935 年，属保亭县第三区。1949 年划归琼中县。翌年仍属保亭县。1953 年重属琼中县。县治他迁后成为本县和平镇镇政府驻地。营根原为什根、什义、什合、什丰飞和营根上、营根下六个黎族小山村。清末时此地有三间小商铺。明代至 1934 年，境属定安县南乡归化图南蛇峒和加钗峒，翌年改属白沙县。1948 年划归琼中县。1950 年 6 月仍属白沙县。1952 年属琼中县。1954 年海榆中线公路建成通车，进出县境物资多在此集散，商贩日聚，渐成集镇。1959 年 2 月，县治迁来后遂成为全县的政治、经济和文化中心。

县治的确立，首先考虑的是其社会经济活动的基础，而道路运输在经济社会发展中具有特殊重要的地位。交通的便利有助于资源、物资的输出与输入，是连接各经济区域、城乡的动脉，关乎人民群众生命财产安全和生活质量，能为本地经济持续快速与协调发展提供可靠的支持，更具有重要的军事意义，也是强化治理的有效工具。从县治的迁移及影响中可见政治、经济与文化紧密相连。经济发展影响着政治决策，政治决策也影响甚至决定着经济的发展，经济、政治又共同影响、决定着文化的发展，而文化同时也反映经济、政治的状况。

第二节 琼中县乡村建置的发展变化

从 1952 年复县至今，琼中县的乡村建置经历了由区到乡（1958 年 3 月，撤区并乡），由乡到公社（1958 年 9 月 20 日，全县成立 10 个人民公社），再由乡（1983 年 9 月）到镇的发展变化。

第一个阶段的变化是由区到乡。从 1952 年复县到 1958 年 10 月，琼中县的基层组织频繁地调整，具体变化如下。

1953 年，全县有 3 个区，22 个乡，57 个里，613 个自然村。详见表 10 - 1。[①]

---

① 琼中黎族苗族自治县地方志办公室编（梁定鼎主编）《琼中县志》，海南摄影美术出版社，1995，第 73 页。

表 10-1 琼中县 1953 年行政区划

单位：个

区名	区政府驻地	乡名	里数	里名	村数
第一区	营根	什万	4	朝村、深联、万众、南什	21
		南万	2	南流、什坡	15
		加钗	2	加钗、那柏	15
		营根	3	营根、南丰、高田	24
		新市	3	新市、牛坡、新朗	30
		岭头	1	大拉	13
		大墩	2	大墩、来浩	15
第二区	中平	南茂	2	南茂、加略	17
		中平	3	南丘、深碰、河滥	26
		会林	2	中平仔、下田	12
		会山	2	三洲、大克田	20
		岸峰	3	岸峰、岸田，坡心	22
		加东	2	加东、青湾	15
		思河	4	文堂、新村、李桂、黎伍	47
第三区	堑对	加朝	2	南云、香根	42
		大发	2	大发、牛寒	30
		加槽	2	加槽、尖岭	29
		长安	3	招咱、什育、中兴	37
		长沙	2	长沙、长兴	17
		太平	3	太平、大美、长田	24
		霖田	2	林田、什介	24
		南平	6	新村、二村、头村、加润、贝湾、堑对	118
合计	3	22	57		613

1953 年 4 月，第三区划出南平乡（不含贝湾里，该里划入长沙乡）、加朝乡、加槽乡、大发乡，第二区划出会林乡，组建第四区，区政府驻三更罗。是年，全县 4 个区 22 个乡。1954 年分为 52 个小乡。

1956 年 8 月，原属万宁县的长西、牛漏、兴隆 3 个民族乡划入本县第四区。是年底，原属屯昌县南坤区的腰子、大保、南利、新林、榕木、大木、干埇、松涛、溪西、加里、南笼及岭门、鸭坡、加章、黄罗（南久）、新仔、大坡等 17 个乡划归本县。1957 年 7 月 21 日，原属屯昌县南坤区的南坤、石雷、石岭、中长 4 个民族乡划入本县腰子区。本县溪西乡划归儋县。是年，全县有 5 个区，75 个乡。1957 年 10 月，长西、牛漏、兴隆 3 个乡划归万宁县。1958 年初，大里乡划归陵水县。

第二个阶段的变化是 1958 年 3 月开始撤区并乡，全县除保留会山区外，成立 10 个大乡和 1 个镇，即营根乡、岭门乡、中平乡、南坤乡、腰子乡、松涛乡、北大乡、南平乡、太平乡、什万乡、乘坡镇。

第三个阶段的变化是受"左"的思想影响，琼中县从 1958 年全国掀起"大跃进"热潮开始兴办人民公社。1958 年 9 月 20 日，为实行政社合一，全县成立了 10 个人民公社，即中平公社、会山公社、母瑞山公社、南坤公社、黎母山公社、北大公社、和平公社、太平公社、红岛公社、长征公社。公社下设生产大队、生产队。1958 年 11 月，原属白沙县的五指山公社划归本县。同月，会山公社划归琼海县；母瑞山公社析为三部分，分别划入琼海、定安、屯昌三县。1959 年 10 月，红岛公社析出湾岭公社。1960 年冬，中共中央发出《关于农村人民公社当前政策问题的紧急指示信》，开始纠正农村工作中的"左"倾错误，"大跃进"运动停止。但是在"文革"之前，又有若干公社析出或并入，出现新的公社。

1966 年 6 月至 1976 年 10 月"文革"期间，琼中县的建置变化是将各个公社、大队改称为"革命委员会"。1978 年党的十一届三中全会以后，虽然仍保留着"人民公社"这一名称，但总的趋势是逐步减少公社的设置。1982 年 10 月和平公社堑对大队划归海南牛路岭水电站。至此，全县有人民公社 15 个，区级镇 1 个，生产大队 113 个，生产队 759 个，自然村 605 个。20 世纪 50 年代末建立的人民公社、生产大队、生产队一直延续至 20 世纪 90 年代。

第四个阶段的变化是 1983 年 9 月，取消"政社合一"体制，设立区公所。区下设乡政府，乡下辖村。1985 年 9 月，营根区并入营根镇。是年，全县有区（镇）15 个，乡 111 个，自然村 647 个。

第五个阶段的变化是 1986 年，改区为乡、镇，下设村民委员会、村民小组。是年底，毛阳镇、五指山乡划归通什市。1989 年 6 月村民委员会改称管理区，村民小组改称村民委员会。1990 年全县有营根镇、中平镇、湾岭镇、乌石镇、黎母山镇、松涛乡、红岛乡、和平镇、长征镇、上安乡、吊罗山乡、红毛镇、什运乡共 13 个乡镇，100 个管理区（黎族 92 个，苗族 7 个，汉族 1 个），557 个自然村（黎族村 458 个，苗族村 36 个，汉族村 63 个）。

1997 年，根据海南省民政厅《关于琼中黎族苗族自治县增设长兴乡的批复》，省人民政府同意增设长兴乡。同年，和平镇和吊罗山乡分出长兴乡。这一年，该县直辖 14 个乡镇。

乡改设为镇标志着人口和社会经济的发展。2002 年 7 月，随着乡镇机构改革，乡镇行政区划进行调整撤并，撤销小乡镇并入大乡镇，即红岛乡并入营根镇，松涛乡并入黎母山镇，长兴乡并入和平镇，乌石镇并入湾岭镇，原长征镇、中平镇、红毛镇、吊罗山乡、上安乡、什运乡共 6 个乡镇保持不变。镇的设置增加，乡逐渐减少。此时，琼中县合并后的乡镇共有 10 个。至 2004 年底，全县仍然有 10 个乡镇，下设村民委员会 99 个，村民小组 617 个。① 全县土地总面积为 2693 平方千米，辖 107 个村（居）民委员会，558 个自然村，总人口 20.65 万人，12 个国营农场，1 个国营茶场，1 个国营牧场，2 个地方国营农场，5 个国营林场。② 2009 年，琼中县设有营根镇、湾岭镇、黎母山镇、红毛镇、长征镇、中平镇、和平镇、什运乡、上安乡、吊罗山乡等 10 个乡镇，还管辖新市农场。境内还有阳江、乌石、加钗、长征等 14 个国营农场。2009 年，全县有 100 个建制村、8 个社区、521 个自然村、626 个村民小组、10 个居民小组。③

琼中县乡村建置沿革深深地打上了时代发展的烙印，通过对其建置变化及其历史发展演变历程的梳理，可以了解乡村建置的时代发展脉络。封建时代，中央的权力只到县一级，下面的乡村由当地的士绅和家族长辈管理。新中国成立后，琼中县于 1983 年 9 月前所贯彻实行的"政社合一"体制，是在社会一体化基础上将国家行政权力和社会权力高度统一的基层政权形式。其产生背景是在第一个五年计划超额完成后，广大人民群众建设社会主义的积极性空前高涨，1958 年，中共八大二次会议制定了"鼓足干劲、力争上游、多快好省建设社会主义"的总路线，党中央随即发动了"大跃进"和人民公社化运动。琼中县也因此成立了人民公社，并把原来合

---

① 该书编写组：《琼中黎族苗族自治县概况》，民族出版社，2008，第 20 页。
② 该书编写组：《琼中黎族苗族自治县概况》，民族出版社，2008，第 262 页。
③ 琼中黎族苗族自治县党史县志办公室编《琼中黎族苗族自治县年鉴（2010）》，南海出版公司，2012，第 37 页。

作社的集体财产无偿调拨给人民公社，且大办公共食堂。人民公社的基本特点是"一大二公"，即规模大，公有化程度高；其社会影响则是严重挫伤了农民的生产积极性，造成农业生产水平的下降。人民公社化运动的失败说明，只有尊重客观规律，坚持实事求是的精神，一切从实际出发，立足我国基本国情所制定的经济建设方针，才能真正引领社会进步。历史的教训是沉重的，只有铭记，方有进步。如今，琼中县与时俱进，紧跟中央乡镇区划调整改革工作的精神，合理规划调整乡村建置，着力优化资源配置，不断提升公共服务能力，以激发农村改革活力，切实改善农村生产生活条件，夯实农村基层组织建设，全面加快农村小康建设步伐。

第十一章 | 新中国成立初期的琼中县

　　中华人民共和国是工人阶级领导的、以工农联盟为基础的人民民主专政的国家。它的成立，宣告帝国主义列强压迫中国、奴役中国人民的历史从此结束，封建主义、官僚资本主义统治中国的历史从此结束，军阀割据、战乱频仍、匪患不断的历史从此结束。它的成立，宣告中国人民当家作主的时代已经到来，中国历史从此开辟了一个新纪元。

　　新中国成立初期，刚刚执掌全国政权的中国共产党就面临着严峻的考验。国际上，新中国的成立打破了帝国主义在东方划定的势力范围，遭到以美国为首的西方列强的敌视，结果不仅联合国的"中国代表权"问题长期被悬置，而且美国第七舰队驶进台湾海峡，公然阻碍新中国解放台湾的军事行动。总之，它们企图通过实行政治上孤立、经济上封锁、军事上威胁的强硬手段，从根本上打垮新中国。新中国秉持以毛泽东为主要代表的中国共产党人提出的"另起炉灶""打扫干净屋子再请客""一边倒"的外交方针，在收回旧政权丧失的国家权益基础上同苏联订立了《中苏友好同盟互助条约》，建立起平等互助的新型中苏同盟关系。

　　国内，台湾的蒋介石集团正时刻准备"反攻大陆"，国民党从大陆撤退时残留的100余万人的军队、200多万政治土匪及60多万特务分子也在不断破坏新中国的建设，还有待肃清；在广大城乡，反动会道门和传统黑恶势力还在危害人民的生命财产安全。总之，新中国成立时，民主革命的任务尚未全部完成。

　　因此，追剿残余敌人，巩固新生的人民政权，维护国家的主权和安全，保卫人民胜利的成果，恢复国民经济、争取国家财政经济状况基本好转，为社会主义改造创造条件，是新中国成立之初的首要任务。

这一背景下的海南，成为维系南海主权、打破帝国主义军事包围、遏制国民党反攻大陆的军事要塞；这一背景下的琼中县也为巩固新生政权、恢复经济、进行社会主义改造、推行与落实社会主义制度做出了历史性贡献。

第一节　巩固新生政权

中华人民共和国是历史上第一个在海南岛中部广设州县的政权，为了新生政权的巩固与社会主义制度的最终建立，新中国成立之前及成立初期，海南的各州、市、县，包括琼中县皆进行了镇压反革命、剿灭土匪、反恶霸、清除敌特、抗美援朝、土地改革、"三反"、"五反"、生产救灾等卓有成效的工作。

（一）剿匪反特

1946 年，本县境域内的国民党"联防大队"先后被琼崖纵队击溃，部分逃窜上山为匪，并发展特务组织，企图颠覆区、乡民主政权。当时琼崖纵队即派出第 3 支队配合地方清匪反特，歼灭盘踞琼中县中平的梁昌琼股匪。1947 年，猛进中队打掉水满的王政强股匪，余者逃窜至保亭。1948 年，县工委抽调人员组成武装工作队开赴乘坡、什万等地，发动群众打掉王开传、王仕华两股残匪。1949 年 10 月，本县贯彻中共琼崖区党委《剿匪、反霸、清特、建政的决定》，全面开展清匪反特运动。至年底，共查出特敌分子 64 人，核实后，镇压 30 名首恶分子。1952 年七八月间，台湾国民党集团派遣特务两股 27 人在白沙县的南开岭和中平的黎伍空降。本县出动民兵2000 余人配合公安部队追剿，历时月余，全歼敌特。其中击毙 16 人，俘 11人。1960 年 7 月，红岛公社加东岭防空哨所民兵发现 1948 年逃跑上山为匪的原国民党保长王家让，立即联合县公安干警追捕并将其击毙。1963 年 6月 23 日夜，台湾国民党集团派特务 8 人在吊罗山空降，全县出动民兵 1.2万多人配合部队围剿，其中 4000 人参加搜山，8300 人站岗放哨和做后勤工作。经过 24 天的搜捕，8 名特务全被生擒，并缴获电台 1 部，手枪 8 支。①

---

① 琼中黎族苗族自治县地方志办公室编（梁定鼎主编）《琼中县志》，海南摄影美术出版社，1995，第 538、526 页。

（二） 镇反肃反①

1950 年 11 月，本县根据中共中央《关于镇压反革命活动的指示》，贯彻"首恶者必办，胁从者不问，立功者受奖"的原则，在全县各区开展镇压反革命运动，既发动群众检举控诉反革命分子、恶霸、反动党团骨干及其罪恶，亦对潜逃在外的反革命分子、匪特进行侦查。至翌年底，俘获水满反革命首子王政群、王政强兄弟，原国民党白沙、保亭、乐东三县联络所长李有美，反动乡长陆庠贤和原保亭县三区区长兼"联防大队长"王仕华，分别召开大会公审处决。至 1955 年 7 月，逮捕相关分子 55 名，镇压 28 名，关押 26 名。大规模的镇压反革命运动，基本肃清了国民党遗留在本县的反动势力，长期危害人民生命财产安全的土匪，也在较短的时间内被次第肃清。

1956 年 1 月 22 日，本县成立审干委员会，对党政干部、教师、医务人员和商业工作者进行组织审查。3 月份，成立了 5 人肃反领导小组，发动干群全面开展肃反（即肃清暗藏的反革命分子）运动。参加运动的有县区乡党政机关、工厂企业、国营农场、学校的干部职工 1757 人。审干分三批开展，至 1958 年底结束，查出暗藏的反革命分子和坏分子 74 人，其中历史反革命分子 31 人，现行反革命分子 7 人，特务、土匪各 4 人，汉奸、叛徒各 7 人，坏分子 14 人。在 74 名反坏分子中，当年逮捕判刑 23 人，劳动教养 19 人，开除回家 9 人，监督劳动 12 人，自杀死亡 2 人，事故死亡 1 人，翌年逮捕 8 人。同时，贯彻中共中央批准的《关于逮捕反革命分子和各种犯罪分子的政策界限的规定》，镇压"混入少数民族地区"的反革命分子和各种犯罪分子，1956～1958 年逮捕 401 人（枪毙 15 人），戴帽子 125 人，管制 129 人。1959 年，结合民主补课运动，逮捕各种犯罪分子 161 人，枪毙 3 人，劳动教养 74 人，戴帽子 165 人，管制 108 人。

（三） 维护社会治安

本县从 1953 年开始建立人民公安司法机关，除配合剿匪清特和"镇反""肃反"运动，还积极打击反动残余势力和各种危害社会的罪犯，维护社会治安。1953～1955 年，全县发生凶杀案 15 宗，强奸案 1 宗，盗窃案 8

---

① 此部分数据见琼中黎族苗族自治县地方志办公室编（梁定鼎主编）《琼中县志》，海南摄影美术出版社，1995，第 539 页。

宗，纵火案 19 宗，走私案 1 宗，伤害案 2 宗，总计 46 宗。公安机关结合镇反运动侦破逮捕 48 人。①

（四）　抗美援朝

1950 年 6 月 25 日，朝鲜战争爆发。6 月 27 日，联合国宣布出兵朝鲜，实行武装干涉，并派遣美国海军第七舰队驶入台湾海峡，公然干涉中国统一大业。9 月 15 日，以美军为主的联合国军队在朝韩半岛的仁川登陆，并将战火引至中国东北。中国政府毅然做出抗美援朝的决策。1950 年 10 月 19 日，中国人民志愿军在司令员兼政治委员彭德怀率领下，跨过鸭绿江，开赴朝鲜战场。抗美援朝战争揭开了序幕。中朝两国人民及其军队经过近三年的艰苦作战以及谈判斗争，终于迫使美国代表在停战协定上签字。抗美援朝战争的胜利，使新中国的国际威望空前提高。远在中国南端的海南也积极支援了抗美援朝战争。当时，海南成立了中国人民保卫世界和平反对美国侵略委员会海南分会，海南各市县亦相继成立抗美援朝分会，各区、乡成立抗美援朝支会，村成立小组。海南地区积极发动各界人士捐款，并鼓励青年参加志愿军。到 1952 年底，全海南岛捐献总额达 263.84 亿元（旧币制）。根据辽宁丹东的抗美援朝纪念馆统计，海南共有抗美援朝烈士 91 人，如果按照入朝作战的志愿军和烈士人数的比例估算，海南参加抗美援朝作战的志愿军人数可能在 600～700 人。② 1950 年 6 月琼中县因被撤销建置，未留下相关的详尽史料，但分属他县原来隶属琼中县的民众也同样积极支援了抗美援朝战争。

（五）　土地改革

新中国成立初期，广大的新解放区尚未进行封建土地制度的改革。而土地改革运动，是中国新民主主义革命运动的重要一环，是消灭封建剥削的重要一环。早在 1927～1937 年，中国共产党就曾实行土地改革，强制没收地主的土地，分配给没有土地和缺乏土地的农民。抗日战争爆发以后，为了团结一切可以团结的力量抵抗日本帝国主义，便修改土地改革的办法，停止强制没收地主土地，代之以减租减息的办法。解放战争开始之后，中

---

①　琼中黎族苗族自治县地方志办公室编（梁定鼎主编）《琼中县志》，海南摄影美术出版社，1995，第 539 页。

②　彭青林：《海南人民抗美援朝的尘封故事》，《海南周刊》特稿 2010 年 10 月 18 日。

国共产党于 1947 年召开全国土地会议，制定土地法大纲，再度有计划地实行彻底废除封建性剥削的土地改革。封建性剥削的土地制度不彻底废除，也就标示着中共领导的新民主主义革命并未完全成功。1950 年 6 月 30 日，中央人民政府正式公布《中华人民共和国土地改革法》，此次土改采取保存富农经济、政治上中立富农的政策，目的为在中国大陆彻底结束封建土地制度。因此，新中国成立初期，土地改革与抗美援朝、镇压反革命被并称为"三大运动"。新中国的土地制度的改革，先后使 3 亿多无地少地的农民（包括老解放区农民在内）无偿获得了约 7 亿亩土地和大量其他生产资料，使占中国绝大多数人口的农民群众获得了翻身解放。

在 1951 年的土地改革运动中，海南地区的户口、人口、土地都被重新调查与丈量，但是 1950 年 6 月琼中县即被撤县，因此未进入统计。解放战争时期，琼中地区积极进行了土改运动，而在新中国成立后的这次土地改革运动中则被分置他县进行。琼中地区虽不同于琼海、文昌之类的典型侨乡，需要特殊处理华侨土地，以争取其为新中国的建设提供财力与智力支援，但需要充分考虑合理安排黎族合亩制地区的经济模式的转变，谨慎处理民族关系，关照"民族情绪"。相关情况可见新民县、白沙县、保亭县、定安县等县的史料记载。此次土改，彻底清除了海南封建土地剥削制度的余毒，广大农民成为土地的主人，真正获得了政治与经济地位，为农业的发展和国家工业化奠定了基础。

（六）党的自身建设与"三反""五反"

新中国成立后，中国共产党成为全国范围的执政党，为使广大干部和党员经受住执政的考验，继续保持谦虚、谨慎、不骄、不躁和艰苦奋斗的作风，同国民党官员的腐败风气和旧军队欺压百姓的行为形成鲜明对照，也为了加强中国共产党的自身建设，1950 年和 1951 年，中国共产党在全党范围开展了整风、整党运动，批判居功自傲等错误思想，进行共产党员标准八项条件等的教育。1951 年底到 1952 年，开展了"反贪污、反浪费、反官僚主义"的"三反"运动，以整治爱国增产运动中揭发出的大量贪污、浪费现象和官僚主义问题，并处决了犯有严重贪污罪行的刘青山、张子善（他们曾先后担任中共天津地委书记），使全党震动，人民振奋。在新中国恢复国民经济后，资本主义工商业得到迅速发展，但资本家中的不法分子力图利用和国营经济的联系，以行贿、偷税漏税、偷工减料、盗骗国家财产、盗窃国家经济情报等手段牟取暴利，抗拒社会主义国营经济的领导，削弱国营经济的地位，并在政治上、思想上腐蚀工人阶级和国家工作人员。为此，中共中央发出《关于在城市中限期展开大规模的坚决彻底的"五反"斗争的指示》，在1952年上半年发起"五反"（反行贿、反偷税漏税、反盗骗国家财产、反偷工减料、反盗窃国家经济情报）运动。

　　1952年5月琼中复县，1952年县委第一次扩大会议于6月8～12日在新市召开。县委书记吴善积传达海南区党委反"官僚主义"和"分散主义"会议精神，要求党员干部要做反"两个主义"带头人。1952年10月召开的县委第二次扩大会议，县委书记吴善积传达海南反"地方主义"会议精神，并结合本县实际指出"大汉族主义""狭隘民族主义""官僚主义"，以及各种非无产阶级思想的表现，动员代表们放下包袱，带头自我检查，并开展互帮活动，清除影响，端正作风。为加强党的自身建设，本县县委根据党在各个时期的路线、方针和政策，平时主要通过党员大会、支委会、支部生活会和党课对党员进行教育。此外，还围绕着重大问题和重要文件组织党员专题学习，比如1953年冬至1954年，开展过渡时期总路线教育，要求党员当好过渡时期的带头人等。在发展党员方面，1948年琼中全境虽已解放，但敌特尚未肃清，因此发展党员态度慎重。是年，全县有党员48人，翌年发展到82人，1950年5月增至188人。1952年，各级党组织按照党章规定，在区、乡、里三级政权建设中，有计划地吸收经过考验的积极分子入党。是年全县党员250人，其中黎族189人，占75.4%，苗族31人，占12.3%，汉族36人，占14.4%。1953年起，主要发展积极走合作化道路的农村干部和办社人员入党。至1956年，党员人数达925人。[①]

　　1952年复县后，琼中县在党政机关正式开展"三反"运动，后又在全县私营工商业者中开展"五反"运动。1952～1954年，县监察委受理贪污挪用公款案19宗，处分党员4人，其中留党察看1人，党内警告3人。[②]当时琼中县地区经济落后，生产和经营规模甚小，私营工商业薄弱，到1952年底，全县私营商业仅49户，从业人员113人，资本额1.4万元，营业额

---

① 琼中黎族苗族自治县地方志办公室编（梁定鼎主编）《琼中县志》，海南摄影美术出版社，1995，第451～452页。
② 琼中黎族苗族自治县地方志办公室编（梁定鼎主编）《琼中县志》，海南摄影美术出版社，1995，第455页。

46.76 万元,① 没有资本家,因此"五反"运动中没有发现突出问题。

这些举措与运动对在执政的条件下保持共产党人的革命精神,坚定革命意志,抵抗"糖衣炮弹"与资产阶级的吹捧,促进中国共产党和人民政府的廉政建设,起到了重要的作用。

总之,新中国成立初期,本县积极贯彻执行党中央的指示,在为巩固新生政权所进行的上述工作中取得了显著成绩,解决了新中国成立初期本县所面临的迫切政治问题,荡涤了旧社会留下的污泥浊水,树立了健康文明的社会新风尚,使人民的精神面貌焕然一新,更加真诚地拥护共产党和人民政府的领导。这一过程也有力地证明了中国共产党和人民政府是能够经受住执政的考验的,并为经济的恢复、社会主义改造的进行、社会主义制度的建立、人民当家作主权利的实现奠定了基础。

第二节 恢复经济与进行社会主义改造

一 恢复经济

国民党撤台时运走了大量物资,留给新中国一副千疮百孔的烂摊子:工业总产值减半,粮食产量锐减;许多工厂倒闭,大批工人失业;通货膨胀,物价飞涨,人民生活困难。当时中国的经济不仅远远落后于欧美发达国家,亦与许多亚洲国家差距甚大,再加上西方列强的经济封锁,新中国面临着严峻的经济考验。战胜严重的经济困难,迅速恢复和发展国民经济也成为这一背景下琼中县的当务之急。

琼中县的经济恢复工作是紧跟新中国政府的指挥棒进行的,与巩固政权同时进行,且两者相互依存、互为保障。在新中国政府的领导下,官僚资本被没收了,企业内部开展了民主改革和生产改革,社会主义性质的国营经济在国民经济中的领导地位开始确立起来,人民政权从而拥有了相当重要的经济基础。同时,新中国政府开展了稳定物价的斗争和统一全国财

---

① 琼中黎族苗族自治县地方志办公室编(梁定鼎主编)《琼中县志》,海南摄影美术出版社,1995,第314页。

政经济的工作。到 1950 年 3 月，全国的物价基本稳定，解除了人民生活因物价飞涨而带来的痛苦，国家和国营经济掌握了市场的主导权，且在全国范围内初步建立起集中统一的国家财政管理体制。到 1952 年底，新中国国民经济得到全面恢复和初步发展，工农业总产值超过 1936 年，工农业主要产品的年产量均超过国民党统治时期的最高水平。

　　1952 年 5 月琼中复县后，在 6 月份召开的县委第一次扩大会议上，县委书记吴善积即提出集中力量抗旱，把抓好农业生产当作当前压倒一切的中心工作。1952～1955 年，琼中县自然灾害频繁，发生水、旱、风、虫、冷害 9 次，毁坏农田 3.2 万多亩，作物失收，刮倒房屋 1179 间，年均断粮户约占总户数的 29%。本着为全县人民服务的宗旨，新中国成立初期琼中县人民政府做了大量实际救灾工作。县人民政府成立抗灾委员会，并通过多种渠道筹集救灾粮款，赈济灾民。抗灾救灾的四年间，发动黎族苗族群众互借谷子 1350 吨，杂粮 76 吨，盖房千余间，抢种作物 2 万多亩，发放救济款 22.88 万元、救济粮 28 吨、被服 3000 多件。在恢复生产中，琼中县还成立农贷会，贷给农民耕牛 982 头，农具 2.8 万件，种子 2.2 万斤，现金 3.28 万元。①

　　琼中县气候温和、雨水充足，但九分山岭半分水面半分耕地。解放前，全县只有耕地 5.15 万亩，耕作落后，一般年份粮食亩产仅 63 公斤，灾年更少。② 直到新中国成立后，本县的农业生产，经过集中人力开荒造田扩大耕地面积、改进耕作技术、积肥施肥、推广良种、兴修水利等实际工作的展开，才取得了显著成效。1952 年起，县政府组织有关部门宣传科学种田，革除刀耕火种，淘汰木犁木耙，改用铁制农具，改进了耕作技术。解放前，本县的黎族苗族人民没有积肥施肥习惯。1953 年，在县人民政府号召下，本县各村逐渐建起牛栏、猪舍、人厕，广积牛猪肥，使用人粪尿，并实行科学施肥和使用化肥。水利是农业的命脉，1949 年全县建有水陂 48 宗，灌溉农田 1.3 万亩。1952 年冬起，县、区、乡分别成立水利委员会，培训水利技术人员，发动群众大搞水利建设。因此，本县的粮食生产获得发展，

① 琼中黎族苗族自治县地方志办公室编（梁定鼎主编）《琼中县志》，海南摄影美术出版社，1995，第 501 页。
② 具体数据参见琼中黎族苗族自治县地方志办公室编（梁定鼎主编）《琼中县志》，海南摄影美术出版社，1995，第 502 页。

落后面貌得以改变,农、林、水利、牧、畜、渔业都获得发展。①

农、林、水利、牧、畜、渔业发展状况。本县的主要粮食作物是水稻和旱粮,其中水稻是本县播种面积最大的农作物,一年两造,植于各乡镇。1949 年水稻播种 4.3 万亩,亩产只有 67 公斤。由于县人民政府连年动员群众开荒造田,1957 年播种面积增至 16.98 万亩。1949 年,本县养牛 1.39 万头(含水牛 1.04 万头,黄牛 0.35 万头),户均 1.4 头。本县有草地 119.4 万亩(含国营农场 51.57 万亩),占土地总面积的 30%,年产鲜草 95.52 万吨,且每 20 平方千米草地有一水源,饮水半径达 2.5 千米,水草丰盛,利于养牛业的发展。解放后,县人民政府发动群众利用草地资源发展养牛业,至 1957 年,全县养牛达 2.42 万头(含水牛 2.05 万头,黄牛 0.37 万头),户均 2 头。1956 年,县政府建留山坡和营盘苗圃,用种子直播法年育木麻黄树苗 30 亩。1949 年本县有鱼塘 41 亩,产鲜鱼 4.6 吨。1953 年后水库增加,养殖面积有所扩大。1955 年 6 月,在大里乡建成第一项倒虹吸管永久性引水工程,灌溉面积 800 亩。此后,逐年添建永久性工程,扩大灌溉面积。1955~1969 年,建成红星、毛兴、牙胡、什益、白华、深水等 6 项永久性骨干工程,先后扩大灌溉面积达 4121 亩。②

农垦事业。1956 年 3 月 20 日,县委成立移民垦荒办公室。5 月,华南垦殖局海南分局在琼中县创办新中垦殖场。7 月,县委设垦殖部(后渐次更名农场部、热带作物部、农场政治部、省驻琼办事处),具体负责置场垦荒工作。年末,阳江、新进两个垦殖场和大丰育种站随政区划归琼中。翌年 3 月又划进中坤农场,同月,海南行政区公署在乌石创建军垦农场,安置转业复员军人及其家属 2000 多人。此后,海南农垦局又先后在琼中办起南方、乘坡、加钗、长征等国营农场。

改善照明。民国时期,除湾岭地区用海棠油灯照明外,其余地区均用山竹火把照明。1950 年后,煤油进入山区,大部分农村改用煤油灯照明。1957 年 9 月,加章村自办水电站发电照明。此后,随着乡村水电建设的发展,用电照明的村庄和农户逐年增多。

工业。1952 年后,外县手工业者逐年流入本县,从事缝纫、编织、印

---

① 具体数据参见琼中黎族苗族自治县地方志办公室编(梁定鼎主编)《琼中县志》,海南摄影美术出版社,1995,第 502 页。
② 数据参见该书编写组《琼中黎族苗族自治县概况》,民族出版社,2008,第 57~101 页。

染、打铁等业。

邮政电信。1940 年定安邮局在岭门圩设信箱，来往信件由枫木书信所传递。1948 年，民主政府在思河等地设交通站点 10 个，传递革命信息。1951 年新市设立邮政代办所，翌年设邮电管理局。此后，逐年健全邮政电信通信网络，更新设备。

财政金融。1948 ~ 1950 年，琼中县无地方财政，各项税收由县民主政府二科代收上缴，经费开支靠琼崖区临时民主政府拨给。1953 年，本县开始有收支预算，收入主要来源于各种税收，支出不足部分靠省财政补助。随着山区经济建设的发展，县财政收支不断增多。

贸易。解放前，本县境内除靠近汉区的湾岭、黎母山、松涛、新市等地有外来客商集市做买卖外，其余乡镇均无圩市，群众也无赶集摆卖习惯，购物艰难。1952 年后，县人民政府贯彻"发展经济，保障供给"的方针，区设供销合作社，乡设销售点，并动员群众到集市出售农副产品。1952 年，本县在新市设一个集圩点。同年 10 月，县贸易公司成立，成为县内首家国营企业，设有门市部 3 个，有职工 8 人，注册资金 6 万元。翌年营业额 13 万元，占全县商品零售总额的 14.6%。县贸易公司所经营的主要有布匹、煤油、食盐、火柴、针线等生活用品，锄头、钩刀等生产工具，年商品成交额约 5 万元。1953 年起，县人民政府积极发展商业和各种服务行业，改造私营商业，扩建购销网点，先后建起商店 70 家，年商业零售额 129 万元。[①]

移民定居及改建民房。1952 年，县人民政府成立移民办公室，由县长担任主任，先后 6 次开会研究和布置移民工作。县长赵哲忠亲自上山宣传党的民族政策，选定居点，发动黎族群众帮助下山定居的苗民盖房、搬迁和让田给其耕种。当年 6 月 2 日，第一批下山的苗民 57 户 278 人定居于太平乡牙防村。县人民政府发给每人补助费 10 万元（旧币，等于人民币 10 元）。第二批移民于 1954 年 8 月开始搬迁，9 月结束，下山的苗民 165 户898 人，定居长田乡新村。第三批于 1956 年夏进行，下山的苗民 97 户、600 人，定居烟园。至此，移民工作结束，三批总计移民 319 户 1776 人，发放补助费人民币 2.5 万元，黎族同胞让给水田 902 亩。[②] 解放前，本县黎

---

① 数据参见该书编写组《琼中黎族苗族自治县概况》，民族出版社，2008，第 57 ~ 101 页。
② 琼中黎族苗族自治县地方志办公室编（梁定鼎主编）《琼中县志》，海南摄影美术出版社，1995，第 501 ~ 502 页。

族、苗族农民的住宅绝大多数为茅草房，低矮狭小。1950 年以后，经济条件好的黎族农户开始盖起瓦房，黎族村落面貌有所改观。

人口发展状况。人口发展是社会生产力发展的重要标志。1953 年，全县开展了第一次人口普查，全县 7626 户 35265 人。黎、苗、汉族分别有 26508 人、6346 人和 2395 人，其他民族 16 人。全县人口占海南区总人口的 1.32%。1949 年本县人口性别比为 81.1（以女性为 100），女性多于男性。1950～1953 年男女性别比例趋于正常。1957 年后，男性人口迅速增多。①本县的民族构成较复杂，作为少数民族聚居之县，黎、苗、汉族为世居民族，其他民族则因工作、婚嫁等各种原因迁入。1953 年第一次人口普查全县有黎、苗、汉、回、瑶 5 个民族。在人口的职业构成上，本县历来以农业为主，因此农民居多。据 1949 年的统计，农业人口 26960 人，占总人口的 99.9%，其他行业人数仅占 0.1%。1952 年后，从事工商业和其他行业的人员逐年增多，务农人员明显减少。②

总之，新中国成立后，琼中县的各项事业百废待兴，经过对国民经济的逐步恢复和发展，无论是职工的还是农民的生活状况，都获得了显著改善。

二　社会主义改造的进行

从 1949 年 10 月 1 日中华人民共和国成立到 1956 年社会主义改造基本完成，这七年是一个过渡时期，党在这个过渡时期的总路线和总任务，是要在一个相当长的时间内，基本上实现国家工业化和对农业、手工业和资本主义工商业的社会主义改造。

在新中国成立后的头三年，全国人民集中力量完成了民主革命的遗留任务，并进行了恢复国民经济、争取国家财政经济状况基本好转的工作，同时也适时地开始进行某些带有社会主义革命性质的工作。1953 年，中国共产党提出了过渡时期的总路线，开始制定第一个五年计划。1954 第一届全国人民代表大会第一次会议通过《中华人民共和国宪法》。到 1956 年，

---

① 琼中黎族苗族自治县地方志办公室编（梁定鼎主编）《琼中县志》，海南摄影美术出版社，1995，第 702 页。
② 琼中黎族苗族自治县地方志办公室编（梁定鼎主编）《琼中县志》，海南摄影美术出版社，1995，第 708 页。

新中国创造性地基本完成了对农业、手工业和资本主义工商业的社会主义改造，在理论上和实践上丰富和发展了马克思列宁主义的科学社会主义理论，实现了生产资料私有制向社会主义公有制的转变，促进了工农业和整个国民经济的发展，使中国从新民主主义社会跨入了社会主义社会，初步建立起社会主义的制度。从此，新中国进入社会主义的初级阶段，实现了中国历史上最伟大、最深刻的社会变革。虽然 1955 年夏季以后，社会主义改造要求过急、改变过快、工作过粗、形式过于简单划一，以致在此期间遗留了一些问题，但整体来说，在中国这样的人口大国能比较顺利地实现如此艰巨、深刻的社会变革，的确是历史性的成功。社会主义制度在中国的确立，为中国的发展和进步奠定了基础。

社会主义改造在琼中县的进行，社会主义基本制度在琼中县的推行与落实，亦奠定了本县发展和进步的基础。

（一）　农业合作化

新中国成立前，琼中县已经顺利进行了土地改革，农业生产摆脱了封建生产关系的束缚，获得较快的发展。但是，由于个体农户耕地少，生产工具数量不足，而且资金短缺，农业发展又受到很大的限制。只有引导农民走互助、合作化的道路，才能更快发展农业生产力，增强其扩大再生产、抵御自然灾害等能力。1952 年，琼中县从发展生产的需要出发，在农村开展互助合作运动，办起互助组 153 个，有 1040 户农民入组，占总农户的 10%。[①] 1953 年，推广营根乡南蛇村李万贵互助组的经验，允许农民在自愿互利的基础上重新组合，并实行民主管理，至年底，全县办常年互助组 14 个，参加农户 210 户。1954 年，琼中县县委召开互助合作会议，号召大办互助组，并从县、区机关抽调 60 多名干部下乡指导，办起互助组 556 个，参加农户达 6037 户，占总户数的 54%。而农业生产合作社则是具有半社会主义或社会主义性质的互助组织。1954 年 10 月，堑对乡试办起第一个初级农业生产合作社，入社农户 16 户 84 人。1955 年 9 月，贯彻毛主席《关于农业合作化问题》报告和《关于农业合作化问题的决议》精神，琼中县掀起办社高潮。1955 年底本县建成初级社 85 个，入社农民 2633 户，占总户

---

① 琼中黎族苗族自治县地方志办公室编（梁定鼎主编）《琼中县志》，海南摄影美术出版社，1995，第 458 页。

数的 26.5%。1957 年，高级社增至 102 个，入社农民 10246 户，占农村总户数的 81.2%。[①] 至此，农民走上集体化道路，土地、耕牛、农具转为集体所有，农业生产资料所有制的社会主义改造基本完成。这是增加粮食及其他农产品产量，满足人民生活和保证工业发展需要的必要条件。

（二） 工业、 手工业和私营工商业社会主义改造

新中国成立初期的 1952 年，没收官僚资本归国家、人民所有的工作就基本完成，并确立了社会主义性质的国营经济在国民经济中的领导地位，这为全面进行工商业社会主义改造奠定了基础。

1956 年起，琼中县对工业实行计划管理，统一安排生产计划（含品种、产量、产值），供应生产原材料，包销产品。县计委会同工交主管部门编制年度计划上报自治州和海南区，经审批后每年初下达各工厂，各厂按计划安排生产，其所需材料由县物资部门平价供应，资金由县财政局拨付，盈利上缴县财政，亏损由县财政补贴，产品由指定部门收购销售，价格由物价部门确定。企业不能更改生产计划，标定产品价格。集体工业企业则盈亏自负。1956 年 10 月创办发电厂，为本县第一家地方国营工厂。翌年扩大业务范围，更名联合厂。3 月松涛石灰厂随政区划归本县，5 ~ 12 月又先后办起通用机械厂和营根发电厂。[②]

1956 年琼中县也开始对商业及个体手工业进行社会主义改造，成立综合生产合作社，并开始创办地方国营工商业。1956 年 2 月，对私营商业实行社会主义改造，县工商部门将 7 户饮食店全部改造转为国营饮食业，其余 40 户小商小贩按经营类别组织成合作商店或合作经营小组，其中合作商店 1 家，合作小组 16 个。其分布为县城合作商店 1 家、小组 6 个，岭门圩小组 6 个，堑对 3 个，中平 1 个。[③] 1956 年 9 月始，乘坡、南坤、牛漏、营根、会山、腰子、兴隆等乡镇先后成立了手工业综合生产合作社或合作小组，行业涉及缝纫、打铁、猎枪修理、木工、藤竹器具编织等。1957 年入社入组的手工业者 118 人，占总数的 89.4%，基本实现了手工业生产合作化。1957 年，全县有

---

① 琼中黎族苗族自治县地方志办公室编（梁定鼎主编）《琼中县志》，海南摄影美术出版社，1995，第 166 页。

② 琼中黎族苗族自治县地方志办公室编（梁定鼎主编）《琼中县志》，海南摄影美术出版社，1995，第 256 页。

③ 琼中黎族苗族自治县地方志办公室编（梁定鼎主编）《琼中县志》，海南摄影美术出版社，1995，第 314 页。

合作商店 3 家，合作经营小组 13 个，个体经营户 22 个，从业者 89 人。[①] 私营商业全部改造完成。经过社会主义改造，所有供销商业也并入国营商业。

　　琼中县对农业、手工业和资本主义工商业进行的社会主义改造，实现了把生产资料私有制转变为社会主义公有制的任务，使社会生产力从旧的生产关系的束缚中解放出来，极大地促进了本县工、农、商业的社会变革和本县国民经济的发展，使社会主义制度在本县初步推行，使社会主义计划经济体制在本县基本确立，为本县的社会主义工业化开辟了道路，为在社会主义条件下取得比资本主义更快更好的发展打下了坚实基础，为当代琼中县一切发展进步奠定了根本的政治前提和制度基础。从此，本县随同新中国其他地区一样进入到社会主义初级阶段。

[①]　琼中黎族苗族自治县地方志办公室编（梁定鼎主编）《琼中县志》，海南摄影美术出版社，1995，第 459 页。

第十二章 社会主义建设时期

新中国社会主义建设时期包括全面建设社会主义的十年（1956～1966年）、"文化大革命"的十年，改革开放与社会主义现代化建设新时期。社会主义制度基本确立后琼中县的社会发展亦可分为这三个阶段，"文革"之前，是本县国民经济恢复和社会各项事业快速发展，并历经曲折、艰辛探索的时期；从"文革"开始到1978年12月党的十一届三中全会召开前，是本县各项事业和经济发展的缓慢期；十一届三中全会召开至今，是本县历史上发展最快、最好的时期，各项事业成就显著。海南省成为国际旅游岛之后，琼中黎族苗族自治县又迎来新的发展机遇。

第一节 全面建设社会主义的十年

1956年底，社会主义改造的基本完成，标志着社会主义制度在中国大陆正式建立起来。"我们国内的主要矛盾，已经是人民对于建立先进的工业国的要求同落后的农业国的现实之间的矛盾，已经是人民对于经济文化迅速发展的需要同当前经济文化不能满足人民需要的状况之间的矛盾。""党和全国人民的当前的主要任务，就是要集中力量来解决这个矛盾，把我国尽快地从落后的农业国变为先进的工业国。"[1] 因此，我国进入到全面的大规模的社会主义建设时期。

---

[1] 中共中央文献研究室编《建国以来重要文献选编》第9册，中央文献出版社，1994，第341～342页。

从 1956 年社会主义改造基本完成到 1966 年 "文化大革命" 前夕，是全面建设社会主义的十年。在这十年中，中国的社会主义建设事业取得了很大的成就。可以说，"现在赖以进行现代化建设的物质技术基础，很大一部分是这个期间建设起来的；全国经济文化建设等方面的骨干力量和他们的工作经验，大部分也是在这个期间培养和积累起来的。这是这个期间党的工作的主导方面"。① 但是，这十年也是共产党领导全国各族人民开始对适合中国情况的社会主义建设道路艰辛探索的时期。其间，中国共产党的工作在指导方针上出现过重大失误，尤其是 1958 年轻率地发动了 "大跃进" 和人民公社化运动，造成了严重的后果。虽然中国共产党对经济工作指导思想中的 "左" 倾错误进行了纠正，但纠正并不彻底，以致 "左" 倾错误发生在政治和思想文化方面，最终导致了 "文化大革命" 运动的发动。

一　积极探索

1956 年 2 月 14 日召开的苏联共产党全党代表大会，即苏共二十大，进一步暴露了苏联在社会主义建设中存在的缺点和错误。苏共二十大以后，西方敌对势力乘机掀起反共反社会主义浪潮，中苏关系亦开始恶化。而刚步入社会主义建设时期的中国，依然处于经济文化落后、人口众多、发展极不平衡的阶段。在这种情况下，中国共产党人决心走自己的社会主义建设道路。

中共八大。1956 年 9 月 15 日至 27 日，中国共产党第八次全国代表大会在北京举行。中共八大正确分析了社会主义改造完成后中国社会的主要矛盾和主要任务，指出国内主要矛盾已经不再是工人阶级和资产阶级的矛盾，而是人民对于经济文化迅速发展的需要同当前经济文化不能满足人民要的状况之间的矛盾；全国人民的主要任务是集中力量发展社会生产，实现国家工业化，逐步满足人民日益增长的物质和文化需要。中共八大提出既反保守又反冒进、在综合平衡中稳步前进的经济建设方针，以及扩大社会主义民主、健全社会主义法制，使党和政府的活动 "有法可依" 和 "有

---

① 中共中央文献研究室编《三中全会以来重要文献选编》下，人民出版社，1982，第 753 页。

法必依"的政治建设原则。大会还特别强调要提高全党的马克思列宁主义思想水平，健全党内民主集中制，坚持集体领导制度，反对个人崇拜，发展党内民主和人民民主，加强党和群众的联系，并把陈云所提出的"国家经营和集体经营是主体，一定数量的个体经营为补充；计划生产是主体，一定范围的自由生产为补充；国家市场是主体，一定范围的自由市场为补充"的"三个主体、三个补充"思想写入决议。

中国共产党在社会主义建设道路的探索中召开的中共八大，路线是正确的。中共八大在探索中突破传统观念，所提出的一些重要的新思想，如"三个主体、三个补充"，是探索适合中国特点的经济体制的重要步骤，为社会主义事业的发展和党的建设指明了方向。

整风运动和反右派斗争。在党的建设方面，中国共产党通过整风运动来全面加强党的思想建设、组织建设和作风建设。尤其是执政党的建设，更需要通过采取整风的办法，认真开展批评和自我批评，进行自我教育，并发动群众向党员和党的各级组织提意见，帮助党纠正脱离群众的官僚主义等问题。1957年4月27日，中共中央下发《关于整风运动的指示》，开始在全党进行反对官僚主义、宗派主义和主观主义的整风运动。这是中共八大路线的继续与发展，是党探索社会主义建设道路的新成果。

这次整风本来应当是一次既严肃认真又和风细雨的思想教育运动。在各级党组织纷纷召开的座谈会和小组会上，党内党外提出各种意见，全社会迅速形成一个"鸣放"的高潮。应该说，这些意见绝大多数是诚恳的，但确有极少数资产阶级右派分子乘机向党和新生的社会主义制度发起攻讦，如他们诋毁共产党"党天下"，要求"轮流坐庄"；完全抹杀社会主义改造和建设的成绩，否认社会主义制度的优越性；甚至把人民民主专政的新中国的国家制度说成是产生主观主义、官僚主义和宗派主义的根源，并散布煽动性言论，鼓动一些不明真相的群众上街游行。1957年6月8日，《人民日报》发表了《这是为什么?》的社论，中共中央动用组织力量开始反击右派分子的进攻，一场全国规模的群众性的反右派运动全面展开。到1958年夏运动结束时，全国划定的右派分子达55万人。

1957年5月，琼中县县委执行中共中央《关于整风运动的指示》，和上级党委部署成立了整风领导小组。1957年7月，县级机关开展以反对官僚主义、宗派主义、主观主义和"双反"（反浪费、反保守）为内容的整风运动。全县参加运动的有 1122 人（其中教师 259 人，干部 841 人），先后贴出大字报 2.13 万张，提出意见 1.02 万条。① 内容有领导干部作风问题、粮食统购统销问题、农业合作化问题、一些干部违法乱纪问题、民族关系问题等。这些意见都是以大鸣、大放、大字报的形式帮助县委整风的。1957 年 12 月，整风运动转入反右派斗争。到 1958 年 4 月反右派斗争扩大化，县委把一些批评意见无限上纲上线，把人民内部矛盾视为敌我矛盾，先后将 64 人划为右派分子，其中 2 人被送劳动教养，11 人被开除出队，51 人被降职降薪下放农场监督劳动。②

1957 年 11 月，根据广东省委指示，琼中县委成立反地方主义办公室，部署在机关干部中开展反地方主义和地方民族主义运动。这次运动以揭批所谓各种不利于党的领导、不利于民族团结的思想和言论为主要内容，分为动员学习、大鸣大放、揭发批判、审定处理等几个阶段进行。至 1958 年 1 月，8 人被定为地方主义分子，7 人被定为地方民族主义分子，③ 分别遭到逮捕劳改、开除出队和降职降薪处分。这次反地方主义运动给对党的某些方针政策和工作持不同意见的干部横加罪名，犯了阶级斗争扩大化错误。

1957 年，琼中县县委错误处理所谓"带头闹事，破坏合作化"党员 14 名，其中开除党籍 1 人，留党察看 4 人，严重警告 2 人，警告 1 人。1958 ~ 1959 年，全县在"整风反右"、"反地方民族主义"和"插红旗，拔白旗"等运动中错误处分 168 名党员，其中开除党籍 78 人，留党察看 33 人，严重警告 33 人，警告 15 人，撤职 9 人，受处分党员占党员总数的 5.83%。1960 ~ 1961 年的"三反"（反贪污、反浪费、反官僚主义）和整风整社运动中，由于混淆敌我两类不同性质的矛盾，受处分的党员 325 人，占全县党员的 8%，其中被开除党籍的就有 126 人，占 38.77%。1961 年秋至 1962 年底，县委成立甄别工作领导小组，对 1958 年以来在"整风反右"等各种运动中受处分的党员进行甄别复查，全错全纠 68 人，部分错部分纠 45 人。但因受"左"的思想指导，部分错案尚未得到纠正，对 40 名犯有违反政策、

① 琼中黎族苗族自治县地方志办公室编（梁定鼎主编）《琼中县志》，海南摄影美术出版社，1995，第 459 页。
② 琼中黎族苗族自治县地方志办公室编（梁定鼎主编）《琼中县志》，海南摄影美术出版社，1995，第 459 页。
③ 琼中黎族苗族自治县地方志办公室编（梁定鼎主编）《琼中县志》，海南摄影美术出版社，1995，第 460 页。

强迫命令错误的党员，做了过重处理，其中开除党籍 6 人，留党察看 11 人，严重警告和警告各 5 人，撤销党内职务 13 人。1963～1966 年 4 月，在社会主义教育运动和小"四清"（先为清财务、清工分、清账目、清仓库，后改为清政治、清经济、清组织、清思想）运动中，处理违纪案件 771 宗，有 25 名党员被开除出党。①

坚决反击极少数右派分子的进攻，旗帜鲜明地坚持重大政治原则，是非常必要、完全正确的，否则会造成思想上和政治上的混乱，但是反右派斗争被严重地扩大化了，尤其是运动中采取的大鸣、大放、大辩论、大字报的错误斗争方式，既加速了反右派斗争的严重扩大化，又成为此后群众运动失控的一个重要因素。反右派斗争的严重扩大化，严重影响了党的八大关于社会主要矛盾的正确判断。1957 年 10 月至 11 月召开的中共八届三中全会认为，当前国内的主要矛盾仍然是无产阶级和资产阶级、社会主义道路和资本主义道路的矛盾。这一理论上和指导思想上的失误造成了长时期的严重后果。全国划定的右派分子，绝大多数属于错划。琼中县划定的右派分子以及地方主义分子、地方民族主义分子等也绝大多数属于错划。许多党的干部和有才华的知识分子由此长期受到压抑与打击，这是党和国家的严重损失。

二　"大跃进" 及其纠正

（一）三面红旗

1957 年"一五"计划的提前完成，激发了全国人民在短时间内彻底改变新中国落后面貌的斗志，增强了中国共产党人领导经济建设的自信心，也滋长了中央和地方不少领导干部的自满情绪，从而高估了人的主观意志的作用，忽视了经济规律，急于建成发达的社会主义，甚至跑步进入共产主义。

1958 年 1 月和 3 月，毛泽东先后在广西南宁和四川成都主持召开的中央工作会议上，错误地改变了中共八大确定的在经济建设上既反保守又反冒进即在综合平衡中稳步前进的方针。1958 年 5 月 5 日至 23 日的第八次全

---

① 琼中黎族苗族自治县地方志办公室编（梁定鼎主编）《琼中县志》，海南摄影美术出版社，1995，第 455～456 页。

国代表大会第二次全体会议，正式通过了毛泽东提出的"鼓足干劲，力争上游，多快好省地建设社会主义"的总路线。总路线提出后，一场"全民大办"的"大跃进"运动发动起来。"全民大办"的"大跃进"主要包括提前"跨农纲"，即尽早达到《全国农业发展纲要》所规定的各项指标；全民大炼钢铁，即所谓的"钢铁元帅升帐"；尽快实现工业化，使工业产值在国民经济中所占比例超过农业的产值，十五年超英赶美等三个方面的内容。

在发动"大跃进"的同时，还开展了农村人民公社化运动。1958 年 3 月，中共中央政治局成都会议通过了《关于把小型的农业合作社适当地合并为大社的意见》。《意见》指出，在有条件的地方，把小型的农业合作社有计划地适当地合并为大型的合作社。会后，各地农村开始了小社并大社的工作，有的地方出现了"共产主义公社""集体农庄"，有的地方出现了"人民公社"。因为错误地认为农村集体经济的规模越大、公有化程度越高，就越能促进增产增收，因此 1958 年 8 月，中共中央政治局北戴河会议通过了《关于在农村建立人民公社问题的决议》。9 月初，全国掀起了农村人民公社化运动的高潮。在一个多月的时间里，全国 74 万个农业生产合作社合并成为 2.6 万多个人民公社。人民公社实行"政社合一"的体制，其基本特点为"一大二公"。所谓"大"，就是规模大，原来一二百户规模的农业生产合作社被合并成拥有四五千户甚至一两万户的人民公社；所谓"公"，就是公有化程度高，原来经济条件各不相同的农业生产合作社被合并以后，主要财产归人民公社所有，收入在全社范围内统一核算和分配。本以为积极地运用人民公社的形式，就能摸索出一条过渡到共产主义的具体路径，却因其严重地脱离了农村的生产力水平，致使"一平二调"之风泛滥，损害了广大社员和小集体的利益。"一平二调"中的"一平"是指在"人民公社"内部所实行的平均主义的供给制、食堂制，"二调"指的是对生产队的劳力和财物的无偿调拨。

1958 年，在"总路线、大跃进、人民公社"三面红旗鼓舞下，广大干部群众建设热情空前高涨，全国工农业战线掀起了"大跃进"高潮。领导层出现了以高指标、瞎指挥、浮夸风和"共产风"为主要标志的"左"倾错误，生产力和生态环境遭到严重破坏。

（二）"全县大办"的"大跃进"

1958 年 2 月 20 日，琼中县县委召开扩大会议，贯彻省委和自治州委关于社会主义生产大跃进的指示，号召全县人民"勇敢大跃进"，大放粮食卫星。1958年8月14～17日，琼中县县委在乘坡召开三级干部誓师大会，会议传达了海南省委扩大会议的精神，提出"认清形势，解放思想，拼命奋战四个月，夺取水稻亩产3千斤，番薯1万斤"等不切实际的狂热口号，大谈所谓粮食飞跃发展的新形势，大批所谓自卑自满保守迷信思想。最后誓师，动员全县全党全民"大跃进"。1958年11月29日至12月4日，琼中县四级干部会议在乘坡召开，出席人员1334人。会议听取和通过了县委《关于认清形势，解放思想，为实现明年早造万斤县奋斗》的报告，并就组织明年工农业全面"大跃进"进行研究和部署。会议采取大鸣、大放、大字报、大辩论的形式，大找阻碍"大跃进"的原因。会上总计鸣放意见3100多条，批判斗争了14位敢于讲真话的干部。[①]

总之，琼中县县委制定的农业跃进计划，不切实际地提出晚造水稻亩产要实现双千斤、力争三千斤，番薯亩产一万斤等高产指标。县委还根据省委战地会议精神，在堑对镇搞"亩产双万斤"高产镇，并强迫农民将已抽穗的六亩水稻拔起后移到仅一亩的田里密植，用七台手摇风柜日夜不停地给水稻"透风"。因违反种植科学，结果水稻全部烂死，颗粒不收。1958年冬，琼中县县委大搞深翻改土，提出"深翻三尺三，产量翻一翻"的口号，把表土埋下去，将瘦土翻上来，因破坏了土层，造成减产。1959年，琼中县全面推行所谓"蚂蚁出洞""双龙出海""满天星斗"的小棵密植，结果因过分密植，缺阳光，不透风，禾苗生长不好，亩产不足100公斤。是年粮食总产比上年减产2530吨。[②]

与此同时，工业生产的指标也"大跃进"。琼中县县委在放粮食"高产卫星"的同时，还根据上级指示，全民动员，集中2万多人，以公社为单位，土法上马，大炼钢铁，掀起一个轰轰烈烈的全县大炼钢铁运动。大炼钢铁的方法五花八门：有用小高炉群"炼钢"的，有用水缸"焗钢"的，还有用穴洞"焖钢"的。费时两个月，烧掉了大量林木，生产出370吨废铁，劳民伤财，又破坏了生态环境，一无所得。

---

① 琼中黎族苗族自治县地方志办公室编（梁定鼎主编）《琼中县志》，海南摄影美术出版社，1995，第447页。
② 琼中黎族苗族自治县地方志办公室编（梁定鼎主编）《琼中县志》，海南摄影美术出版社，1995，第460页。

1958 年琼中县在文化艺术方面也搞起"大跃进",全县掀起写歌作诗的热潮,大放"民歌卫星"。1959 年,县文化馆从中选录部分佳作编成了《跃进歌选》,油印发给各社队,同时在《琼中报》上辟副刊专栏,发表文学作品。

（三）与"大跃进"同起的运动

伴随"大跃进"运动进行的,还有"人民公社化"运动、"反右倾"运动,以及"民主补课"运动。

"人民公社化"运动。1958 年 8 月 29 日,中共中央发出《关于在农村建立人民公社问题的决议》后,9 月初,本县首先办起黎母山人民公社。到 9 月 20 日,琼中全县一哄而起,又建起中平、和平、长征、太平、红岛、南坤、北大、母瑞山、会山等 10 个人民公社,全面实现公社化,耕地、山林、耕畜、农具、果树统归公社所有。11 月,根据上级指示,人民公社实行"政社合一""工农商学兵五位一体",并且践行"组织军事化、生产战斗化、生活集体化、管理民主化"号召,实行营、连、排编制,统一调配劳力,搞大兵团作战。工副业统由公社经营,大刮"一平二调"共产风。生活上大办集体食堂,推行"吃饭不要钱,按月发工资"的半供给半工资制。同时,大肆宣传人民公社"一大二公"的优越性,宣传"跑步进入共产主义"。全县各公社办起公共食堂近 600 个,一日三餐干饭,群众称为"吃公社",老少皆欢。加钗大队的儿童天天戴着"锅巴帽"(用大块锅巴弯着粘成)嬉戏。什运管区什统黑生产队的食堂处于海榆中线公路边,过往客人都来免费就餐。但好景不长,仅仅两个月后大部分食堂缺粮,每人每餐仅能够分到一二两稀饭。由于生产上搞高指标、瞎指挥,作物歉收。年终,社员领不到工资,农民利益受到严重损害。坚持平均主义和无偿调用,完全违背了按劳分配的原则,严重挫伤了农民的生产积极性,也使生产力遭到很大的破坏,给农业生产带来了灾难性的后果,是造成新中国三年经济困难的重要原因之一。

因当时的浮夸风盛行,虚报产量现象多见,亩产不足两百斤却上报"双千斤"。缺粮情况上报后,上级领导指示县委召开四级干部会议"反瞒产"。1959 年 1 月 27 日至 2 月 6 日,反"瞒产"会议在乘坡召开,出席的有公社书记、社长、总支书记、大队长、连长、排长和粮食管理员等近千人。会议由县委第一书记胡辰祥主持,大反所谓本位主义和个人主义,搞人人过关，交代"瞒产"数量。不交代则被批斗，罚跪石子，不准回家过年。为求过关，有704人交代"瞒产"粮食650吨。由于存粮已基本吃完，这些人回去后，无粮交出，又被斗争，致使一些农村基层干部含冤自尽，造成不应发生的悲剧。县委派出工作组下队清仓倒埋，查找粮食，结果十队九空。1959年粮食紧张，群众挨饿，牲畜死亡。至1960年，大多数人靠上山采野菜、蕉心充饥，饿殍时有发生。是年因营养不良患水肿病的有3665人，因缺粮而死亡的有1386人，占全县人口总数的2.2%。①

"反右倾"运动。1959年8月15日，县委根据海南区党委《为捍卫总路线，立即掀起反对右倾机会主义斗争》的决定，成立"反右倾"运动领导小组。18日，召开四级干部动员大会，县级机关党群、宣教、政法、财贸、农林水和工商等6条战线分成13个小组进行鸣放和辩论。至10月，鸣放意见31114条，有54名干部对大炼钢铁、办公共食堂、放高产卫星等提出尖锐的批评，结果被戴上右倾机会主义分子帽子，层层进行批斗。其中大会斗争7人，战线批判23人，小组批判20人。最后定案处理22人，其中撤职3人，开除出队送劳改、劳教6人，登报除名1人，留党察看2人，党内警告1人，其他处分9人。同年，农村结合整党、整队开展"插红旗、拔白旗"运动，有74人被当作"白旗"干部批斗后撤职。② "反右倾"运动使党的民主生活作风和实事求是的优良传统受到严重损害。

"民主补课"运动。1958年12月至1959年11月，本县县委根据省委和海南区党委指示，组成工作队，在全县农村分两批开展"以共产主义教育为纲"，以巩固人民公社为中心的民主补课运动，对漏划的地主、富农、反革命分子、坏分子补划阶级成分。第一批为和平、中平、北大等3个公社25个大队，第二批为南坤、黎母山、长征、红岛、太平、五指山等6个公社57个大队。这次运动，共召开斗争会718次，划定"四类分子"688人（地主156人，富农136人，反革命分子253人，坏分子143人），其中84人送劳动教养，194人管制劳动，258人监督劳动。③

---

① 数据见琼中黎族苗族自治县地方志办公室编（梁定鼎主编）《琼中县志》，海南摄影美术出版社，1995，第460~461页。

② 琼中黎族苗族自治县地方志办公室编（梁定鼎主编）《琼中县志》，海南摄影美术出版社，1995，第461页。

③ 琼中黎族苗族自治县地方志办公室编（梁定鼎主编）《琼中县志》，海南摄影美术出版社，1995，第461页。注：所引原文数据有误，"四类分子"总数应为688人。

1960 年，阶级成分尚未划定的社队，结合"三反"整社运动，继续进行民主补课。县委规定，解放前的峒主、总管、哨官、龙公、山甲均属剥削者，被划为地主富农成分的有 998 户。1962 年 1 月，县委根据实事求是、"有错必纠"的精神，派出 207 名干部组成复查工作队，对全县农村的阶级成分进行全面复查，补划地主 4 户、富农 5 户，42 户原划为地主的改划为富农，280 户错划为地富的，全部纠正。民主补课结束时，全县划定地主富农 727 户，占农村总户数的 6.3%。①

这次民主补课运动，由于"左"的思想指导，导致斗争扩大化，全县有 138 名干部被当作混进革命队伍的四类分子清除出队，直至中共十一届三中全会后，才落实政策，全部给予平反。

（四） 对 "大跃进" 的纠正

"大跃进"背景下热火朝天的中国，却潜伏着重大的危机。"大跃进"和"人民公社化"运动，在生产发展上追求高速度，在建设上追求大规模，在目标上确立不切实际的工农业生产高指标，导致有限的资源被胡乱使用，粮食产量急跌，工业生产大幅度下降，国民经济的发展无法持续，社会主义经济遭到重大损失。其实从 1958 年 11 月到 1959 年 7 月，毛泽东和中共中央就曾经努力纠正已经察觉到的错误，尽力采取一系列措施来压低 1959 年的工农业生产指标，并提出要对人民公社以及当时在人民公社中盛行的"一平二调"实行整顿。1960 年冬，党中央开始纠正农村工作中的"左"倾错误，决定对国民经济实行"调整、巩固、充实、提高"的方针。但是，这种纠"左"是在继续坚持总路线、"大跃进"、人民公社这"三面红旗"的前提下进行的，因而不可避免地带有很大的局限性。

1960 年 12 月 29 日，本县县委根据省委和海南区党委指示，召开四级干部会议，传达贯彻中共中央《关于农村人民公社当前政策问题的紧急指示信》（即"十二条"），调整先前的政策，大反"五风"（共产风、浮夸风、强迫命令风、生产瞎指挥风、干部特殊化风），纠正失误，并派出工作队发动群众进行生产自救。1961 年六七月间，县委又两次召开扩大会议，

① 琼中黎族苗族自治县地方志办公室编（梁定鼎主编）《琼中县志》，海南摄影美术出版社，1995，第 462 页。

贯彻中共中央《农村人民公社工作条例（修正草案）》（即"六十条"），解散公共食堂，允许社员耕种自留地，清理国家单位和人民公社向下平调的劳力、物资、资金等，搞好退赔和平反错案。群众情绪高涨，积极生产。是年，全县扩种粮食作物 22.45 万亩，产粮 1.77 万多吨，比上年增产 0.35 万吨，灾情缓解，形势开始好转。① 当年，畜禽生产也有较大发展，牛、猪、鸡鹅鸭的饲养量分别比上年增加 2793 头、9121 头和 2.65 万只，增长 12%、45% 和 32%。②

1961 年县委给 1959 年反"瞒产"会议中被错误批斗的人和含冤去世者赔礼道歉，恢复名誉。1962 年，根据海南区党委的指示，本县给在"反右倾"运动中被处理的干部进行甄别平反。

"大跃进"及"人民公社化"运动，是中国共产党在探索自己的社会主义建设模式以及防范资本主义与修正主义的过程中，因对社会主义建设的长期性、复杂性估计严重不足，轻率发动的运动。因为缺乏认真的调查研究和试点工作，错误地批判反冒进，改变了更切实际的在综合平衡中稳步前进的经济建设方针，使得以高指标、瞎指挥、浮夸风和"共产风"为主要标志的"左"倾错误严重地泛滥开来。

"大跃进"中的琼中县作为全国形势下的一个缩影，折射出当时"左倾冒险"的时代氛围。琼中县不切实际地一味跟风，体现了广大干部群众建设社会主义的急切心态，而其症结所在则源于本县领导脱离了"实事求是"的基本原则。1958 年"大跃进"时，县社大办工矿企业，致使国营企业数量激增，经济结构比例失调。"大跃进"中脱离实际技术能力，片面地追求建设的高速度、高指标，在各项高指标中又特别突出强调钢铁指标和粮食指标，严重地破坏了国民经济各部门的综合平衡。本以为积极地运用人民公社的形式就能摸索出一条过渡到共产主义的具体路径，却因其严重地脱离了农村的生产力水平，致使"一平二调"之风泛滥，损害了广大社员和小集体的利益。

---

① 琼中黎族苗族自治县地方志办公室编（梁定鼎主编）《琼中县志》，海南摄影美术出版社，1995，第 461 页。

② 琼中黎族苗族自治县地方志办公室编（梁定鼎主编）《琼中县志》，海南摄影美术出版社，1995，第 447～448 页。

三 "小四清" 与 "五反" 运动

1963 年 4 月，琼中县县委在长征公社进行"清账目、清仓库、清财物、清工分"的"小四清"试点，全社 400 名社队干部中有 6 人严重"四不清"，其中 5 人被批斗后撤职，1 人被开除党籍。1964 年 11 月中旬，全县分三批开展"小四清"运动，每批经过 20 多天，通过自我检查、互相揭发、清理账目、退赔处理等几个阶段进行。生产队队长、会计、出纳人人都得"下水洗澡"，交代问题后才能"起水"。全县 4472 名社队干部，有 3184 人经济上不清，涉及现金 9.91 万元、工分 36.6 万分，平均每人 31.12 元、115 分。至 1965 年 1 月底运动结束时，有 45 人不能"起水"，其中 13 人被定案处理。[1]

1963 年 10 月 25 日至 1965 年 2 月 25 日，本县在 44 个县属单位开展了"反贪污盗窃、反投机倒把、反铺张浪费、反分散主义、反官僚主义"的"五反"运动，要求领导干部"下水洗澡"，一般干部则需进行"自查"（查阶级立场、查人生观、查思想作风）。经过"五反"运动，全县揭出有贪污盗窃、投机倒把行为的 33 人，计款 9113 元，追回赃款 3337 元。1 人党内警告。[2]

"小四清"和"五反"运动，查清了一些干部的经济问题，也对干部进行了较深刻的反腐败教育。但运动中也出了一些偏差，比如把正当的家庭农副业生产错误地当作资本主义商业来批判，把安排所谓"四类分子"的子女当保管、会计，错误地说成是"政治上不清"等，致使不少农村干部对"小四清"运动心怀埋怨情绪。中共十一届三中全会后，县委对运动中处理不当的人和事进行了甄别平反。

四 琼中县与三线建设

三线建设，指的是在中苏交恶及美国威胁中国东南沿海的背景下，中

---

① 琼中黎族苗族自治县地方志办公室编（梁定鼎主编）《琼中县志》，海南摄影美术出版社，1995，第 462 页。
② 琼中黎族苗族自治县地方志办公室编（梁定鼎主编）《琼中县志》，海南摄影美术出版社，1995，第 462 页。

华人民共和国政府自 1964 年开始在中国中西部地区 13 个省、自治区进行的以战备为原则的大规模国防、科技、工业和交通基础设施建设，也是一次大规模的工业迁移过程。出于国防考量，三线建设所选择的地点皆偏僻而分散，这给后来的企业经营发展造成了严重的障碍，但也为落后的中国中西部地区的工业化发展提供了助力。三线建设由周恩来总理牵头，国务院副总理李富春主持日常工作，薄一波副总理和罗瑞卿副总理兼总参谋长兼国防工办主任协助。从 1964 年到 1980 年，国家为三线建设投入了 2052.68 亿元巨资，占同期全国基础建设总投资的 40% 还多；400 万工人、干部、知识分子、解放军官兵和成千万人次的民工，在"备战备荒为人民""好人好马上三线"的号召下，来到祖国大西南、大西北的僻远处，艰辛地建起1100 多个大中型工矿企业、科研单位和大专院校。三线建设发展的是一种封闭的、所有制结构单一的国有经济，是典型的计划经济的产物。因此，不能有效配置资源。

海南当时的三线厂主要设立在琼中县，其中海南农具厂（后改名国营南江机械厂，代号 596 厂）在海渝中线 185 千米处，国营海南加工厂（代号9665 厂）和国营海南光华厂（代号 9671 厂）在海渝中线 181 千米处，皆属于广东省管企业，由中共广东省委国防工业建设领导小组领导。厂址皆选择在两山相夹的深山峡谷中或大山的脚下，厂房结构形式也力求乡土化，如"村落式""民房式""瓜蔓式""阶梯式"等。工厂建设坚持因陋就简、自力更生的方针。海南的兵工厂主要生产枪、枪弹、手榴弹、地雷：67 式木柄手榴弹、59 式防步兵绊索雷、60 炮弹、反坦克枪榴弹、67 式 7.62 毫米半自动步枪子弹、工业雷管（代号 85#产品）、导火索（代号 86#产品）、四代六种类型手榴弹等。70 年代为越南战争生产了几年 5 公斤和 10 公斤的炸药包。军转民时研制生产了船用救生系列产品，多项产品获得国家、省科学发明奖。在工厂附近几千米还有一家为三线服务的红卫医院，一座毛丹水电站。

1973 年国防工办撤销，成立海南行政区军工处。1978 年军工处撤销后，琼中县几个三线工厂和仓库移交广东省国防工办管理。1979 年后，原工办下属的工厂都先后搬到海口地区，机器也全搬出。其中光华厂搬到海瑞墓附近，生产胶钳和摩托车链；农具厂搬到灵山，生产雷管、导火索；雷管车间后来搬迁到文昌市昌洒镇；加工厂搬到东山镇，生产炸药。

在 1956 年到 1966 年全面建设社会主义的这十年中，全党和全国各族人民在生产建设中发挥了社会主义积极性和创造精神，取得了一定的成果。国内的大、中型建设项目，有三分之二是在这个时期动工的，后来形成了一大批有较强生产能力的基础项目。这个时期，原子能利用等一些尖端技术开始被突破，农田水利建设得到显著发展，并长期发挥作用。可以说，现在赖以进行现代化建设的物质技术基础，很大一部分是这时期建设起来的。但是，由于中国共产党的工作在指导方针上出现了重大失误，尤其是1958 年轻率发动的"大跃进"和"人民公社化"运动造成了严重的消极后果，导致这个时期经历了曲折的发展过程。在这十年中，中国共产党对经济工作指导思想上的"左"倾错误进行了纠正，但并不彻底，而其在政治和思想文化方面还有发展，最终导致了"文化大革命"的发动。

第二节　改革开放与社会主义现代化建设新时期

1978 年 12 月中共十一届三中全会召开至今，是改革开放和社会主义现代化建设的新时期。1978 年 12 月 18 日至 22 日，中共十一届三中全会在北京召开。全会冲破长期"左"的错误的严重束缚，彻底否定了华国锋主持中共中央工作时所坚持的"两个凡是"（凡是毛主席作出的决策，我们都坚决维护；凡是毛主席的指示，我们都始终不渝地遵循）的错误方针，断然否定了"以阶级斗争为纲"的指导思想，高度评价了关于真理标准问题的讨论，做出把工作重点转移到社会主义现代化建设上来以及实行改革开放的战略决策。十一届三中全会恢复了党的民主集中制的优良传统，重新确立了马克思主义的思想路线、政治路线与组织路线，使中国进入改革开放和社会主义现代化建设的新时期。

一　琼中县新的社会变革——改革开放①

琼中县自 1979 年起，贯彻中共十一届三中全会精神，先后进行了农业

---

① 该部分数据参见该书编写组《琼中黎族苗族自治县概况》，民族出版社，2008，第 35 ~ 40、57 ~ 101 页。

生产责任制改革、工商企业经营管理改革和政治体制改革。1988 年海南建省以及 2014 年被确立为国际旅游岛后，海南不断迎来更好的历史机遇。

（一） 农村经济体制改革及农林牧畜渔业的发展

根据中共中央《关于加快农业发展若干问题的决定（草案）》和《农村人民公社工作条例（试行草案）》，1979 年 3 月，琼中县县委制定了 11 项发展农村经济的改革措施，此年全县 101 个生产队确立了联产承包责任制，209 个生产队实行了定额包工制。1981 年，绝大多数生产队实行了联产承包责任制。根据中央精神，1982 年，自治州和县委确定在万众和腰子进行完善联产承包责任制的试点，实行"双包"（即包产、包干）到户，同时清理账目，落实经济作物生产责任制和健全生产队领导班子。到年底，全县 749 个生产队实行了"包产到户"的联产承包责任制。1984 年，县政府向农民颁发土地长期使用证，进一步稳定和完善了家庭联产承包责任制。

为发展农村商品生产，1986 年县委提出"种植、饲养、采矿、流通"八字致富方针，引导农民发展商品生产，并着力扶持"二户一体"（专业户、重点户、联合体）。工商管理部门积极疏通商品流通渠道，建造农贸市场，方便群众进行商品交流。至 1990 年全县有集市圩镇 17 个，筹集资金 200 多万元，建起钢筋水泥结构农贸市场 14 个 7700 多平方米，简易市场 3 个 1000 平方米，从商人员 4987 人，商品成交额达 13.91 万元。除工业品外，成交的农副产品和土特产品主要有牛、猪、鸡、鹅、鸭、蛋类、水产品、金钱龟、山兰酒、山瑞鱼、茶叶、红白藤、木材、竹子、稻米、玉米、花生、水果、瓜菜等。黎族、苗族人民学会了做生意，王大民（黎族）、盘永跃（苗族）还分别被评为全国和省的先进个体户。1990 年，在乡镇成立农民管理站，在管理区成立农经服务组，并在村委会成立服务小组，为农业生产发展提供服务。当年全县粮食总产量达 3.97 万吨，而 1978 年只有 3.09 万吨；农村人均纯收入 634 元，而 1978 年只有 57.8 元。同时，大力发展种养业。本县土地资源丰富，宜种植热带作物的土地近 30 万亩。但 1978 年前，使用率仅有 22%。1980 年县人民政府经过调研，划定宜植地 28.8 万多亩，发动群众大办家庭农场，并逐年拨出专款扶助。至 1990 年，共拨出专款 576.5 万多元，扶持办家庭农场 8000 多个，全县养牛 3.85 万头。种植经济作物 27.05 万亩，其中橡胶、茶叶、咖啡等 12.54 万亩，南药 7.11 万亩，水果 2.45 万亩，木薯和糖油作物 4.97 万亩。黎母山镇新村管区农民陈成章一家种植橡胶 109 亩，其他经济作物 1.2 万株，为全县之冠。另外，农民所办重点企业专业户达 140 户，个体商业户 1879 家。

而本县农田基建、农村公益事业、乡村教育的发展还有待提高。水利是农业的命脉，1981 年，农田承包到户，用水者众，维修者少，山塘毁坏严重，至 1984 年仅存 47 口，灌溉面积减到 151 亩。1985 年，各区镇制定管水措施，先后修复山塘 52 口，疏通渠道，扩大灌溉面积。至 1987 年有山塘 91 口，总库容 172 万立方米，有效库容 40 万立方米，灌溉面积回升至 4000 亩。

1997 年开始的农村第二轮土地承包工作至 2004 年结束，解决了土地纠纷，规范了承包合同，补发了土地承包经营权证，并规范了农村土地流转形式。

气候温和、雨足地沃的琼中县，适合发展热带农、林、牧业。本县的主要粮食作物是水稻和旱粮，其中水稻是本县播种面积最大的农作物，一年两造，植于各乡镇；经济作物包括木薯，甘蔗，黄豆、黑豆、红豆、白豆、压草豆、刀豆、菜豆等豆类，以及果蔬，橡胶，南药等；本县的水果主要有龙眼、荔枝、绿橙、芒果、菠萝、香蕉、石榴等。1981 年本县划定九大主要林区为五指山林区、鹦哥岭林区、加铁岭林区、白马岭林区、黎母山林区、吊罗山林区、飞水岭林区、白花岭林区及松涛林区。1981～1982 年春，县林业部门派员到各社队贯彻"确定山林权属，划定自留山，确定山林管理责任制"的"三定"政策，全县划定自留山 8.43 万亩，集体所有山林 37.61 万亩，国有山林 84.96 万亩，并由县人民政府颁发了山林权证。由于林业管理体制的改革，1990 年全县森林面积达 179.09 万亩（含新造未成林）。本县林特产品主要有木棉絮、油茶子、松香、松脂、松节油、竹类、竹笋干、炭薪柴等。1979 年本县被确定为全国商品牛生产基地。1985 年，全县饲养量达 4.74 万头（其中水牛 3.54 万头，黄牛 1.2 万头），户均 2.9 头。1990 年，全县饲养牛 4.2 万头（其中水牛 3.2 万头，黄牛 1 万头），户均 2.6 头。

1998 年以来，本县调整农业产业结构，提出"五个大"（即橡胶、畜牧、热作、林业、南药五大产业）、"六个一"（即人均 1 亩橡胶、1 亩水果、1 亩经济林、1 亩短期经济作物、1 头牛、1 头猪）的奋斗目标，促使农业与农村经济有了较快发展。2004 年粮食产量达 51662 吨、橡胶 109996

吨、水果 19666 吨、牛存栏量 55720 头。其中，橡胶是本县传统的支柱产业，是本县农场和地方的主要经济来源之一，而海南绿橙则成为琼中县的特色水果。截止到 2004 年底，全县种植绿橙面积 3.2 万亩，挂果面积 6000亩，产量 18000 吨，产值 7200 万元。除供应海南等国内市场外，鲜果还远销海外。如今"琼中绿橙"已经成为海南热带水果的一大品牌，是一种目前只能种植、生长于琼中独特的土壤气候环境下的纯天然无公害水果。2006年 1 月，"琼中绿橙"商标在国家商标局注册，成为海南省第一个地理标志证明的商标，2006 年 3 月又被中国绿色食品发展中心认定为绿色食品 A 级产品。南药也是本县的传统支柱产业。近年来，槟榔、益智等南药价格较好，农民种植积极性较高，出现了南药产销两旺的局面。截止到 2004 年底，全县槟榔种植面积 58000 亩，产量 1054 吨，产值 1637 万元，同比增长 3%和 5.7%；益智 46800 亩，产量 2627 吨，产值 862 万元，同比增长 0.6% 和1.5%。2004 年，本县将种牛场委托运营，加强无规定动物疫病区基础设施建设，健全疫病防治体系，突出发展琼中特色小山牛，并在养猪场建设配套的沼气池，一系列措施使畜牧业发展较快，增加了农民的收入。截止到2004 年底，肉类总产量 7546 吨，同比增长 12.2%，畜牧业总产值 10657 万元，占农业总产值（49602 万元）的 21.5%。

2000 年，琼中县首创"9 + 1"农函班，把课堂授课和现场实习相结合，为基层乡镇培养实用人才 48 名，还举办淡水养殖技术培训班 25 期。这一年渔业放养面积达 360 亩，鲜鱼总产 1945 吨，产值 700.2 万元。至 2004 年，全县放养面积 9450 亩，鲜鱼总产达 2483 吨，产值 1489.8 万元。

（二）工商企业的改革及发展

琼中县贯彻中央精神，1979 年起，允许个体工商业发展，至 1990 年，全县私营工商企业发展到 2019 家，从业人员 3381 人，其中个体商业 1879户，从业人员 2796 人，个体工业手工业 140 户，从业者 585 人。1980 年起贯彻"改革、开放、搞活"方针，逐步改革经济体制，扩大企业自主权，对企业进行技术改造、扩建，添建一批全民工厂。1982 年，改革国营商业和供销合作商业，将所有权和经营权分离，在经营单位推行承包经营责任制，以适应激烈的市场竞争。1988 年，全县 17 家地方国营工业企业，普遍推行厂长（经理）负责制。工商企业的改革，致使全县上缴税利不断增多，1990 年达到 668.7 万元，而 1978 年是 348.6 万元。

1996年部分企业开始实行改制或实行委托经营、承包、租赁等，缓解了企业困境。1998年后，本县进一步深化企业改革，对国有企业实施了委托运营、承包、租赁、关闭、股份制改造、转计等多种改制形式，涉及县属企业26家，改制面为51%。到2004年，全县工业经济运行总体呈现上扬趋势，工业产值年均增长13%，但工业总量较小。近年，本县积极推进资产重组和技术创新，深化国有企业改革，加快推进"放小"工作，制定和出台了《关于鼓励和加快非公有制经济的决定》等优惠政策，扩大招商，引进资金，大力发展资源加工等优势产业。通过参股、控股、租赁和兼并等多种形式，将部分国有企业改革为私营企业和股份制企业，如县食品厂利用厂房引进椰海生物高科技蒜精油厂投资办厂，制药厂恢复了大青根注射液生产线，发展势头良好。

1990年，全县有出口经营权的企业为海南农垦营根机械厂、琼中县外贸总公司、琼中李氏实业有限公司及琼中奔鹿淀粉厂。早在1984年海南农垦营根机械厂就开始向马来西亚、南非、泰国等地出口产品，主要为橡胶加工设备。2002年，贸易厅对出口企业提供网上平台。该企业2003年出口额增为11万美元，2004年则为8万美元。

（三）　政治体制改革

1980年4月，本县党政领导机关分设为县委、县人大、县政府、县政协四套班子，党政分开。1983年9月，琼中县撤销人民公社，分设区党委、区政府和农工商联合公司，政企分开。同时，精简、撤销行政局级单位11个，改行政局为公司5个，新建各类经营公司12个；逐步推行干部聘用制、任期制。2002年，琼中县再次进行乡镇党政府机构改革，大力精简机构人员，切实减轻农民负担，14个乡镇撤并为10个乡镇。2004年全县社会总产值53366万元，1995年为30755万元，年均递增6.31%。2005年，全县农民人均纯收入1739元。

（四）　建设理念改革

1999年，海南省率先提出了建设生态省的理念。2002年，海南文明生态村初建，琼中县从治理农村生活环境切入，通过改造危房、改水改厕、硬化道路、整治脏乱差、绿化美化等，改变了本县农村落后的人居环境。几年来，琼中县共创建137个文明生态村，其中省级文明生态村48个，县级文明生态村89个，占全县558个自然村的24.3%，占2002～

2009 年计划总数 331 个的 41.4%。文明生态村建设共投入 3062.5 万元，其中省级（以工代赈资金）2080 万元、县地方财政投入 442.5 万元、乡镇财政投入 250 万元、县驻点单位投入 275 万元、社会捐助 15 万元，群众义务投工 18.5 万个工日，受益群众 4602 户 27467 人。在文明生态村建设中，先后新建、改造农村卫生饮水工程 18 项，建水泥村道 87 条，计27.69 千米，建文化室 55 间，建水泥硬化篮（排）球场 47 个，建水泥硬化排水沟 179 条，计 6.435 千米，垃圾池 187 个，休闲亭或露天休闲桌椅230 套，植树栽花种草 2.1 万平方米。同时举办农村实用科技培训班 540期，受训村民 16200 人次。①

因琼中县特别注重加快生态产业发展，着力推进生态环境工程建设，加强对天然林的保护和管理，并加大对各种破坏森林资源行为的查处力度。具体而言，本县依法进行荒山荒坡造林和浆纸林工程建设，加强污染源达标的后续管理，加快建设淀粉厂污水处理示范工程，依法保护和合理开发水、土地、矿产等自然资源，及时治理城镇生活污水、生活垃圾和噪音污染，深入开展"生态城镇""文明生态村""生态小区"等创建活动。所以，琼中县生态环境综合指数在全国 2348 个县（市）中排名第 4 位，在海南省 18 个县（市）中排名第 1 位。琼中县湾岭镇 2004 年被国家环保总局评为"全国环境优美乡镇"称号。同时，琼中县国土环境资源局分别被国家环保总局和省政府评为"一控双达标"工作先进单位，先后获"全国国土资源系统法制宣传教育先进集体""全省环保系统生态环境监控工作先进集体""全省环保系统先进集体"称号。②

总之，近年本县国民经济稳步发展，综合实力显著增强。固定资产投资大幅度增长，基础设施进一步完善，海榆中线琼中—屯昌路段、县城出口路安居小区、农村电网、农田水利、乡村道路、农村饮水、生态文明示范村等重点工程建设进展顺利。完成乌石至阳江 35kV 线路施工和新进输变电工程，解决 2 个乡镇和 3 个国营农场用电难问题；新建了齐放广播电视转播塔，建成广播电视接收点 92 个，有线电视、广播电视村村通工程建设步伐加快，广播电视覆盖率大幅提高；加强乡村道路建设，修建乡村道路 20 条；修建硬化山塘水利 24 项，新建农村引水工程 16 项，完成改

---

① 数据参见该书编写组《琼中黎族苗族自治县概况》，民族出版社，2008，第 273 页。
② 参见《生态琼中 绿色宝库》，《中国环境报》2010 年 9 月 2 日。

厕 680 间；新建财政、地税等一批办公楼和商住楼，加快营根、乌石、湾岭、什运等小城镇建设步伐，城乡市政基础设施进一步完善，投资环境明显优化。

二　民族关系及黎族、苗族生活状况

本县的民族构成较复杂，作为少数民族聚居之县，黎、苗、汉族为世居民族，其他民族则因工作、婚嫁等各种原因迁入。1982 年第三次人口普查，全县有黎、苗、汉、回、瑶、壮、满、侗、土家，以及新增加的畲、藏、彝、傈僳、白、土等民族。1990 年第四次人口普查，全县计有黎、苗、汉、壮、瑶、回、侗、满、土家、畲、彝、藏、傈僳、蒙古、白、布依、朝鲜、哈尼、撒拉等 19 个民族。截至 2009 年底，琼中县聚居的民族主要有汉、黎、苗三个民族。其中汉族 90966 人，占总人口的 41.68%，黎族 104290 人，占总人口的 47.79%，苗族 14410 人，占总人口的 6.60%，其他民族 8455 人，占总人口的 3.92%。[①]

从 1952 年到 1987 年 11 月，历届海南黎族苗族自治区、自治州的党委、政府给予琼中黎族、苗族等各族人民以极大关怀，从财力、物力、人力方面施以援助，改变了各族人民贫穷落后的现状。从 1988 年到 2004 年底，海南省委、省政府制定了一系列优惠政策和措施，进一步加大对琼中地区的扶持和投入。本县县委和县人民政府也采取了一系列有效措施，在各民族之间巩固和发展平等、团结、互助的社会主义民族关系，加快琼中黎族、苗族地区的建设步伐。

（一）黎族

琼中县的黎族主要分布在什运、红毛、营根、长征、上安、吊罗山、和平等乡镇的丘陵及山区地带，粮食以水稻、番薯为主，经济作物主要有橡胶、槟榔、益智、甘蔗等。饮食上以米饭为主食，喜食稀饭，并喜用火烤肉，爱食腌鱼、肉糟、南杀（用斩碎的牛脊骨或鹿脊骨，拌上半熟的干饭腌渍而成，较酸）、竹筒饭。

---

① 琼中黎族苗族自治县党史县志办公室编《琼中黎族苗族自治县年鉴（2010）》，南海出版公司，2012，第 36 页。

民族服饰上，什运、红毛、长征、和平、上安、吊罗山等地的黎族妇女喜穿无领、无扣、长袖对胸开襟衣，衣的背后绣着方块图案，袖边、衣边镶白布条，衣襟两边各缝一行铝质圆钮，胸前系黑兜肚，下穿自织筒裙（见图12-1），头戴黑头布；男子上穿无领短袖对胸开襟黑衣，下穿缠头黑裤。杞方言男子的服装一般由"吊襜"、上衣、头巾组成。杞方言称"吊襜"为"緷"，以前后重叠的两块麻或棉质粗布制成，每条布料分上下两片合缝起来，上布片为菱形，底边一侧缝着另一块方形布，方形布片的长边与菱形布片缝在一起，而菱形布的另一边与方形布片的约一半处缝合，缝合的底边全长正好贴围在身体周边，形成前后各一片的"吊襜"裙。杞方言男子平时少穿上衣，其上衣无领、无袖或短袖、无纽，仅用一条细绳系牢。前侧领口处缝着棉布花边，少有装饰，仅在衣脚下边垂着较多的穗子。什统黑地区的男子，下身前后各系一幅野麻织的赤色"吊襜"布，头缠红黑布。妇女的装饰品，有银针、银铃、银叉、银簪、耳环、骨簪等首饰，有圆形或扁形银项圈、玻璃珠串等颈饰，有牌、银链、珠铃和镶耳圈的银元和铜钱等胸饰，还有挂小银铃的腰上饰品，以及手上脚上的银（铜）圈和玉镯等饰品。

图 12 - 1　黎族织筒裙

图片来源：琼中黎族苗族自治县党史县志办公室编《琼中黎族苗族自治县年鉴（2010）》，南海出版公司，2012，彩页。

图12-2与图12-3的服装属琼中杞方言妇女服装流行款式之一的前背部分。上衣对襟开胸，低领，无纽，胸前有一排起装饰作用的银质纽扣；上衣袋花由回形纹与花卉纹组成，衣袖接缝处刺绣精美图案；袖口以黑、白色布块缝接，白布条镶边。筒裙以人纹、变形人纹为主，树果纹相错其

中，色彩以金黄、红、黑等色交替表现。背花精美、艳丽，长柱形花纹——人祖纹，已变为短柱形花纹。[1]

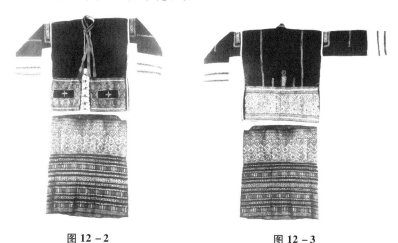

图 12 - 2　　　　　　　　　　　　图 12 - 3

　　图 12 - 4 与图 12 - 5 的服装属琼中杞方言妇女盛装款式之一（前背部分）。上衣低领，对襟，无纽，长袖，胸前有一排起装饰作用的铜质纽扣。袋花独特，红、绿、黄、白等色彩相互交错，回形纹、线条纹为主体纹样。筒裙为短小型，以人纹、波浪纹、动物纹为主题。服装色彩鲜艳，款式靓丽多姿。[2]

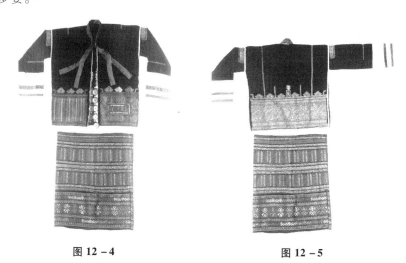

图 12 - 4　　　　　　　　　　　　图 12 - 5

① 海南省民族研究所编《黎族服装图释》，南海出版公司，2011，第43、44页。
② 海南省民族研究所编《黎族服装图释》，南海出版公司，2011，第47、48页。

图 12 –6 属五指山杞方言头人服装款式之一，上衣为麻质的无领对襟、无纽长袖衫，下身为边沿刺绣黑色线条纹的"吊椎"，以黑色布巾缠头，形成额前大棕发髻，为五指山杞方言男子的特有装束。图 12 –7 为五指山区杞方言猎手服装款式，下身的"吊檐"以棉花纤维织制成，无花纹图案，仅在边沿以蓝黑色布条镶边。肩扛粉枪，腰挂长刀，此为黎族杞方言猎手的标志性装束。[①]

本县境内黎族以王姓居多，约 5 万人。婚姻上实行一夫一妻制。当代黎族崇尚恋爱自由，婚姻自主。20 世纪 90 年代始，婚事简办，形式有婚礼、茶会加赛山歌等。琼中杞方言妇女婚礼服款式，整套以大红色彩为主，头巾坠有许多串珠流苏；彩色布条镶边，低领，对襟，无纽，中长袖。上衣袋花大红，在回形纹中分别刺绣"囍""福"两字，体现婚礼的喜庆气氛。袋花之上还加绣树叶纹样，此为婚礼服之独特表现。筒裙也以红色为基调，蓝、绿色花纹交错其中，图案以人纹、动物纹、波浪纹为主。[②] 整套服装体现了喜庆、祥和、华贵的气息。后背腰花织造大型人纹，"囍"字分别刺绣在短柱花两侧，既有传统特色，又有现代风格。

图 12 –6

图片来源：海南省人大常委会民宗工委等编《黎族传统文化》，新华出版社，2001，第 129 页。

图 12 –7

图片来源：海南省人大常委会民宗工委等编《黎族传统文化》，新华出版社，2001，第 126 页。

---

① 海南省民族研究所编《黎族服装图释》，南海出版公司，2011，第 191、193 页。
② 海南省民族研究所编《黎族服装图释》，南海出版公司，2011，第 45 页。

本县黎族语言属杞方言，杞方言堑对土语有 31 个声母，声调 9 个，有不少汉语借词，借词的语言接近海南方言。黎族历史上没有本民族的文字，1957 年创制了以拉丁字母为基础的黎文。

琼中县黎族节庆主要有春节、三月三节、吃新节。黎族过春节与汉人既相似亦有不同，除夕前一天搞卫生，蒸米粿。除夕杀鸡备茶贴对联，忙到下午始敬奉祖先，吃团圆饭，给小孩子压岁钱。大年初一凌晨 1 ~ 2 时即祭祖先，并鸣粉枪 4 ~ 6 响或放鞭炮，合家再吃"岁饭"。初一上午，全村男子上山放狗（狩猎），初二出门拜年。农历三月三节，则是 1984 年，经广东省人民代表大会和省政府批准确定的海南黎族苗族自治州全州黎族的节日，放假两天，本县城乡普遍举行各种文体活动欢度节日。吃新节，指的是秋收前，各家到园里捻回山兰稻，舂米蒸饭吃，预祝丰收。吃时忌外人参加，认为外人吃了会歉收。

本县的黎族自古信奉万物有灵，崇拜的对象多种多样，盛行图腾崇拜、自然崇拜和祖先崇拜等。在接近苗族村庄的黎寨中，部分黎族群众信奉基督教。

1950 年以后，经济条件好的农户开始盖起瓦房，使黎族村落面貌有所改观。1992 年以来，省政府每年设立民房改造补助资金，下拨到各少数民族市县，琼中县黎族人民的居住条件才有了根本改观。

（二） 苗族

本县苗族原在五指山、黎母山、南茂岭等地以耕山为生，居无定所，当代苗民则定居于烟园、新安、南茂、长流水等地。苗民喜居深山老林之处，一家建屋全村帮工。建屋时，先选好屋基，然后选择吉日立柱，柱头上插箬叶和红藤刺叶，屋场正中还要竖竹竿挂葵叶以示吉祥。新屋落成鸣粉枪庆贺，并请众人喝"新居酒"，至今如此。

苗族多姓蒋、盘、邓、李、赵，是明弘治十四年（1501 年）从广西被征调来琼戍边而落籍的。琼中苗族语言属汉藏语系苗瑶语族瑶语支，但有语言而无文字。

本县苗民喜吃稠稀饭（俗称"鸡血饭"），劳作或出远门，则常带包饭、米糕、粽子等。自种瓜菜，喜吃河鲜野味。善腌制，尤喜食"鱼糟"。苗族妇女喜穿红边、无领、长袖、有扣、右开襟，下端两侧开口子的蓝黑色及膝长衣，头戴黑色尖顶绣花巾，腰系红穗带，小腿打绑布，爱用网兜背东西。男穿无领、无兜、有铜纽扣的蓝布右开襟衣，下穿黑色缠头裤。20 世纪 90 年代苗女仍穿苗服，男子穿戴则与汉族同。

苗族节庆主要有春节和三月三节。苗族"过年"与汉黎有别，除夕杀猪、蒸山兰糯米饭，做年馃，下午在院内撑雨伞摆供品敬奉先祖。除夕晚饭置两席，一席专敬先祖，一席为合家团圆饭。初一零时即鸣粉枪迎新春，早、中餐要吃素，下午至翌日，各家烧香点炮，互相拜年。初二晚，每村由 4~5 位长者"守夜"，鸡叫，鸣粉枪"打赤口"（可免除人的口灾嘴祸），祈求平安，各家随之。天亮后，扫地倒垃圾"送穷"。三月三节，也是苗族纪念邓、盘、李、赵、蒋五姓先祖的传统节日。这一天，家家杀鸡抓鱼、蒸五色饭（用红林草、枫树叶、黄姜、茅草等分别榨汁将米染成红、黑、黄、蓝色，加白米分格蒸成），祭祀先祖，祈求平安。苗族忌吃狗肉，认为狗肉不干净，吃了易生病。

苗族信仰。苗族自古信神鬼和巫术，人畜患病或死亡，要请"道公""娘母"作法"查鬼、驱鬼"或"解禁"。新中国成立后，始破封建迷信。基督教传入后，有部分苗民信奉基督教。解放后，宗教信仰自由。1957 年，长征烟园、中平新民等苗村，先后复建教堂，恢复活动。上安、吊罗山一带苗民曾信奉"盘皇"，1958 年被禁，1980 年恢复后，仅有新安村部分苗民参加。

招龙舞（见图 12 - 8）历史悠久，产生于早期苗族民间祭祀宗教活动，在每年农历元宵、七月十五和八月十五等时节进行。苗族崇拜盘王，把盘王视为超自然的灵魂不灭的神祇，也崇拜祖先，把龙视为祖先，凡家人、六畜不安，都求祖先公来驱邪、保平安。举行祭祀仪式时设坛焚香，杀鸡、

图 12 - 8　苗族招龙舞

图片来源：琼中黎族苗族自治县党史县志办公室编《琼中黎族苗族自治县年鉴（2010）》，南海出版公司，2012，彩页。

宰猪祭拜祖先，焚香祭祖，祈求平安，祈求风调雨顺，安居乐业。祭拜完毕，由文、武大道公手持代表龙的长木剑，头戴龙帽，身穿绣有龙图案的长袍，带着小道公跳招龙舞。这从一个侧面反映了海南远古的苗族人在与大自然搏斗过程中的一种民族宗教信仰文化。

三 主要城镇介绍①

营根镇，位于县境中部，是全县政治、经济、文化和交通中心。辖 16 个村委会，3 个居委会，2 个镇农场，97 个村民小组。2011 年总人口 40118 人，其中黎族 23232 人，苗族 2060 人，城镇人口为 18111 人。全镇行政区域面积 335.8 平方千米，其中耕地面积 9688 亩。境内多山，海拔 500 米以上的山岭 17 座，主要河流有爱罗河、营根河、辉草河、兰芦河、大边河。百花岭瀑布位于境内。气候温和，雨水充沛，土地肥沃，有利于发展各种经济作物，主要经济作物有橡胶、糖蔗、木薯、益智、香蕉、槟榔。境内有国营加钗农场、国营岭头茶场和县办新市农场。营根镇始终把农业增效、农民增收放在首位。2011 年，橡胶种植总面积 8.4 万亩，槟榔种植总面积 3.3 万亩，种植绿橙 3316 亩，2011 年，全镇共 296 户农户发展种桑蚕业，种桑面积 2000 多亩，养蚕 764.8 张，收入约 92 万元。

湾岭镇，位于县境东北部，辖 18 个村委会，2 个居委会，101 个自然村。2011 年人口有 24278 人，其中城镇人口为 4910 人，黎族 21678 人，苗族 1415 人。面积 326.9 平方千米。主要河流有营前溪、里寨溪、岭门溪、青梯河、南片河、大边河、水央河。2004 年 10 月，该镇被国家环保总局评为"全国环境优美乡镇"。海榆中线公路和乌（石）那（大）线在乌石圩交会。各村委会均通汽车。境内有国营乌石农场。境内属低山丘陵台地地区，有利于发展各种经济作物：2011 年橡胶种植面积达 31015 亩，槟榔 31172 亩，绿橙 7138 亩。2011 年，该镇农村经济生产总值 17135 万元，农民人均纯收入 5311 元。2011 年，全镇财政总收入达到 1576.72 万元，比上年增加 8.09%。

黎母山镇，位于县境北部，境内西南部多山，海拔 500 米以上的山岭 8

---

① 本部分数据参见琼中黎族苗族自治县党史县志办公室编《琼中黎族苗族自治县年鉴（2012）》，南海出版公司，2016，第 227~269 页。

座，其中黎母岭海拔 1411 米，鹦哥岭海拔 1224 米。东部和北部地势平缓，台地、平坡约占总面积的 43%，丘陵占 19.5%。主要河流有加凯溪、白花河、加喜河和腰子河。有国营阳江、大丰、新进 3 个农场和黎母山林场。乌（石）那（大）公路从南向北贯通全境，各村委会均通汽车。该镇以橡胶、水稻为主导产业，以木薯、甘蔗、玉米、荔枝、龙眼、南药等中短期经济作物为辅。2011 年，该镇种植橡胶总面积为 5.85 万亩，其中开割面积 3.87 万亩，干胶总产 3200 吨。2011 年，全镇农村经济总收入达到 1.71 亿元，农民人均纯收入 5644 元。

红毛镇，位于县境西部，辖 11 个村委会，45 个自然村，49 个村民小组，总人口 9025 人，其中农村人口 8414 人，黎族 7000 多人。面积 269.2 平方千米，其中耕地面积 11265.5 亩。境内多山，海拔 500 米以上的山岭 17 座，其中操弄岭海拔 1190 米，铁钻岭海拔 1781 米，山地占 81.22%，高丘占 15.7%。主要河流番响河流经中部汇入昌化江。中部有国营新伟农场。海榆中线公路穿境而过，各村委会均通汽车。该镇主要经济作物有橡胶、龙眼、绿橙、益智、槟榔、芒果、人工林。2011 年，全镇地区生产总值达 3176.6 万元，农民人均纯收入 3650 元。该镇旅游潜力较大，白沙起义纪念园、五指山观光游、森林探险游及黎族风情游等皆在该镇境内。

红毛镇有一座峒主庙（见图 12-9），此庙现在已荒废，但在山坡上用石块垒成的残壁还在。据村干部讲，此庙原是瓦屋，在全村都是茅草屋的年代，这座庙的建筑是最好的。这里是革命老区，当年王国兴白沙起义的队伍在山上，峒主庙成了革命队伍的后勤给养地点。[①]

什运乡，位于县境西部，辖 6 个村委会，24 个自然村，人口 5320 人，面积 163.2 平方千米，其中耕地面积 4609 亩，公益林 88554 亩。境内多山，海拔 500 米以上的山岭 6 座，其中鹦哥岭海拔 1811 米。山地占 95.9%，河流地占 4.1%。主要河流有什运河、南训河、南鸣河和南岸河。冬春气候干旱。海榆中线公路和什（运）白（沙）公路在什运圩交会。各村委会均通汽车。该乡主要经济作物有橡胶、芒果、槟榔、粉蕉、龙眼。有七彩山鸡和黎母山鸡示范基地，饲养山鸡 12000 只。2011 年，该乡地方财政总收入

---

① 唐玲玲、周伟民：《"凡俗"与"神圣"——海南黎峒习俗考略》，上海大学出版社，2014，第 148 页。

图 12 - 9　琼中红毛镇罗解村、什向村罗解峒主庙

（又名黄米章公庙，因峒主名字黄米章）

图片来源：唐玲玲、周伟民：《"凡俗"与"神圣"——海南黎峒习俗考略》，上海大学出版社，2014，第 148 页。

103 万元，农民人均纯收入 3653 元。该乡自然资源丰富，主要有萤石矿、白石矿、黄蜡石、水能和大面积天然林。

长征镇，位于县境中部偏南，辖 1 个居委会、9 个村民委员会，47 个自然村，57 个村民小组。其中黎族村小组 49 个，苗族村小组 5 个，汉族村小组 3 个。总面积 179.05 平方千米。境内山地面积占 67%，海拔千米以上的山岭有 4 座，最高峰铁钻岭海拔 1781 米。主要河流有南什溪、辉草河、万众溪。牛（漏）营（根）公路与琼（中）陵（水）公路在镇内交会，各村委会均通汽车。粮食作物有水稻、木薯、玉米等，热带作物有橡胶、槟榔等。2011 年，长征镇全镇地方财政收入达 235 万元。农民人均纯收入达 4537.3 元。

中平镇，位于县境东部，辖 6 个村民委员会和新堂居委会共 7 个村级单位，45 个自然村，45 个村小组。全镇人口 8501 人。其中，农业户数 1723 户，人口 7616 人，黎族村 31 个 4042 人，苗族村 11 个 3318 人，汉族村 3 个 673 人。面积 249.3 平方千米。境内山地面积占 63.5%，海拔千米以上的山峰 2 座，最高峰南茂岭海拔 1270 米。主要河流有中平溪、南茂溪。有吕（佳）中（平）公路通海榆公路，各村委会均通汽车。粮食作物有水稻、玉米、木薯等，热带作物有橡胶、槟榔等。2011 年该镇农业总产值达 8779 万元，农民人均年收入达 5208 元。

　　和平镇，位于县境东南部，辖 9 个村民委员会，1 个镇农场，1 个居委会，35 个自然村，52 个村民小组。全镇人口 8681 人。面积 320 平方千米，耕地面积 4564 亩。境内山地面积占 62%，海拔千米以上的山岭有 2 座。主要河流有乘坡河、太阳河。牛（漏）营（根）公路横穿镇境，各村委会均通汽车。粮食作物有水稻、玉米，热带作物有橡胶、槟榔等。2011 年，全镇地区生产总值达 5283.6 万元，农民人均纯收入 4308.8 元。

图 12 - 10　琼中县和平镇堑对村大礼大帝庙

图片来源：唐玲玲、周伟民：《"凡俗"与"神圣"——海南黎峒习俗考略》，上海大学出版社，2014，第 163 页。

　　该镇堑对村有一大礼大帝庙（见图 12 - 10），该大殿神名为：湾仁吉念运等众词为叩居凡尘蚁聚斯村。关于该峒主庙的民间传说是这样的："传说从前有位渔夫，他在河边捕鱼，鱼没捕着，却几次捞到一根大树干，他有些不高兴地把树干扔到岸上，这时发现鱼篓里装满了鱼。当晚，渔夫梦见遭灾的乘坡峒主公，请渔夫帮忙，要渔夫请人把树干雕成自己的像，并说像雕好以后，如果人们都来燃香，就抬他到各村巡视作军坡，这样渔夫可以不必每天辛苦捕鱼，而能发大财。后来，渔夫照此梦去做，果然灵验。于是便有了军坡节。"此节日也即琼中当地堑对、乘坡等四村峒主公诞生纪念日，是纪念冼夫人与庆祝峒主诞辰之日。旧时此节在当地最为热闹。①

　　和平镇乘坡河石臼群自然景观，属于水磨石臼群，是我国乃至世界罕见的地质奇观。它长约 1000 米，宽约 300 米，数量多，体形大，造型绝妙，石臼有的像水缸，有的像圆盘子，有的像大簸箕，有的像大脚丫，有的像莲花……在 2015 年琼中"两会"上，县政协委员羊斌斌曾建议创建乘坡河石臼群地质公园，并在石臼群上游林田村河段开设漂流项目，打造和平镇旅游路线，促进琼中经济社会发展。

　　上安乡，位于县境南部，辖 7 个村民委员会，38 个自然村，面积 205 平方千米，耕地面积 6398 亩。境内山地面积占 83.5%，海拔千米以上的山岭有 4 座，海拔 1867.1 米的最高峰五指山在境内。主要河流有南什河、招什河和什河。琼（中）陵（水）公路穿境而过，各村委会均通汽车。粮食作物有水稻、玉米，热带作物有橡胶、槟榔。1996 年有人口 4711 人，其中黎族 4687 人，汉族 24 人。1996 年，该乡工农业总产值 536.47 万元，农民人均纯收入 683 元。

　　吊罗山乡，位于县境南部，辖 6 个村民委员会，26 个自然村，面积 210 平方千米，其中耕地面积 4207 亩。境内山地面积占 68.9%，海拔千米以上的山岭有 2 座，海拔 1290 米的大吊罗山在境内。主要河流有太平河、长田河和咬饭河。琼（中）陵（水）公路穿境而过，各村委会均通汽车。粮食作物有水稻、玉米，热带作物有橡胶、槟榔。1996 年有人口 5278 人，其中黎族 3641 人，苗族 1625 人，汉族 12 人。这一年，该乡工农业总产值 476.26 万元，农民人均纯收入 501 元。

四　旅游胜地以及名胜古迹

（一）旅游胜地

　　本县旅游业除了已初具规模的百花岭旅游区、白沙起义纪念园外，还将规划湾岭东坡古迹、上安仕阶古迹、乌石将军岭、黎母山水上市古城遗址、什运琼崖纵队司令部遗址、鹦哥岭名胜、飞水岭旅游度假村等景点，另外还推出了民族风情旅游。进入琼中，置身古朴深韵的黎苗村寨，如徜

---

① 唐玲玲、周伟民：《"凡俗"与"神圣"——海南黎峒习俗考略》，上海大学出版社，2014，第 164 页。

徉于山水画卷间，可尽享山乡之宁静，自然之静美。本县将进一步完善中部地区的旅游配套服务，促进绿色旅游产业快速发展。

琼中多山，森林覆盖率达到81.67%，居海南省之冠，被誉为"海南绿肺"。海南主要的江河源头也在琼中，因未发展工业，污染少。具有"三江之源、森林王国、绿橙之乡、黎苗家园"之称的琼中，生态绿色旅游资源很有特色和优势，为彰显"绿肺"品牌，琼中规划建设了具有山区优势的旅游项目，开展了生态旅游、休闲观光农业或参与农事活动之旅，宣扬琼中农产品产地的良好环境，利用游客的口碑宣传琼中绿橙等品牌，并使琼中种植的绿色原生态产品绿柑橘、绿柚、蜂蜜、灵芝、山鸡、蚕茧、林下南药和绿橙一样得到了游客的青睐。而黎母山、百花岭、飞水岭、鹦哥岭景区建设及红岭水库周边旅游景区规划，也得到重点建设。上安仕阶原始雨林生态游、黎母山黎族文化生态体验游、飞水岭山地度假观光游、百花岭度假休闲游、营根"三月三"民族风情体验游、白沙起义纪念园与琼纵一大旧址参观旅游等旅游品牌被创建。同时琼中还在文化体验游方面大做文章，着力打造"海南中部民族文化体育中心"，按照"两园区四基地五重点"文化产业布局，引进大型文化企业和社会资本，启动琼中民族文化产业园区建设，完善百花岭体育公园配套建设，推进民族文化活动基地（中心）、琼中女子足球训练基地、少数民族体育训练基地、黎族苗族民歌与黎锦苗绣的挖掘整理及传承发展基地建设，着力推动文化旅游、演艺娱乐、文化会展、体育健身、休闲养生五大文化产业发展，并充分利用独特的资源优势，整合相关活动内容，创办黎母文化节，提升琼中的文化影响力。为有效利用丰富的森林资源、民族文化底蕴和独特的山岭风貌，琼中实施"大企业进入、大项目带动"战略，加大了对旅游基础设施的投入，也加大了招商引资力度。

琼中县以国家赋予海南国际旅游岛建设发展六大功能定位为战略导向，结合区域位置、资源优势、环境特点和现有经济社会发展基础，初步确立了"一县、一区、二地"的发展定位，即海南国家绿色农业示范县、海南国际旅游岛生态核心保护区、海南黎族苗族文化传承发展重要基地、最佳宜居生态旅游胜地。在旅游产业方面，加快发展以旅游服务为主的现代服务业。加强旅游服务管理，在旅游购物、住宿、交通、景区、旅行社、导游等领域和环节，实施旅游服务标准化，并大力发展与旅游业相关的房地产业和现代物流业。

（二）名胜古迹

本县的名胜古迹有水会所城遗迹、松涛实业开发公司遗址、石蛇路、石碑石刻、琼崖党的"五人"旧址、琼纵"一大"旧址和白沙起义纪念园以及五指山、百花瀑布、黎母山森林公园等。

水会所城遗迹，在黎母山镇水上市村。城墙东西相距 600 米，南北相距 300 米，总长 1180 米，土石结构。现存残墙高 2.5 米，宽 3 米，长 300 米；建墙石砖为 0.38 米×0.18 米×0.09 和 0.28 米×0.05 米×0.9 米两种。茅桥村后有"水会平黎善后碑记"一块，抗日战争时期，被日机炸毁。1985 年出土的碗片、瓷片、瓦片、筒片等 274 件，现收藏于县文化馆。

石蛇路，位于湾岭镇岭门老圩东面 500 米处的碑记岭上。建于清乾隆年间，全长 500 米，宽 1.47 米，乱石砌成，状如青蛇，蜿蜒伸向圩门。嘉庆年间，圩民凿一石碑立于头，意为将蛇钉死，免其伤人。

松涛实业开发公司遗址，位于松涛圩。现为松涛小学。该公司建于 1932 年，为两层楼房，玻璃瓦顶（已毁）。当时开发公司就地招收工人，种植油棕、桐树、果树、槟榔、甘蔗、良种木薯、橡胶苗等 2000 多亩，饲养黄牛 200 头。建有人畜力加工厂 1 间，有 2.5 吨载重汽车 1 辆。1941 年 7 月，日军占领松涛，公司解散。1963 年尚存有油棕 10 株，朱德委员长路过松涛曾前往视察。

另外值得一提的是本县几处比较有名的，集书法、文学、历史于一体的摩崖石刻、碑刻等，[①] 即便年代较晚，依旧珍贵。

加慢新村的摩崖石刻为：

大明洪武

下琼州

耿天璧

军民至此

开通道路

加慢新村一带与琼海会山镇交界，此摩崖石刻位于中平镇加慢新村东

---

① 参见琼中黎族苗族自治县地方志办公室编（梁定鼎主编）《琼中县志》，海南摄影美术出版社，1995，第 665~668 页。

面约 250 米处的一块大石头上，竖书楷体阴刻，四周有旋涡纹图案。明朝将领耿天璧于洪武二年（1369 年）带兵征剿"南建州"，驱散了黎族兵民，还开通了当地的道路，并经此勒石。此石刻见证了一段重要历史。

东坡岭的摩崖石刻，位于湾岭镇金包村后头岭东北方 2 千米处的东坡岭上。每字大 5 厘米 × 8 厘米，直书楷体阴刻。全文如下：

> 宋东坡题
> 黎婺山头白玉簪
> 古来人物胜江南
> 春蚕吃叶人千万
> 秋鹗凌云士十三
> 去日黄花香袖满
> 归时绿柳映袍蓝
> 荒山留与诸君破
> 始信东坡不妄谈
> 曾忠重修

此诗曾经在宋代刻于黎母山的山顶，清代已毁。现石刻为明万历三十五年（1607 年）太平营兵务把总曾忠重刻。但据查实，此诗非苏东坡所题，而是南宋绍兴年间，时人赠乡举子赴会试诗。原诗云："黎婺山头碧玉簪，古来人物盛东南，春蚕食叶人千百，秋鹗凌云士十三。去日黄花薰袖馥，归时绿柳映袍蓝。锦衣他日千人看，始信东坡不妄谈。"

同石右侧刻有：

> 婺口剑耸插银簪
> 百万貔辫捣指南
> 口列星棋成阵八
> 柱标功盖横分三
> 飞鸟尽空天色白
> 良弓藏已棠尘蓝
> 世平不用追风犬

> 猿臂勋名傍石谈
> 平黎子曾忠和

距东坡诗 150 厘米处又刻有：

> 平黎勒石
> 明万历二十有七年

旁记明将邓钟率兵攻硖门，镇压黎马矢起义一事，落款为"万历岁次丁未仲秋之吉管理太平营兵务把总曾忠勒"。

黎母山镇水上村东面 4 千米处的水上岭上还有一处每字大 14 厘米×18 厘米、10 厘米×11 厘米，直书楷体阴刻的摩崖石刻：

> 泽布千秋永
> 功成六月奇
> 驱除志尚远
> 遗恨早班师

落款为"万历庚子温陵庄渭扬题"。

庄时任参将，是镇压黎马矢起义军头目之一。据史料记载，万历二十五年至二十七年（1597～1599 年），琼山南部地区（现琼中黎母山地区）的黎族群众在首领马矢的带领下，多次发动起义，"邓将军"即当时镇压马矢起义的"东山游击邓钟"，曾忠是邓钟的手下干将。明朝官军平定马矢起义后，曾将 1800 多名俘虏来的起义军将士斩首示众，与摩崖石刻上提到的"斩一千八百有奇"是一致的。而毗连湾岭镇的黎母山镇的这处"泽布千秋永，功成六月奇。驱除志尚远，遗恨早班师"的摩崖石刻，同样见证了明朝官兵平息马矢起义的历史。万历二十七年（1599 年）四月，明朝官军兵分三路，一举平息马矢起义，于第二年兴建"水会所城"，第三年创立"水会社学"，从"平黎"转向了"抚黎"。庄渭扬是当时的"琼崖参将"，平黎主将之一。

琼中县西南部上安乡五指山东麓，在五指山和汤匙岭之间偏东距仕阶村 1.72 千米处的大岩石上，有一组横书楷体阴刻的摩崖石刻群迹，面积 123 厘米×370厘米，每字大80厘米×63厘米："手辟南荒。"上款有"大清光绪十三年春"，每字大10厘米×10厘米，下款有"钦差大臣太子少保督办全琼军务钦州冯子材志、三品御广西即补荣知府子相分省遇缺尽先前华统兵平靖客黎各所勒此并志"，字7厘米×7厘米，书法苍劲有力，很有气魄。在"手辟南荒"周围20米内，有"一手撑天""百越锁纶""巨手擎天"等石刻多面，均为冯子材僚属所勒。此外，在仕阶村东边小溪的一块石头上，尚有一些受到风化而比较模糊难辨的文字："皇清光绪，丙戌丁亥；冯帅截黎，收回化外。前有海瑞，后有冯公；通道设县，志继刚峰。三公五郎，整军经武；各领偏师，开疆辟土。誓清瘴海，深入不毛；冯家勋业，五指同高。"

此外，距冲门头村2千米处的也乒坡摩崖石刻为横字楷体阴刻的"仙掌云开"，每字大28厘米×22厘米，为清光绪十六年（1890年）淮南方长等8人勒。附近的"雅宾坡"上的一块岩石上，也自右向左横刻了"仙掌云开"4个大字，且右侧直书"大清光绪，十有二年，岁在丙戌，嘉平既望，开路告成，勒于山麓"，正下方刻着"淮南方长华"，当为勒石者的名号。从石刻的时间和地点判断，它应该也是对冯子材军队开辟道路的历史见证。

而年代最近的当属位于和平镇乘坡河畔大石上，距乘坡圩尾300米的摩崖石刻（见图12-11），它横书行体阴刻，每字大53厘米×42厘米，书写着"唯战能存"。上款有"中华民国二十八年五月十日"，"中华"两字已被打断；下款署名"王毅"。王毅时任琼崖守备司令。

图 12 - 11　唯战能存

图片来源：南海网网站，http://www.hinews.cn/news/system/2015/01/21/017267245.shtml。

1957 年，在琼中县府营根区公所门前发现了光绪三十二年（1906 年）横题直书的"奉道宪严禁"碑两块。一碑高 155 厘米，宽 47 厘米；另一碑高 140 厘米，宽 50 厘米。两碑均厚 7 厘米。全文如下：

奉道宪严禁

琼州抚黎总局　为晓谕事光绪三十年四月初十日据岭门抚黎分局委员范云梯禀称现据红毛峒总管王定明南蛇峒总管王家充水满峒总管王德明什万峒总管王元丰加钗峒总管王传禄喃唠峒总管王新龙光螺图首家功职王有雷□屯总管王家茂思河图首家王源丰乐会峒总管王照丰首家王有义等窃思朝廷首律法□党有规条规条不立则律法无所信守兹查自光绪二十年曾经琼定二县客民徐益昌出运连王明诗等巳集众会议禁条禀恳前口道恩扬　尝准施行刊发告示通饬各图屯管人等遵在案惜□来人心不古风俗日俞不法之徒日以买红藤为名夜则盗窃牛马肆行无忌而熟悉黎峒之人往往入黎唆诈贻害无穷况且有黎峒凶徒偷盗牛马如有人拿获贼竟然恃蛮凶殴扭送　公庭反被怀隙禁人魄魄丧命不少人人伤心切齿迫得民等爰里各峒近日之事提议节禁数条叩恩转禀　道宪赏准给示勒石以垂永远□情□□据此代查该总管等所呈各条□为安靖黎峒起见是否可行理合具禀察核示遵等情计呈□禁数条到本　总局据此查所禀禁条系为杜绝黎峒滋事应准出示晓谕遵办除批印发外合行示谕为此示仰峒屯图□色人等知悉□后务须恪遵禁条安分守法不得稍有违犯倘敢故违饬该

总管等□送□局员究治决不姑宽凛之毋违　□示　计开禁条予□

一查造魇克符书□诅杀人并下毒药害人按律照依谋杀论□□后□□务宜安分□□如□再学□禁忍下□毒以害人命一经被人报有□切证□□□到当主□□□□□□□审问照□□□断不宽恕

一查偷盗别人马牛及如贼□而受□照□均口分别□□□□军关绞其偷盗别人□谷稻麦菜果等□物及纵牛马损食人物亦应办罪□后如有偷盗马牛及受□□□准由被害之家随□□□□办罪并官分别查封房屋□做　其纵放牛马损食人物其□太多□□□□□目族长公同议其赔罚如恃族抗不遵赔罚者仍就　官审断

一查偷盗曰野有生之物亦应照窃贼计□办罪各峒□□□□□□□

后你们毋得私拾自取办罪　本道现已□　岭门分局每年三四月派拨□□分巡各峒如有私拾□蚕的事立即锁□到□官重办你们亦不得私行议罚致恃强争打落生事□有不遵者□□□□

一议埋墓棺骯以离田三丈六尺为官土如在黎内应照各□议土价钱二千四百如三日□者免送土价

一议客黎买卖货物斗秤须要公平彼此交易有赔有送不得强牵牛马及将儿女抵债违者送　官究治

一议客民出入黎峒要有定止宅主如有强人生妻幼女欺诈□黎该向宅主究论违者一并送　官究治

光绪三十二年十月二十日　冈峒屯图同立禁碑以垂永不朽

另有几处则为陈汉光题词的碑刻。1934 年秋，国民革命军第一集团军警卫旅长、琼崖区绥靖委员、抚黎专员陈汉光，于本县境内立下碑刻 6 块，其中 3 块于解放后被群众挖作他用，今存“折木拂日”“深山龙蛇”“物华初丕”（此碑已断）3 块，分别立于五指山第一峰的半山腰、吊罗山乡府所在地西南 3 千米处、和平镇长兴村前。各碑高 130 厘米、宽 65 厘米、厚 12 厘米。

百花瀑布也是琼中值得一提的胜迹之一，位于琼中县城营根南 6 千米处的百花岭（黑纱岭）上，瀑布喷出的水若花雨，落差达 300 米，是我国落差较大的瀑布之一，分三级直泻而下：第 1 级称作“仙女降凡”，下有白肤潭；第 2 级称为“灵丹妙药”；第 3 级是瀑布源头，叫作“双龙吐珠”。百花瀑布美不胜收，但瀑布的传说更美。“白肤潭”，顾名思义，其水质柔和可以美白皮肤，潭内有红尾鲤，传说九天仙女曾在此沐浴；“灵丹妙药”瀑的传说是其两侧长有神奇草药，能治百病。该区还拥有千姿百态的将军榕、情侣秋千、连理树、枯木逢春等植物生态景观。

琼崖党的“五大”旧址位于红毛镇报茅岭，琼崖纵队“一大”旧址位于什运乡便文村。解放战争时期，冯白驹将军指挥开辟五指山地区革命根据地，于 1947 年上半年率琼崖特委和部队进驻什寒山的报茅岭，同年 5 月在报茅岭召开琼崖党的第五次代表大会，该会总结了琼崖自卫战争的经验教训，为五指山根据地的巩固和发展，以及党在政治上、思想上和组织上的建设打下良好的基础，也为最后配合人民解放军野战部队渡海登陆作战解放全岛起到动员和推动作用。会后，冯白驹率琼崖党政军转移至便文村，同年 10 月 20 日至 11 月 30 日，琼崖游击队独立纵队根据中央军委的指示在便文村召开首次全军代表大会。大会收到并宣读了中央军委关于将"广东省琼崖游击队独立纵队"命名为"中国人民解放军琼崖纵队"的电报，这标志着琼崖纵队向正规化迈进，对于夺取琼崖解放战争的最后胜利具有重要的历史意义。

白沙起义纪念园，坐落于琼中县红毛镇海榆中线 160 千米处，是为纪念 1943 年 8 月，王国兴带领黎族、苗族人民举行的震撼全琼的白沙武装起义所建。该园属省级爱国主义教育基地，占地 4.13 公顷，坐南朝北，后依起伏的崇山，左傍山丘丛林。纪念园主要由纪念碑、纪念馆、休息亭三个部分组成。纪念碑碑身正面镌刻着江泽民同志于 1991 年 5 月 10 日题写的"白沙起义的英烈们永垂不朽" 12 个大字，碑身背面刻有白沙起义简介。

五指山，位于上安乡西部的琼中县与五指山市交界处，海拔 1867.1 米，是海南省第一高山，1000 米以上高度的山体有 15 千米长。据地质资料记载，山体由距今 1.7 亿至 1.4 亿年侵入的花岗岩组成，山顶由比山体晚 0.7 亿年的中酸性喷出岩覆盖。后经外力长期切割侵蚀成五指状，故名五指山。从拇指峰（一峰）至小指峰（五峰）呈西南至东北走向。拇指峰海拔 1780 米，像座金字塔。二峰在一峰背后，海拔 1867.1 米，状如擎天岩柱。登上二峰，凌晨 2 时可观南海日出。二峰东面为排列相连的三、四、五峰，海拔均为 1560 米。明代丘浚诗云："五峰如指翠相连，撑起炎荒半壁天，夜盥银河摘星斗，朝探碧落弄云烟，雨余玉笋空中现，月出明珠掌上悬，宛如巨灵伸一臂？遥从海外数中原。"登到顶峰，又可观赏"白云眼底过，轻烟脚边生"的高山云海之景。天气晴朗时，还可俯瞰南海烟波、水天一色的壮丽景色。

黎母山森林公园，位于琼中县境内西北部，距县城 50 千米，以高大浑厚、山势险峻、林海茫茫、山高水长著称。黎母山是海南黎族人民的始祖山，不仅风光旖旎，还是热带植物及野生动物的王国，拥有植物 91 科，477 种以上，其中国家一级保护珍贵树种就有海南粗榧、坡垒、格木、紫荆木、猪血木、母生等 6 种，以及能预测风向的"知风草"，被誉为"天下第一香"的墨兰，清香四溢的安乐兰等 10 种奇花异草。拥有较为珍贵的太阳鸟、山椒鸟、白鹇、海南鹩哥、水鹿等，较为珍稀的海南鹧鸪、孔雀雉、巨蜥、蟒、猕猴、海南大灵猫、凹甲陆龟、虎蚊蛙等 15 种国家保护动物，以及珍贵的凤蝶、粉蝶等多种蝶类。该公园著名景点有黎姆婆石景区、吊灯岭景区、翠园景区、天河景区、鹦哥傲景区、天河瀑布景区。

附录 | 琼中地区大事记

一 古代琼中地区大事记

史前时期

新石器时代（约 6000 年前），琼中地区开始有人类繁衍生息。

琼中地区"山坡（台地）遗址"有崩岭遗址、南茂遗址、荒堂坡遗址，以及什扭石器出土地、什况石器出土地、新市石器出土地等。

琼中地区发掘的新石器时代的石器主要有石锛、石凿、砺石等。

秦汉时期

琼中地区在秦朝时为象郡外徼（外部边界），西汉时则属于珠崖郡地。

琼中地区主要生活着杞方言黎族先民，过着以农业为主，以畜牧业和渔猎为辅的生活。

东汉时琼中地区的遗址有荒堂坡遗址、福加遗址、什空遗址，遗物中石器较少或已不见石器，陶器也由新石器时代粗糙的夹砂陶演变为细腻的泥质陶。

三国至隋朝时期

琼中地区大部分俚人（黎族人）的原始社会组织逐渐解体，开始跨入文明社会的门槛。

三国吴赤乌五年（242 年）琼中地区为朱卢县地，属朱崖郡。

晋太康元年（280 年）琼中地区为玳瑁县地，属合浦郡。

隋大业三年（607 年）琼中地区属颜卢县地，隶属珠崖郡。

唐及五代时期

唐贞观元年（627 年）琼中地区为琼山县地，属岭南道，五年改属琼州，部分境域属万安县（今万宁市）；显庆五年（660 年）置乐会县，境域析属乐会；咸通五年（864 年），琼山西南黎峒置忠州，遂为州地。历七年有余，因士卒不服水土死亡过半而撤离。州亦因之废，仍循旧属。

宋元时期

宋朝淳熙元年（1174 年）十月，琼中地区五指山区王仲期、王仲文率 10 峒 1820 丁口归顺宋王朝。

元朝至元二十八年（1291 年）至至元三十年（1293 年），元政府派湖广行省平章阔里吉思率兵讨伐诸黎峒，他派都元帅陈仲达（是年十一月仲达病卒，其子接任，次年七月由副都元帅统领），动用兵力两万余人，镇压五指山、黎母山各峒黎族人民，通过长达三年的战争，使黎民暨海南全境降附，刻石五指黎婺而还，并设黎兵万户府和屯田万户府，任用黎族峒首为万户。另割琼山南境置定安县，琼中地区境域分属琼山、定安、乐会三县和万安军（明更名万宁县）。天历二年（1329 年）升定安县为南建州，原属定安境域改为州地。到明洪武二年（1369 年），南建州废，琼中地区境属循旧。

明朝及清朝 （1840 年前） 时期

琼中地域的行政区划，自明朝始有记载。自明至清琼中县境分属琼山、定安、乐会、万宁四县，均实行都图黎峒制。琼中境内设有 1 都 3 图 12 峒，辖 336 村。

明朝洪武二年（1369 年），指挥耿天璧在琼中地区三更村（今中平镇白银头村）附近屯兵扎营，戍守思河、中平、岭头古道隘口。

明朝洪武二年（1369 年），在琼中地区设合口、文堂递铺。后又增设大墩、营根、榕木、新村溪、吴埒（南利）递铺，专司传递官厅文书。

明朝洪武七年（1374 年），永嘉侯朱亮祖带兵进剿五指山地区，行至铁砧岭，先锋莫宣宝被琼中地区黎族人民义军射死，迫使朱撤兵。

明朝洪武二十八年（1395 年），琼中地区光螺、樵木等地（今枫木、湾岭、乌石一带）黎族人民造反。

明朝永乐年间（1403～1424 年），琼中地区纵横峒（今中平、南茂、堑对、霖田一带）首入京朝觐。

明朝弘治十七年（1504 年），琼中地区鹧鸪啼峒（今白沙地区）郑那忠造反，杀督备指挥谷泰。

明朝正德元年（1506 年），琼中地区光螺图峒首曹英造反，正德七年攻破太平营汛，杀百户李廷杰等官兵 24 人。

明朝嘉靖十三年（1534 年）三月，琼中地区沙湾、居林、居禄等峒（今黎母山、松涛地区）首领黎佛二（一作黎福二）等聚众反；千余众劫守兵营栅，杀典史李士奇，并俘虏千户杜盛、百户杨荣，杀伤官军甚众。

明朝万历十四年（1586 年），万州长田峒黎反。兵备道派兵捕杀长田峒峒民。草子坡诸黎号召众黎报复，激战于琼中地区的长沙营，百余峒民被杀。战败后，黄村、田尾诸峒黎均出降。

明朝万历二十七年（1599 年），琼中地区黎首马矢首倡，率居林、居禄、沙湾三峒黎民起义，破县劫富，震动州县，震惊朝野。明政府派东山游击将军邓钟率所部，副总兵黎国耀领雷、琼土、客兵 8000 余人，生员王观海率乡勇、黎兵 300 余人，由临高、定安、琼山三路长驱而入。其后，明军分由琼中地区的水蕉、沙湾推进，前后夹击，义军首领马矢于五指乾脚歧界被俘。此役官军深入黎地 300 里，杀死 1800 多人。起事历时四个月失败。

明朝万历二十八年（1600 年），按察副使林如楚在琼中地区筑水会守御所城于水蕉村（今黎母山镇水上市），调千户及 300 军士驻守。

明朝万历二十九年（1601 年），琼府抚黎通判吴俸（浙江人）在琼中地区水会城创办水会社学。

明朝万历三十五年（1607 年），太平营兵务把总曾忠重刻《黎婺山》诗于琼中地区东坡岭。

明朝崇祯十四年（1641 年），琼中地区纵横峒民造反，迫使统治者派海防马光同、乐会知县赵我冯携带牛、布犒劳议和。

清朝康熙二十八年（1689 年），琼中地区建太平镇（即今岭门圩），双日集市。

清朝康熙二十八年（1689 年）三月，喃唠峒王乾雄聚众造反，总镇吴启爵统兵镇压，杀王乾雄等 35 人，并于红毛峒驻兵 300 弹压。八月，毋葵、毋贵（毛栈、毛贵）等地黎族人民 300 多人，声援喃唠峒民复仇，攻打官军营汛。吴启爵领兵驰援，破毋葵村杀 10 多人，峒民被迫逃散。

清朝康熙二十八年（1689 年），官府于琼中地区水上市设水尾营、岭门市设太平营，增加驻军，加强对黎民的统治。

清朝雍正七年（1729 年）十月起，琼中地区潮村等 14 村的村民每丁年向朝廷纳赋银二分二厘，次年减为一分。

二　近现代琼中地区大事记

晚清时期 （1840 年后）

清咸丰七年（1857 年），天地会会员 2000 多人围攻枫木、岭门。豪绅叶文锦（新仔村人，廪生）联合知县章增耀带兵镇压。

清光绪十一年（1885 年）冬，黎族首领陈忠明、陈忠清、王打文率众起义，迫近定安、澄迈两县城，清王朝大为震动。两广总督张之洞派钦廉提督冯子材率兵镇压，在琼中地区的唎仓隘、什密村（今长沙村）和起义军激战。起义军坚持 5 个多月后失败。光绪十三年（1887 年），冯子材执行《抚黎章程十二条》，在琼中地区岭门市设"抚黎分局"，置黎团总长，下设总管、保长、甲长、排长等官，加强对黎区的统治。总管统辖全峒，峒内十家为排，三排为甲，三甲为保。

清光绪十三年（1887 年）四月，冯子材抵五指山，在琼中地区的仕阶村勒石"手辟南荒"。是年，冯子材提出"据其心腹，通其险阻，令其响化"的"治黎"方针，拟定数村设一义学，学习汉文汉语。黎族上层人家开始创办私塾。

清光绪十八年（1892 年），法国基督教传教士在琼中地区岭门圩兴建教堂传教。

清光绪二十八年（1902 年），琼中地区的岭门创办蒙学馆 1 所，民国九年（1920 年）废。

清宣统二年（1910 年），乐会县华侨何麟书在琼中地区的落河沟（今中平镇厚皮捅村）设琼安公司，试植橡胶 4000 多株。

中华民国时期

民国元年（1912 年）4 月，华侨聚资在琼中地区水口田（今中平镇深碰村附近）创办橡胶种植园，种植橡胶 10 万多株。

民国五年（1916 年）夏，嘉积基督教会派传教士到琼中地区加铁、白水岭、新村、公头湾等苗村巡回传教。

民国九年（1920 年），西医西药随基督教传教士传入琼中地区的岭门、南茂、中平等地。

民国九年（1920 年）9 月，琼中地区的南茂水竹村办起福音小学 1 所，有苗族学生 100 多名。此后，琼中地区的新村、白水岭、中平、路平等苗村也相继办起小学。

民国九年（1920 年），琼中地区中平王竹坪村霍乱流行，全村 30 户 100 多人，两天全部死亡。

民国十一年（1922 年），琼中地区苗民陈日光创立"盘王泰翁祖教"（后改称"盘王上帝教"），有教徒 2000 多名。

民国十四年（1925 年），琼中地区中平白水苗村恶性疟疾流行，全村 170 人，死 110 人。

民国十五年（1926 年），中共党员蔡志统到琼中地区湾岭等地开展革命活动，在岭背村成立农民协会。翌年，琼中地区的榕木、高田、加峒和太平峒也先后成立农民协会、农民自卫军、赤卫队，开展反霸斗争。

民国十六年（1927 年），琼中地区的枫（木）岭（门）公路通车，全长 10 千米。同年开筑岭（门）营（根）公路。

民国十七年（1928 年）春，琼中地区七里乡、三联乡、琼桂乡（湾岭、榕木一带）及和平加峒村、太平加峒村分别成立乡苏维埃政府。

民国十七年（1928 年）冬，琼崖西路红军王文宇部到琼中地区琼桂乡活动，在白树华岭伏击反动民团林国茂部，毙敌 100 多人。

民国十八年（1929 年）秋，牛漏国民党团董郑启新率部突袭琼中地区和平加峒村苏维埃政府，焚村屠人。

民国十九年（1930 年）夏，琼崖红军独立团王文宇部在赤卫队配合下，攻入琼中地区岭门国民党民团团部，活捉民团团长林国茂，毙敌 10 多人，苏区发展到 48 个村庄。各村开展打土豪分田地运动。次年，定安第九区国民党保安队和反动民团反扑，区苏维埃政府撤出七里乡（今南久地区），转到三联乡安黎委（今枫木鹿场一带）山区坚持斗争。

民国二十一年（1932 年）冬，国民党陈汉光部在地方反动武装配合下，对七里乡、琼桂乡和三联乡进行"围剿"，各乡苏维埃政权被破坏，七里乡苏维埃主席吕克明、琼桂乡苏维埃副主席何茂春被害。

民国二十一年（1932年）冬，国民党军队500多人偷袭琼中地区大里革命根据地，时在大里工作的陵水县县委书记王克礼和20多名红军、赤卫队员阵亡，30多人被捕。一些已突围出去的战士，次日也被敌搜捕杀害。

民国二十一年（1932年），琼中地区岭门圩建立商会。

民国二十二年（1933年），抚黎专员陈汉光进入五指山腹地巡视，携带无声电影于方龙村放映，并于五指山腰立碑，上刻"折木拂日"。

民国二十二年（1933年），陈汉光在琼中地区召集200多名黎族青年到广东燕塘军校"化育班学习"。

民国二十三年（1934年），陈汉光在琼中地区岭门圩设"黎务局"，对黎族、苗族人民实施"剿抚兼施"的统治。

民国二十三年（1934年），印尼华侨集资在琼中地区三脚岭（今松涛）创办实业种植公司，种植油棕等热带经济作物。

民国二十三年（1934年），设琼中地区新市高等小学和南丘、水满、什万、思河、中平、龙马沟、握岱、大丰等8所初级小学。

民国二十三年（1934年），琼中地区什密峒（今长沙地区）6个村天花流行，死464人。

民国二十七年（1938年）初，国民党62军军长张达率部到琼中地区岭门、乌坡视察，筹建战备军库。11月24日调防北撤。

民国二十八年（1939年），日机轰炸琼中地区水上、岭门、松涛和新市。水上、松涛变为废墟。

民国二十九年（1940年）3月，日军窜犯琼中地区岭门圩，翌日撤走。民国三十一年6月重行占领。

民国二十九年（1940年）至民国三十一年（1942年），霍乱、副霍乱流行，琼中地区太平、红毛、营根、中平等地是主要疫区，死2703人。

民国三十年（1941年）夏，国民党白沙县长黎卓仁为缓和琼中地区红毛群众对国民党敲诈勒索所引起的愤绪，任命王国兴为乡长。

民国三十年（1941年）7月21日，日军舞一特部窜犯琼中地区水上市、榕木铺，八月占领松涛，并在腰子、新村溪、榕木铺驻兵。12月，驻南丰日军窜犯琼中地区红毛上下峒（今红毛、什运地区），焚毁民房400多间。同月23日，国民党琼崖保安第七团4个中队，在琼中地区新林至榕木铺之间伏击日军，毙敌中队长以下官兵 60 余人。

民国三十一年（1942 年）年初，退入琼中地区大里的国民党保亭县政府勒索粮饷，大里民众在头人王仕晶、黄盛奇等带领下进行反抗，杀死科长李之炎，后被保亭县府派兵镇压，黄盛奇等战死。

民国三十一年（1942 年）4 月，国民党琼崖党政军领导机关退入琼中地区思河八村。司令部驻土平村公庙山，公署和保安司令部驻李桂村，并在番沟、潮村设后方办事处。

民国三十一年（1942 年）7 月，王国兴在德伦山召开琼中地区红毛乡各保甲长会议，讨论布置反国民党压迫斗争。

民国三十一年（1942 年）9 月，王国兴在什亲山秘密召开白沙县一、二区黎族苗族代表会议，讨论决定"白沙起义"有关事宜。王国兴被选为起义总指挥。会后，杀鸡饮血酒盟誓。

民国三十二年（1943 年）4 月 15 日至 5 月 6 日，日伪军 3000 余人在飞机掩护下分 3 路向琼中地区思河八村、河滥、岭头等国民党琼崖党政军领导机关驻地扫荡，占领思河，毁掉田中稻禾，烧毁民舍和王毅司令部后撤离。

民国三十二年（1943 年）6 月 15 日，国民党琼崖当局污蔑琼中地区的苗人"通日"，以颁发"公民证"为名，诱骗苗胞汇集南茂、加略、军管坡（中平）进行大屠杀，受害者 1900 多人，是为"中平惨案"。

民国三十二年（1943 年）8 月，红毛地区黎族群众在王国兴、王玉锦领导下举行"白沙起义"。

民国三十二年（1943 年）9 月，王国兴派吉有理、王文聪、王高定下山寻找共产党。几经周折，在澄迈县美厚山找到中共琼崖特委。10 月，特委派廖之雄、王茂松等 4 人到什寒山会见王国兴和王玉锦，领导黎、苗人民开展反顽（指国民党顽固派）抗日斗争。

民国三十二年（1943 年），琼中地区旱荒，食物昂贵，一块光洋仅买一斤大米。什运、红毛、营根等地天花、霍乱流行，死 337 人。

民国三十三年（1944 年）2 月，中共琼崖特委派朱家玖、郑心梓（郑放）与廖之雄等组成黎民工作委员会，进入琼中地区白沙发动群众开辟抗日根据地。

民国三十三年（1944 年）6 月，国民党保六团派人潜入琼中地区岭门日伪军据点，策反台（湾）籍日兵蔡秋金等起义，内应外合全歼日军 70

余人。

民国三十三年（1944年）秋，中共琼崖总队三支队派军需主任周海东到吊罗山和琼中地区苗族头人陈日光联系，开展抗日民族统一阵线工作。吊罗山苗民抗日后备大队成立，陈斯安任大队长。

民国三十三年（1944年）11月，驻琼中地区新村溪日军偷袭大墩一带村庄，在马干河屠杀村民49人。

民国三十三年（1944年）12月，黎族首领王国兴、王玉锦、王明宏前往澄迈抗日根据地会见中共琼崖特委书记冯白驹。特委决定成立白（沙）保（亭）乐（东）人民解放团，任王国兴为团长，郑心梓（兼党组组长）、许世淮为副团长，王玉锦为参谋长。

民国三十四年（1945年）8月，抗战胜利，国民党琼崖守备司令部和琼崖专员公署撤离琼中地区迁海口。

民国三十四年（1945年）8月23日，琼崖纵队挺进支队在琼中地区什统圈击溃国民党保六团杨开东部。

民国三十四年（1945年）9月，琼中地区红毛区民主政府成立，陈鸿儒任区长，王玉锦任副区长。辖红毛、毛栈、毛贵、水满、加钗、营根、什万、新市、大墩9个乡。冬，营根、加钗、大墩、新市、什万等5个乡成立乡民主政府。是时，营根天花流行，琼纵三支队派医疗人员为群众治病。

民国三十四年（1945年）12月，琼崖纵队派王玉进带领一个中队返琼中地区林加乡（今黎母山镇、松涛乡），建立乡民主政府。

民国三十五年（1946年）2月14日，国民党46军及保安军5个团分四路向琼中地区白沙革命根据地进攻。加钗乡长王积琼、什万乡副乡长许元川、王运保等叛变投敌，加钗乡副乡长王文英被敌诱杀，堑对乡长王年志、交通员王启精被捕遇难。17日晨，许元川、王运保伙同国民党什万乡长周从华、联防后备中队长许元熙，带兵包围什各礼村，捕杀什万乡民主政府工作人员，乡长王有銮等7人牺牲，2人被捕。

民国三十五年（1946年）3月，国民党白沙县长林仕新纠集水满、加钗、细水、毛栈等地反动武装向琼中地区红毛革命根据地进犯。白沙县民主政府副县长王国兴，红毛区副区长王玉锦率领武装基干民兵奋起抗击保卫根据地。

民国三十五年（1946年）夏，苗奸蒋启忠带引国民党46军300多人，上吊罗山红土寮抓走陈日光等 23 名苗民，押往陵城监禁。后又诱捕陈日光的次子陈斯安。陈日光父子受尽酷刑，于 12 月 31 日在保城被害。

民国三十五年（1946 年）冬，中共琼崖乐万县委和琼纵三支队，根据琼崖特委关于集中力量开辟五指山中心根据地的指示，成立督导团（团长杨涤海）开展中平新区工作。12 月上旬，成立中平乡民主政府。

民国三十五年（1946 年）12 月，陵（水）保（亭）特别区成立，上属琼崖东区专署，下辖南平、南和、西安（今和平、上安、吊罗山一带）、南桥（今属万宁市）及陵水三区。特别区委书记冯敬文、区长邱岳山。翌年 6 月改称边区，区委书记兼区长为杨涤海、陈启江（继任）。民国三十七年 4 月撤销建制。

民国三十六年（1947 年）1 月，中共琼崖党政军领导机关自澄迈县迁驻琼中地区便文村。

是年 2 月，琼纵警卫营和猛进队围攻水满，击溃国民党地方武装水满联防大队，建立水满乡民主政府。

是年 4 月，成立特别区行政委员会，王波为主任，伍雄、辜汉东为委员。特别区委员会直属琼崖民主政府，下辖思河、新市、什万等乡。

是年 5 月 9 日至 26 日，中共琼崖特委在便文村召开第五次代表大会。大会根据中共中央指示，中共琼崖特别委员会改称中共琼崖区委员会，选举冯白驹为书记，林李明、黄康为副书记。琼崖各临委改称地委，并通过《琼崖解放区施政纲领》。

是年 6 月 17 日，白（沙）保（亭）乐（东）边区行政委员会在红毛成立，王国兴任主任委员。

是年秋，琼（山）白（沙）特别区成立，韩光任书记兼区长，王玉进、符高圣任委员。特别区隶属琼崖西区专署，下辖林加（今黎母山）、松涛、番加（今属儋州市）3 个乡。民国三十七年春撤销建制。

是年 9 月至翌年 2 月，境内开展反奸清算和"打烂平分"（即土改分田）运动。

是年 10 月 20 日至 11 月 30 日，琼崖独立纵队在便文召开第一次全军代表大会。大会根据中共中央军委指示，琼崖独立纵队改称中国人民解放军琼崖纵队。冯白驹任司令员兼政委，李振亚、吴克之任副司令员。

是年 11 月，撤销特别区行政委员会，成立白沙县第四区，仍直属琼崖区民主政府。方克为书记兼区长，王波、伍雄任委员。下辖加营（即加钗、营根）、新市、什万、大墩 4 个乡。

是年 12 月，恢复白沙县二区建制，符岳任书记兼区长，王玉锦任副区长。

民国三十七年（1948 年）3 月，置琼中县。境地由原定安县四区和白沙县四区组成。设中共琼中县工作委员会和琼中县民主政府，分别隶属中共琼崖东区地委和琼崖东区专员公署。下辖思河、加东、乌坡、东鲁、枫木、北海、大岭、加营、新市、什万、南万、中平等 12 个乡，67 个保，522 个自然村，詹力之任工委书记兼县长，方克任工委委员兼县府一科（民政）科长，陈克尔任工委委员兼县府二科（财粮）科长，殷勤轩任县府秘书。县府驻南丘中村，翌年迁驻中平深碰。

是年是月，县成立支前委员会，动员民众献粮 150 石，捐光银 1890 元。

是年是月，县派出 30 多名武装工作人员进驻什万乡，开展清匪建政工作。

是年 11 月 9 日至 11 日，琼中县岭门、乌坡、枫木解放。

是年 12 月，国民党联防中队黄德启部夜袭南和乡民主政府，乡长祁永宁及 5 名工作人员被害。

是年，琼崖区临时民主政府在什运建立供销合作总社，在思河、加东、加营、中平仔、北大、南平、水满、腰子建立消费合作社。

是年，营根的高田、什猿，湾岭的加章、南久，中平的深水、银头田等村相继办起民校。

民国三十八年（1949）1 月，中共琼崖区党委在新市设琼崖军政干部学校，冯白驹兼校长。

是年 2 月，琼崖党政军领导干部会议在毛栈召开，讨论决定发动"春季攻势"。

是年 5 月，开展支前运动，至翌年 1 月，全县有 2346 名青年参军，4580 人参加运输队，捐款 2.81 万元（光洋），筹粮 1.06 万石，捐献衣服 300 套、毛巾 60 条，认购解放公债 1 万元。

是年 8 月，王国兴代表琼崖解放区黎族人民赴北平参加全国政治协商会议。9 月被选为全国政协第一届委员会委员，同时被任命为中央民族事务委员会委员。

是年秋，暴雨成灾，招咱河猛涨，淹没招咱村。

三 当代琼中地区大事记①

1949 年

10 月 1 日，全县庆祝中华人民共和国成立。

是月，开展剿匪、反霸、清特、建政工作。全县查出敌特分子 64 人，镇压 30 人。

1950 年

1 月 3 日，中共琼崖区党委在毛栈召开党政军负责人会议，传达毛泽东主席关于解放琼崖的命令。会议决定：一切工作都必须围绕迎接南下解放大军渡海作战开展。

4 月 10 日，琼崖区党政军领导人冯白驹、吴克之、黄康等离开毛栈到澄迈仁兴指挥作战。

是月中旬，国民党 32 军一个班携械到鸭坡村向人民政府投诚。

6 月，撤销琼中县建制。所辖各乡分别划归新民（今屯昌）、万宁、保亭、白沙等县。

1951 年

2 月，境内开展清匪和镇压反革命活动。五指山恶霸王政群、王政强，国民党白沙县二区党部书记陆庠贤在什运伏法。

1952 年

5 月，恢复琼中县建制，隶属海南黎族苗族自治区。县委书记吴善积，县长陈斯德（苗族，兼），副县长赵哲忠（苗族）。县府驻新市。辖 3 个区，22 个乡，57 个里，613 个自然村。

6 月 2 日，第一批苗民 57 户 278 人下山，定居太平乡牙防村。政府拨给补助费 278 万元（旧币）。

8 月，台湾蒋介石集团在思河黎伍空降特务 5 名。本县和邻县民兵一起，击毙特务 1 名，俘获 4 名，缴获武器、电台和物资一批。

---

① 本部分资料转引自琼中黎族苗族自治县地方志办公室编（梁定鼎主编）《琼中县志》，海南摄影美术出版社，1995，第 20~61 页。

是月 20 ～ 25 日，在新市召开琼中县首届一次各界人民代表大会，选出县人民政府委员 9 人，赵哲忠（苗族）当选县长。

是月，民办小学转为公办，民聘教师 31 人全部转为公办教师。

9 月 5 ～ 7 日，在新市召开琼中县首届烈军工属会议。

11 月 8 日，召开琼中县苗民代表会议，出席代表 37 人。会议动员全县苗民下山定居，发展生产。

1953 年

年初，冯白驹遵照邓子恢和华南分局指示，到海南黎族苗族自治区慰问。当他了解到黎族人民领袖王国兴被当作地主看待，家庭公粮负担过重，生活十分困难，入党要求未获批准后，立即向区党委反映，不久区党委解决了王国兴生活困难问题，批准他加入中国共产党。

是月，春荒，3288 户 14283 人缺粮。县发放救济款 4.7 万元。

7 月 1 日，全县进行第一次人口普查。发现 100 岁以上寿星 5 人，均为女性。同时进行选民登记，有普选权的 21557 人，无普选权的 59 人。

9 月，创办县立小学。

1954 年

6 月 16 ～ 19 日，在乘坡召开琼中县首届一次人民代表大会，出席代表 80 人。选举产生琼中县第一届人民政府，县长赵哲忠（苗族）。选出出席自治区（州）人民代表大会代表 13 人。

20 日，开始给农民补发土地证，至 1955 年 9 月结束。

9 月，棉布实行统销。汉族居民凭布票购买，黎族苗族居民凭票卡不限量购买。1957 年 8 月起，各族居民均凭票购买（1982 年 11 月后免票供应）。

1955 年

1 月 11 ～ 12 日，霜冻，营根最低气温 0.3℃，冻死秧苗 2722 亩、甘蔗 1131 亩、耕牛 30 头、猪 335 头。

3 月 1 日，中国人民银行在本县发行新人民币，收兑旧人民币。新人民币和旧币比率为 1 元比 1 万元。

是月，大里乡建成第一项倒虹吸管引水工程，灌溉农田 800 亩。

是月，琼中县广播站成立，开始有线广播。

是月，创办乘坡气象站和水文站。

12 月，农村开始实行粮食"定产、定购、定销"。

是年，全县办起初级农业社 85 个，入社农户 2633 户，占总户数的 24%；办起高级农业社 5 个，入社农户 418 户，占农户总数的 3.8%。

是年，全县黎胞给苗胞让田地 5 万亩。

1956 年

1 月 6～13 日，县委在乘坡召开"五查五反"整风会议。

是月 18～24 日，琼中县一届三次人民代表大会在乘坡召开，出席代表 77 人，列席代表 7 人。会议审议通过县人委和县法院工作报告和《农业合作化章程（草案）》。

11 月 3 日，县扫盲协会成立，抽调 125 人组成扫盲工作队，下村指导扫盲工作。

是年，琼中县体育运动委员会成立。

是年，对私营商业进行社会主义改造。全县 47 户私营商业，7 户过渡为国营商业，其他组成合作商店或合作小组。

是年，掀起办社高潮。全县办起初级农业社 73 个，入社农户 4281 户，占全县农户的 38.5%；高级农业社 59 个，入社农户 5502 户，占全县农户的 49.5%。

1957 年

7 月，县一级机关开展以"三反"（反对官僚主义、宗派主义、主观主义）"和"双反"（反浪费、反保守）为内容的整风运动。

11 月，县委成立反地方主义办公室，开展反地方主义和地方民族主义运动。

是月，整风运动结束，"反右"斗争开始。至 1958 年冬，有 64 人被错划为"右派分子"。1962 年县委成立"右派摘帽领导小组"，开始"右派"摘帽工作。1978 年 4 月，对"右派"全部复查改正。

是年，兴建堑对水库，有效库容量 32.3 万立方米，灌溉面积 1000 多亩。

是年，长征烟园、中平新民等苗村重建教堂，恢复基督教活动。

1958 年

1 月 20 日，县委召开全体委员扩大会议，贯彻省委《关于社会主义生产大跃进十八条指示》，提出 3～5 年内全县"实现工业化、农业机械化、水利化、电气化"。

7月，提出"大跃进"，开展水稻亩产"双千斤"运动。层层摆擂台，开誓师会。

9月2日，县委批准建立本县第一个人民公社：黎母山人民公社。接着掀起人民公社化运动，至20日，全县建起黎母山、会山、中平、母瑞山、南坤、北大、和平、太平、红岛、长征10个人民公社。

是月，以人民公社为单位集中2.3万人"大炼钢铁"，并在"组织军事化""行动战斗化""生活集体化"的号召下，办起农村公共食堂近600个。

是月，经考核，全县有2.2万多人脱盲，占文盲人数的80%。

10月，响应毛主席"大办民兵师"的号召，全县民兵编为1个师15团和4个独立营。

是月13日，人民公社开始实行粮食供给制，吃饭不要钱，后因粮食困难而取消。

是月29日至12月4日，县委在乘坡召开四级干部大会，部署明年工农业全面"大跃进"，错误批判14位敢讲真话的干部。

是月，开展民主补课运动，至1959年11月结束。全县计召开斗争会718场，揭发四类分子693人。1960年，结合"三反"整社再次进行民主补课，全县划为地富成分的有998户。1962年复查，减为727户，占农村总户数的6.3%。

1959 年

1月27日至2月6日，县委在乘坡召开反"瞒产"会议，有979名基层干部参加。会上704人为求过关交代"瞒产"粮食650吨。但回去后，无粮交出又被批斗。1961年才予以平反。

2月，县党政领导机关自乘坡迁营根。

是月，国营农场从人民公社析出恢复农垦体制。

是月7日，县人委颁发《关于允许社员发展家庭副业和恢复自留地的布告》。

8月18日，县委召开四级干部大会，1440人出席。会上大批所谓右倾保守思想，号召鼓足干劲，继续"大跃进"，掀起"反右倾"运动。运动中有55人被错误地定为右倾分子，74名农村干部被错定为"白旗"干部，批斗后撤职。1962 年平反。

11 月 20 日，动员 1.1 万多人参加水利建设。至 12 月 6 日，建起小型水利工程 3374 项，灌溉农田 6.83 万亩。

1960 年

1 月 14 日，县设安置退伍军人委员会，安置 1.71 万名退伍兵（含家属 0.57 万人）到各国营农场落户。

2 月 10 日，县委召开县、社、大队三级干部大会，提出一年内实现"四个一"（即一人两千斤粮食，一人养猪一头，一人开荒一亩，一社收入一百五十万元）。因为脱离实际，不能实现。

是月，琼中县民兵体育代表队 13 人，赴琼海县参加海南军区民兵射击比赛，夺得男子射击团体总分第一名。周子琦获男子个人第一名。

4 月 25 日至 5 月 1 日，中共琼中县委二届一次代表大会暨四级干部扩大会在营根召开。接着开展"三反"（反贪污、反浪费、反官僚主义）、整"五风"（共产风、浮夸风、瞎指挥风、干部特殊风、强迫命令风）运动，查出 112 人贪污公款 1.82 万元。

11 月 15 日，县成立镇反（镇压反革命）和肃反（肃清反革命）运动领导机构。18 日，全县集会欢呼《毛泽东选集》第四卷在本县发行。

1961 年

7 月 25 日至 8 月 1 日，县委在营根召开县、社、大队三级干部会议，225 人出席，会议贯彻《农村人民公社工作条例（草案）》，提出 10 项建议，实行以生产队为基本核算单位的三级所有制。

10 月 21 日，各公社设立农业技术站。

12 月 27 日，成立琼中县社场协作委员会，处理场社土地权属问题，颁发土地证书。

1962 年

10 月 24 日至 11 月 1 日，县委在营根召开四级干部会议，965 人出席。会议传达中共八届十中全会和省三级干部会议精神，贯彻《关于进一步巩固人民公社集体经济，发展农业生产的决定》。

是月，县在毛阳公社的牙胡、什益和黎母山公社的白华动工兴建永久性引水工程。三项工程分别于翌年 1 月、3 月和 6 月竣工，灌溉面积分别为

351 亩、300 亩和 950 亩。

是年，动工兴建百花水电站。1964 年建成发电，装机容量 125 千瓦。

是年，中央农垦部部长王震来本县调处国营农场工人闹事问题。

是年，县委根据中共中央《关于加速进行党员、干部甄别工作的通知》，对本县 1958 年以来历次"运动"中受到错误批判、处分的 575 名干部和 237 名党员进行甄别平反。

1963 年

1 月 15 日，霜冻，气温 –0.2℃，为历年最低。

是月，周子琦参加广东省运动会获个人小口径步枪 3×10 射击比赛第一名，成绩 93 环。

3 月，响应毛主席"向雷锋同志学习"的号召，全县掀起学习雷锋活动。5 月 12 日至 6 月 3 日，县委召开三级干部大会，传达贯彻中共中央和省委关于在农村开展社会主义教育运动的指示。

6 月 23 日凌晨，台湾蒋介石集团派遣武装特务 8 人空降吊罗山，至 7 月 17 日，邓建华等 8 名特务全部被捕。

是年，动工兴建乘坡河水轮泵发电站。1967 年建成发电，装机容量 75 千瓦。

1964 年

1 月，县直机关开展"五反"（即反对贪污盗窃、反对投机倒把、反对铺张浪费、反对分散主义、反对官僚主义）运动，有 429 人参加，查出 11 人贪污公款 0.74 万元。

是月，县委派工作队进驻黎母山、湾岭公社开展"社教"运动。

是月，营根水轮泵站建成，灌溉面积 100 多亩。

7 月 2 日，台风、大暴雨。毁房 813 间，冲垮水利 942 宗、农田 8617 亩、油料作物 1848 亩，伤 4 人，死牛 50 头、猪 99 头、家禽 1042 只，损失稻谷 254.5 吨、杂粮 199.5 吨，刮倒、刮断橡胶树 66.8 万株、果树 8.7 万株、电线杆 254 根，损坏电话线路 76 千米、货物 21 吨。

9 月，为方便偏远山村儿童就近上学，全县增设简易小学 68 所。

是年，开展农业学大寨运动。

是年，县民兵体育代表队参加自治州民兵小口径步枪 3×10 比赛，获第一名。

是年，黎族歌手王玉梅赴京参加全国少数民族文艺会演，演唱民歌《问候恩人毛泽东》，被评为优秀民歌手。

1965 年

1 月 1 日，苗族民兵邓明仁、邓文芳、邓桂鸾祖孙三代参加海南军区第二届民兵射击比赛，成绩良好受到表彰。

14 日，县委在营根召开县、社和国营农场干部会议，贯彻《农村社会主义教育运动中目前提出的一些问题》（简称《二十三条》），出席人数4021 名。

5 月，曾任中华民国代总统的李宗仁来本县视察。

是月，日本共产党中央委员会总书记宫本显治莅临本县访问。

是月，辉草水库动工兴建，1982 年建成放水。有效库容量 705 万立方米，灌溉面积 200 亩。后改以发电为主。

1966 年

1 月 14 日，全县掀起学习焦裕禄活动。

是月，动工兴建招咱水电站。翌年竣工发电，装机容量 30 千瓦。

6 月 1 日，县委成立"文化大革命"领导小组。17 日，向县属 5 所中学和文化卫生部门派驻工作组，发动群众开展大鸣、大放、大字报、大辩论，揪斗所谓黑帮分子。7 月中旬撤回工作组。

7 ~ 8 月大旱。受旱农田 27782 亩，其中 8274 亩无法耕种，340 亩秧苗被晒死。10 月又旱。

8 月，各中学相继成立红卫兵组织，开展"破四旧"（破除旧思想、旧文化、旧风俗、旧习惯）活动。

9 月下旬，本县第一批红卫兵代表 80 多人赴京接受毛主席检阅。

10 月，本县 100 多名师生赴京串联。

11 月 24 日，县人委设红卫兵接待站。

是月，名目繁多的"造反派组织"成立，大字报贴满街头。

是月，海南区国防工办在本县兴建毛丹水电站。1970 年建成发电，装机容量 5538 千瓦。

1967 年

1 月 27 日夜，营根地区"造反派"联合向县委、县人委夺权。各级党政机构开始瘫痪。

2月，全县"造反派"组织开始形成"琼中县革命造反派营根联合总部"（简称"营联总"）和"东方红联络站"（简称"东联站"）两大派别，各自标榜自己"最最革命"，互相辩论打"笔战"。

3月，解放军进驻本县实行"三支两军"（支左、支工、支农，军管、军训），成立琼中县军事管制委员会（杨自新任主任）。

1968 年

2月4日至3月1日，连日低温阴雨，全县烂掉秧种4.6万公斤，死牛254头，木瓜树呈病状枯萎。

2～4月，全县13个公社相继成立革命委员会。

4月5日，琼中县革命委员会成立，主任杨自新（军代表）。革委会下设政工、生产、办事、保卫四大组。

是月23日，县革委会向贫下中农赠送毛主席著作6.5万册。

5～7月，干旱。全县8082亩稻田龟裂。

6月，县革委会发出《向无限忠于毛主席革命路线的好干部——门合同志学习的决定》，全县掀起"三忠于"（忠于毛主席、忠于毛主席革命路线、忠于毛泽东思想）活动高潮。

7月，县革委会召开3000多人大会，全面"清理阶级队伍"，清理所谓叛徒、特务、反革命分子、坏分子、坏头头、死不悔改的走资派，至1969年5月，全县共揪斗2463人。1976年后，分别甄别平反。

8月12日，686号台风袭击本县。风力8～9级，阵风12级，降雨132毫米，毁房166间，冲毁山塘水库100宗，损失水稻1773亩、其他农作物3546亩，淋坏粮食22.1万公斤，淹死耕牛9头、家禽1000多只。

8～9月，虫害。全县8178亩水稻受灾。

10月，县革委会创办"五七"干校。被裁减干部下放干校劳动。1971年干校停办。

12月，全县开展"一打三反"（打击现行反革命，反贪污盗窃、反投机倒把、反铺张浪费）运动。至1970年春，共批斗160人，90%被定为"反革命分子"。

1969 年

1～5月，旱，8～9月，大旱。全年215天无雨，0.5万亩农田无法插秧，2.6 万亩插后受旱。

4 月 1 日，县境内 10 个国营农（茶）场编入中国人民解放军广州军区生产建设兵团第六师序列。其番号为：五团（新进农场）、六团（大丰农场）、七团（阳江农场）、十团（乌石农场）、十一团（南方农场）、十二团（白马岭茶场）、十三团（岭头茶场）、十四团（加钗农场）、十五团（长征农场）、十六团（乘坡农场）。

4 月，动工兴建什架巴水库，1971 年 5 月竣工。有效库容量 110 万立方米，灌溉面积 130 亩。

5 月，掀起中草药治病热潮。至翌年 4 月，群众献药方 500 多个，采用中草药 350 多吨，培训"赤脚医生"680 多名。

12 月 22 日，全县出动 1 万多民工兴建里寨水库，1971 年 12 月竣工。有效库容量 510 万立方米，灌溉面积 1500 亩。

1970 年

3 月，自治州在本县搞"两退一插"（退休、退职、插队劳动）试点。凡"老、弱、病、残、渣"（即所谓政治不可靠的人）均在清退之列。98 人被"动员"退职回家和插队劳动。1973 年全部收回安排工作。

10 月，兴建松坡水库，1972 年 12 月竣工。有效库容量 207 万立方米，灌溉面积 300 亩。

12 月，开展整党建党，"吐故纳新"。全县 1154 名党员被"吐"出党，占党员人数的 42.75%，突击发展新党员 630 人，占党员人数的 28.96%。被"吐"出党的党员，中共十一届三中全会后全部恢复党籍。

是年，兴建黎明水电站，1975 年建成发电，装机容量 250 千瓦。

1971 年

1 月 15 日至 2 月 17 日，低温阴雨。全县烂掉秧种 23.3 吨。

9 月 29 日，7125 号台风袭击本县，最大风速 24 米/秒，直径 30 厘米的树木也被刮倒。毁房 285 间。

1972 年

3 月，琼中县制药厂建成投产。1985 年 7 月更名五指山制药厂。

3、4、7 月无雨，全县 2914 亩水稻受旱，4534 亩发生虫灾。

11 月 7～8 日，7220 号台风袭击本县。最大风力 11 级，雨量 81.6 毫米。1.89 万亩水稻受淹，损失稻谷 496.8 吨，毁房 87 间，浸坏谷子 115 吨、货物 1.7 吨，冲断水泥桥一座，死牛 24 头。

1973 年

1 月，全县宣传新《婚姻法》。

5 月 14 日，成立琼中县"三防"（防风、防汛、防旱）指挥部。

7 月，黎母山公社发生耕牛误吃喷有灭茅药的茅草中毒事故。自 1969 年来，全县共发生此类事故 102 起，中毒牛只 986 头，死亡 606 头。

9 月 14 日，7314 号强台风袭击中平、乌石、黎母山、红毛。因损失严重，县拨出 3 万元赈灾。

是年，全县新建和改建无害厕所 150 间。

1974 年

是年，历经寒冻、干旱、台风等自然灾害。12 月 29 日至 1975 年 1 月 13 日，计 16 天无日照。

是年，兴建高提水电站，翌年发电，装机容量 55 千瓦。

是年，兴建黎母山白花水电站。1979 年建成发电。

是年，本县有水力发电站 95 座，装机 103 台，容量 4505 千瓦，发电 67.58 万度，被评为省小水电建设先进县。

1975 年

4 月，本县 11156 亩水稻受旱。其中，42 亩枯死。

5 月 1 日，本县开展第三次慢性病（麻风病、结核病、精神病）普查。历时 1 个月。

7 月 22 日和 8 月 3 日，《海南日报》《南方日报》先后发表通讯《反掉右倾，大干大变》《五指山飞出"金凤凰"》，报道本县早稻亩产超纲要，引起争论，最后调查测定亩产仅 350 多公斤。

10 月 22 日，7510 号台风袭击本县。最大风力 10 级。降雨 105 毫米。157 间房屋被毁，7 万多亩水稻受涝，浸坏谷子 20.2 吨，刮倒橡胶树 983 亩、槟榔树 4185 株，冲毁电站 2 宗、渠道 169 条、鱼塘 110 口，损失鱼鲜 1.9 万尾。

12 月 16 日，本县掀起冬季农田基本建设高潮，整治田坑 169 个，面积 7700 多亩，计挖填土方 28.5 万立方米。

1976 年

2 月 24 日，县委抽调 1435 个劳动力，组成农田基本建设队，搞农田基本建设大会战。

4 月，县委在营根召开全体委员扩大会议，传达上级"批邓"精神。5 月，制定《琼中县 1976 ~ 1980 年农业发展规划（修订草案）》。提出"一年建成大寨县，五年基本实现农业机械化"等不切合实际的口号。

5 月 26 日，什运、红毛等地连续发生山火，毁林 1000 多亩。

9 月 9 日，全县哀悼毛泽东主席逝世。

9 月 25 ~ 27 日，营根地区特大暴雨。

10 月 21 日，全县集会庆祝粉碎"四人帮"（江青反革命集团）。

1977 年

是年 2 ~ 5 月大旱，8 ~ 12 月又旱。

3 月 20 日，县拨出 9 万元支持贫困社队搞肥料基本建设。

7 月 11 日，红毛地区急性痢疾流行，病 216 人，死 6 人。县派出 40 多名医务人员前往治疗。

7 月 20 日，7703 号台风带来特大暴雨。县拨出 8 万元赈济灾区。

是年，省拨来 30 万元，县拨出 28.4 万元，扶持贫困社队购买农机具。

1978 年

春、夏大旱。

9 月 25 日，7817 号台风袭击本县。

10 月 20 ~ 23 日，特大暴雨，降雨 749 毫米。乘坡河水上涨 112.9 厘米。全县 7832 亩水稻受涝，13 口山塘、61 项水利设施被冲垮，死牛 1 头。

11 月 8 日至 12 月，县委召开整风会议，揭出冤、假、错、血案 61 宗，株连 769 人，黎族人民领袖王国兴被诬害监禁，10 名干部群众被迫害致死；全县乱揪乱斗 2946 人，非正常死亡 118 人；以办"叛徒"、"特务"、"坏头头"、学习班为名迫害 57 名干部；强迫 98 名干部"两退一插"回家种田；实行"一批二干三带头"极左政策，大抓所谓"暴发户""新生资产阶级分子""小生产者"，大割"资本主义尾巴"，揪斗农村干部群众 317 人，罚款 3861 元，其中，72 人被挂牌游村示众。县委认真倾听意见，边整边改。

是年，本县首次出现个体汽车运输户，有载货汽车 5 辆。

1979 年

2 月，通什教育学院在县师范学校设大专函授班，开办中文、政治、数学、物理、化学专业。至 1985 年共招生 3 期 677 人，函授毕业 310 人。

3 月中旬，以公社为单位开会贯彻中共中央《关于加快农业发展若干问题的决定（草案）》和《农村人民公社工作条例（试行草案）》。农村开始推行联产计酬责任制，至 1981 年，有 720 个生产队实行联产承包责任制，占生产队总数的 94.7%。

是年，本县被中央定为全国商品牛生产基地。

1980 年

5 月，撤销各公社（镇）革命委员会，恢复公社管理委员会和镇人民政府。

7 月，鹦哥岭第四级水电站 1 号机组在什运建成发电，装机容量 1000 千瓦。

10 月，85 名科技人员组成农业资源调查队，对全县的农业自然资源进行调查，历时一年半，写成《琼中县农业区划报告集》上报。

是年，兴建罗解水电站，1984 年建成发电，装机容量 640 千瓦。

1981 年

3 月，全县开展"五讲四美"（讲文明、讲礼貌、讲卫生、讲秩序、讲道德；心灵美、语言美、行为美、环境美）活动。

4 月，辉草第三级电站 2 号机组建成投产，装机容量 500 千瓦。

9 月，琼中县师范学校开办中师函授班。至 1987 年参加函授人数达 318 人，毕业 160 人。

1982 年

2 月，县委书记丁乙离任。王学萍任县委代书记。

3 月 26 日，自治州人民政府在红毛兴建王国兴墓亭，墓碑上书"黎族人民领袖王国兴之墓"。

6 月，引进杂交汕优 6 号水稻，插植 700 亩，亩产 400 公斤，创晚造水稻亩产量最高纪录。

7 月 1 日零时，进行第三次人口普查。全县计 37182 户，190539 人。其中，汉族 96303 人，黎族 81815 人，苗族 9475 人，其他民族 2946 人。按性别计，男 99337 人，女 91202 人。百岁以上寿星 6 人。

12 月 13～16 日，召开琼中县首次科协会员代表大会，选举产生首届委员会委员 19 名，常委 9 名，符史运当选主席。

是年，成立琼中县林业科学研究所。

是年，县供销部门将所有权和经营权分离。门市部、收购站等经营单位实行"六定一奖"（定人员、资金、零售额、损耗、税金、利润，超产奖励）承包经营责任制。

1983 年

1 月 19～22 日，县委召开干部会议，传达中共中央《当前农村经济政策的若干问题》的通知，并决定从 12 个方面放宽政策，引导农民劳动致富。

是年，县人民政府颁发《关于琼中县计划生育的若干规定》，少数民族干部、职工、城镇居民准生 2 胎，少数民族村民准生 3 胎。

1984 年

1 月 11～13 日，县委在营根召开区委书记、区长会议。传达贯彻《中共中央关于 1984 年农村工作的通知》，决定进一步完善农业生产责任制，搞活经济，疏通流通渠道，开创农村工作新局面。

4 月，县委成立核查办公室，专事清理"三种人"（即造反派骨干、闹派性骨干、打砸抢分子）案件，至 1988 年，查清案件 28 宗，涉及 28 人，全部处理结案。

是月，全县举行各种文娱体育活动，庆祝黎族苗族传统节日"三月三"。

9 月，琼中县个体劳动者协会（简称"县个协"）成立。

是年，县投资 570 万元扩建毛阳水泥厂。年产水泥能力提高至 6 万吨。水泥质量从 400 标号提至 600 标号。

是年，成立琼中县经济合同仲裁委员会。

是年，省贷给本县 30 万元无息和低息贷款，扶持农户发展养牛业；赊销棉织品总额 28.56 万元，解决 1.98 万人缺衣少被困难。

1985 年

1 月，中国人民保险公司琼中县支公司成立。

4 月，琼中县自来水公司建成投产。

9月10日，县召开教师座谈会，表彰先进，欢度第一个教师节。

10月9日，8518号台风带来特大暴雨，降雨372.6毫米，全县2万亩水稻受涝。

是年，本县普及小学义务教育。

1986年

3月8～10日，县委召开四级干部会议，1123人参加。会议贯彻省委会议精神，提出"种植、饲养、采矿、加工、流通"十字致富方针。

12月18日，国务院副总理李鹏来县视察，批给卫星地面接收设备一套。不久建成卫星地面接收站。

1987年

4月24日，什运发生山林火灾。驻军38010部队75分队指战员协同群众救火。经6小时扑打，扑灭大火，保住山林3100亩。

是年，各乡、镇成立科学技术协会，总计有会员650人。

是年，本县企事业单位实行职称工资制。

1988年

1月，贯彻中共中央《关于经济体制改革的决定》，县属工厂实行体制改革，推行厂长（经理）任期承包经营责任制，时间3年。

10月22日，8823号台风袭击本县，总计损失83.14万元。

12月14日上午8时，牛路岭电站"山鹰"号工作船自乘坡运载长征中小学师生178人，前往牛路岭电站参观。因超载翻船，船上182人（含船工）有63人遇难。省委省政府派孟庆平副省长率领有关单位人员当天赶到现场指挥救捞和处理善后。总计损失27万元。牛路岭电站车间主任庞业杰和长征中学教导主任曾德冶是造成翻船的主要负责者，被依法逮捕判刑。

1989年

春，全县3603亩禾苗插后受旱，1518亩发生虫害。

8月，县委成立清房领导小组，清理干部违章违法建私房。

9月，成立琼中黎族苗族自治县残疾人联合会。

是年，五指山制药厂生产的肠溶衣崩解时限从45分钟减至3～5分钟，达国内外先进水平。

是年，国营新伟农场生产的红碎茶1号获"省优产品"称号。

是年，国营大丰农场生产的焙炒咖啡粉获"国家农业部优秀产品"称号。

1990 年

7 月 1 日零时，第四次人口普查。全县计 43162 户，195878 人。其中，汉族 94407 人，黎族 84624 人，苗族 10604 人，其他民族 6243 人。按性别分，男性 105369 人，女性 90509 人。百岁以上寿星 4 人。

是月，国营大丰农场"琼丰牌"咖啡被列为亚运会指定饮料。

8 月 15 日，国营大丰农场培育的"大丰 95"橡胶品种被国家定为推广级品种。

8 月 28 日，9016 号台风袭击本县，风力 7～8 级，阵风 11 级，降雨 251.7 毫米。直接经济损失 300.58 万元。

8 月，省财税厅赠送两彩基金 100 万元给琼中县医院建中医门诊大楼。1993 年竣工投入使用。

9 月，在湾岭镇进行社会主义教育试点。工作内容是"三清三建"（即清理和建立土地、财务、承包合同），历时 70 天。处理土地纠纷遗留案 30 宗，调整水田 10.1 亩，发放承包坡地、园地，已垦五荒地 5094 亩，更换承包合同书 2083 份，收回农户欠款 487.2 元，占总欠款数的 73.1%，调配基层干部 259 名（内管区干部 51 名），撤换干部 67 名（内管区干部 16 名），提拔干部 66 名（内管区干部 17 名），乡镇成立农经管理站，管区成立农经服务组，村委会成立服务小组，为农业生产提供统一的产前产后一条龙服务。

是年，本县计有电视差转台 11 座，地面接收站 7 座。电视机 8940 台，87% 的地区能收看到电视节目。

是年，五指山制药厂生产的"人工牛黄"（原料药）、"鸦胆子油口服乳液"（抗癌新药）获 1990 年省工业物资交流会"金马奖"。

是年，苗族青年邓文成获省运动会射弩比赛第一名。

是年，黎族青年王强获省运动会荡秋千比赛第二名。

是年，少年运动员王广源、王美珍打破省青少年小口径标准步枪 30 发卧射比赛纪录，成绩分别为 267 环和 272 环。

2009 年

2 月 11 日，琼中县举行首场企业用工现场招聘会。

4 月 16 日，召开全县农村宅基地确权登记发证工作动员大会。

9 月 7 日，琼中县第一条城乡客运班线——营根至大墩村委会客运班线开通。

9 月 30 日，红毛镇白沙起义纪念馆举行揭牌仪式。

10 月 25 日，琼中县 12345 便民热线正式开通。

2010 年

4 月 14 日，琼中县在海口举行的传统节日"三月三"招商推介会上，与 17 家企业签订 17 各项目协议书，总金额达 54.72 亿元。

5 月 12 日，经现场检查与集体决议，省国土环境资源厅批准万泉河上游琼中段水环境污染治理工程项目通过验收。

5 月 13 日，国务院扶贫办主任范小建一行在副省长符跃兰、省扶贫办主任赵子导的陪同下，调研琼中县 2001 年以来的扶贫开发工作。

7 月 7 日，召开党的基层组织及党员深入开展创先争优活动动员大会。

8 月 13 日，琼中县在海南省第四届少数民族传统体育运动会（9～13日）上取得 7 金 4 银成绩，列金牌榜之冠。

9 月 6 日，高考表彰大会上奖励了 119 名通过三本线的考生及高三任课教师、师德标兵。一本考生 8 人，每人奖励 4000 元；二本考生 77 人，每人奖励 1200 元；三本考生 34 人，每人奖励 1000 元。奖金由海南省知言房地产有限公司赞助，共发放奖学金、教学金 57 万元。

11 月 29 日，全县 11 家国有企业改制职工大会召开。

2011 年

1 月 26 日，海南省政府检查组一行到琼中县检查验收茅草屋改造工作。

3 月 21 日，中国首部反映黎族音乐文化生活的电影《黎歌》开机仪式暨"走进琼中"黎苗歌舞演出在海南省歌剧院举行。

3 月 28 日，中国热带农业科学院热带作物品种资源研究所与琼中县科协签订牛大力项目合作协议。

4 月 1 日，在海口举行的琼中黎族苗族传统节日"三月三"招商推介会上，琼中县与 18 个项目投资商签约，总金额 93.59 亿元。

7 月 1 日，琼中县召开建党 90 周年暨"七一"表彰大会。

7 月 17 日，琼中县扶贫办被国务院扶贫开发领导小组评为扶贫开发先进单位。

8 月 30 日，召开总投资 25 亿元、总建筑面积 90 万平方米的白鹭湖度假区项目开工典礼。

9 月 19 日，海南国际奥林匹克集团捐赠 100 万元与吊罗山乡卫生院改善医疗条件。

主要参考文献

古代典籍与方志

（汉）班固撰《汉书》，中华书局，1962。

〔日〕真人元开：《唐大和上东征传》，汪向荣校注，中华书局，1979。

（唐）李延寿撰《北史·列女·谯国夫人冼氏》，中华书局，2001。

（唐）魏征等撰《隋书·地理志》，中华书局，1973。

（宋）欧阳修等撰《新唐书·地理志》，中华书局，1975。

（宋）赵汝适撰《诸蕃志》，冯承钧校注，中华书局，1956。

（晋）陈寿：《三国志·吴书·薛综传》，中华书局，1959。

（南朝宋）范晔撰《后汉书·张纯传附子奋传》，中华书局，1965。

（宋）李焘撰《续资治通鉴长编》，中华书局，1995。

（宋）周去非：《岭外代答·外国上》，丛书集成初编本。

（三国吴）万震：《南州异物志》，麓山精舍丛书本。

（唐）段公路：《北户录》卷三，丛书集成初编本。

（清）焦映汉修、贾棠纂《康熙琼州府志》，海南出版社，2006。

（清）张庆长撰《黎歧纪闻》，广东高等教育出版社，1992。

（明）戴璟修、张岳等纂，（明）黄佐纂修《嘉靖广东通志·琼州府》（二种），海南出版社，2006。

（明）李贤等纂修《大明一统志·琼州府·山川》，海南出版社，2006。

（明）海瑞：《海忠介公全集》，朱逸辉、劳定贵、张昌礼校注，东西文化事业公司，1998。

（清）明谊修、张岳崧纂《道光琼州府志》，海南出版社，2006。

赵德馨：《张之洞全集》，武汉出版社，2008。

（清）朱寿朋编纂《光绪朝东华录》卷二，中华书局，1984。

琼中黎族苗族自治县地方志办公室编（梁定鼎主编）《琼中县志》，海南摄影美术出版社，1995。

著作

王学萍主编《中国黎族》，民族出版社，2004。

吴永章：《黎族史》，广东人民出版社，1997。

唐玲玲、周伟民：《海南史要览》，海南出版社、南方出版社，2008。

李勃：《海南岛历代建置沿革考》，海南出版社、南方出版社，2005。

王俞春：《海南移民史志》，中国文联出版社，2003。

符桂花主编《清代黎族风俗图》，海南出版社，2007。

阎根齐、刘冬梅：《海南社会发展史研究（古代卷）》，光明日报出版社，2011。

高海燕：《海南社会发展史研究（近现代卷）》，光明日报出版社，2011。

符和积主编《海南文史资料》第六辑，南海公司出版，1993。

林日举：《海南史》，吉林人民出版社，2002。

该书编写组：《琼中黎族苗族自治县概况》，民族出版社，2008。

琼中黎族苗族自治县党史县志办公室编《琼中黎族苗族自治县年鉴（2010）》，南海出版公司，2012。

琼中黎族苗族自治县党史县志办公室编《琼中黎族苗族自治县年鉴（2011）》，南海出版公司，2014。

琼中黎族苗族自治县党史县志办公室编《琼中黎族苗族自治县年鉴（2012）》，南海出版公司，2016。

海南省民族研究所编《黎族服装图释》，南海出版公司，2011。

丘刚：《海南古遗址》，南方出版社、海南出版社，2008。

闫广林主编《海南历史文化》第三辑，社会科学文献出版社，2013。

史图博：《海南岛民族志》，中国科学院广东民族研究所编印，1964。

中南民族学院本书编辑组：《海南岛黎族社会调查》，广西民族出版社，1992。

唐玲玲、周伟民:《"凡俗"与"神圣"——海南黎峒习俗考略》,上海大学出版社,2014。

高泽强、文珍:《海南黎族研究》,海南出版社、南方出版社,2008。

中共海南省委党史研究室编《琼崖大革命史料选编》(内部发行),1994。

王家槐:《海南近志》,出版社不详,1995。

其他

蒋瘦颠:《海南岛》,《东方杂志》第 22 卷第 10 号,1925 年。

《海南岛经济事业调查报告》,《民国档案》1991 年第 1 期。

刘冬梅、欧阳洁:《清初海南黎族勇武抗清原因分析》,《史学集刊》2012 年第 6 期。

赵丕强:《光绪年间清朝对海南岛道路的开辟及其成效》,《经济与社会发展》2004 年第 5 期。

《中国环境报》2010 年 9 月 2 日。

《琼中县文体局 2011 年生态文化建设工作总结和 2012 年度工作计划总结公报》,索引号:00826556 - 4/2011 - 02749。

行政区划网,http://www.xzqh.org/html。

天涯社区论坛,http://bbs.tianya.cn/post - ehomephot - 12568 - 1.shtml。

琼中黎族苗族自治县人民政府网,www.qiongzhong.gov.cn。

《海南周刊》官方微博,http://blog.sina.com.cn/hainanzhoukan。

南海网,http://www.hinews.cn/news/system/2015/01/21/017267245.shtml。

中文百科在线,http://www.zwbk.org/MyLemmaShow.aspx? lid = 129182。

图书在版编目（CIP）数据

琼中史 / 刘冬梅编著. —— 北京：社会科学文献出
版社，2018.1
（海南地方史研究丛书）
ISBN 978 - 7 - 5201 - 1372 - 4

Ⅰ.①琼… Ⅱ.①刘… Ⅲ.①琼中黎族苗族自治县 -
地方史 Ⅳ.①K296.64

中国版本图书馆 CIP 数据核字（2017）第 222077 号

海南地方史研究丛书
琼中史

编　　著 / 刘冬梅

出 版 人 / 谢寿光
项目统筹 / 佟英磊
责任编辑 / 佟英磊　郭锡超

出　　版 / 社会科学文献出版社·社会学编辑部（010）59367159
　　　　　地址：北京市北三环中路甲 29 号院华龙大厦　邮编：100029
　　　　　网址：www.ssap.com.cn
发　　行 / 市场营销中心（010）59367081　59367018
印　　装 / 三河市尚艺印装有限公司

规　　格 / 开　本：787mm × 1092mm　1/16
　　　　　印　张：14.25　字　数：228 千字
版　　次 / 2018 年 1 月第 1 版　2018 年 1 月第 1 次印刷
书　　号 / ISBN 978 - 7 - 5201 - 1372 - 4
定　　价 / 69.00 元